U0564669

质量兴农与绿色兴农

融合发展之道

李凯　周洁红　李琪　刘青◎著

THE WAY OF INTEGRATED
DEVELOPMENT OF HIGH-QUALITY AND
GREEN AGRICULTURE

ZHEJIANG UNIVERSITY PRESS
浙江大学出版社
·杭州·

图书在版编目（CIP）数据

质量兴农与绿色兴农融合发展之道 / 李凯等著. —
杭州：浙江大学出版社，2022.11
ISBN 978-7-308-23175-6

Ⅰ. ①质… Ⅱ. ①李… Ⅲ. ①农业发展—研究—中国
Ⅳ. ①F323

中国版本图书馆 CIP 数据核字（2022）第 194033 号

质量兴农与绿色兴农融合发展之道
ZHILIANG XINGNONG YU LÜSE XINGNONG RONGHE FAZHAN ZHI DAO

李 凯 周洁红 李 琪 刘 青 著

责任编辑	陈佩钰
文字编辑	葛 超
责任校对	许艺涛
封面设计	雷建军
出版发行	浙江大学出版社
	（杭州市天目山路 148 号　邮政编码 310007）
	（网址：http://www.zjupress.com）
排　　版	杭州青翊图文设计有限公司
印　　刷	杭州高腾印务有限公司
开　　本	710mm×1000mm　1/16
印　　张	20
字　　数	360 千
版 印 次	2022 年 11 月第 1 版　2022 年 11 月第 1 次印刷
书　　号	ISBN 978-7-308-23175-6
定　　价	89.00 元

版权所有　侵权必究　印装差错　负责调换

浙江大学出版社市场运营中心联系方式：0571-88925591；http://zjdxcbs.tmall.com

序

全面推进乡村振兴，标志着"三农"工作重心的历史性转移。全面推进乡村振兴，基础在产业兴旺，在农业现代化。实现农业现代化转型，既需要守住保障国家粮食安全和不发生规模性返贫两条底线，又需要突破资源环境约束推动农业产业链与价值链升级，走出一条中国特色的绿色、安全、高质量农业发展道路。

"十三五"时期，我国持续推进农业生产要素市场化改革，深化农业经营制度和乡村建设制度改革，为现代农业转型提供了强大的政策驱动力。但与此同时，农业质量效益不强、资源环境刚性约束趋紧、农业劳动力老龄化等问题依旧突出。现代农业转型急需更强的市场驱动力，城乡居民农产品消费升级虽为发挥市场作用提供了机遇，但也凸显了农产品优质优价机制建设的紧迫性。

优质农产品溢价难是农业绿色、高质量发展面临的关键阻碍，是市场激励缺失的直接体现。《质量兴农与绿色兴农融合发展之道》一书关注的正是质量兴农与绿色兴农如何协同，以及二者协同如何有助于提升市场激励效果。李凯博士在其博士论文中已经对二者在生产环节的融合进行了初步探讨，而后又拓展了消费端与顶层制度设计层面的研究，建立了更为系统的分析框架。该书首先关注了现实中安全优质农产品的供需矛盾：一方面，"十三五"时期我国农业高质量发展与绿色发展取得显著成效，安全优质农产品供给能力大幅提升；另一方面，需求侧消费者安全优质农产品购买意愿未能转化为购买行为，有效需求不足。在此基础上，运用信息不对称理论分析了安全优质农产品溢价难问题的根源，提出了质量兴农与绿色兴农融合发展是破解安全优质农产品溢价难难题关键的论断，并由此将研究问题引到了如何实现质量兴农与绿色兴农的融合发展上。进而从安全绿色生产管理技术推广、产业化组织带动、社会化服务体系构建与制度改革四个方面出发，探讨了融合发展的具体实现路径,提出了针对性的对策建议。这本书数据来源多样,论证严谨,特色鲜明,相信能够为政府部门优化政策设计、为相关领域学者深入研究提供启发。

浙江大学中国农村发展研究院院长

钱文荣

2022 年 8 月

前　言

农为邦本,本固邦宁。2017 年中央经济工作会议上,习近平总书记强调要深入推进农业供给侧结构性改革,坚持质量兴农、绿色兴农,农业政策从增产导向转向提质导向。① "十三五"时期,我国农产品质量安全管理水平稳步提升,主要农产品合格率稳定在 97% 以上的高位,安全优质农产品供给能力不断增强,绿色、有机和地理标志认证农产品数量大幅增加,农业生产绿色转型加速推进,化肥农药减量目标提前三年实现,农业面源污染得到遏制。然而,"大国小农"仍是我国的基本国情与农情,治理兴农与绿色兴农的推进仍面临一些挑战,其中广大小农户的质量安全管理能力相对薄弱,绿色生产转型滞后问题突出,暴露出现有农业支持政策的政策导向与市场驱动机制存在的深层次问题。

"十四五"时期是推进质量兴农与绿色兴农的重要战略机遇期,加速完善农业绿色发展与农产品质量安全水平提升的激励约束机制、增强市场驱动能力,是解决上述问题、实现农业高质量发展的重要前提与保障。本书聚焦质量兴农与绿色兴农的激励约束机制构建这一核心问题,以农产品消费特征刻画与消费决策机理分析为前提,从激发安全优质农产品消费需求的视角出发,对当前供给侧绿色转型、质量安全管理水平提升所面临的问题进行了全新阐释,据此提出了质量兴农与绿色兴农融合发展、协调推进的思路,并且清晰描绘了二者融合发展的具体实现路径,为优化农业支持政策、完善农业高质量发展的激励约束机制、增强农业发展的市场驱动力提供了启示。

本书是以作者的博士学位论文以及国家社科基金重大项目"推进居民绿色消费升级的监管体系研究"(19ZDA106)、山东省自然科学基金项目"知识

---

① 中央经济工作会议在北京举行 习近平李克强作重要讲话. 人民日报,2017-12-21(1).

外溢、创新依赖与病虫害绿色防控服务市场培育"(ZR2020QG048)等项目相关研究成果为基础创作而成的,系上述项目的阶段性成果。本书综合运用了理论分析、农产品与农资质量安全大数据分析、消费者与生产者大样本调查、经济实验等多种研究方法,得到了一些有创新性的观点与结论。全书由九章组成。

第一章是"十三五"时期我国推进质量兴农的成效与问题。本章首先基于全球食品安全指数(GSFI)、全国农产品质量安全例行检查合格率等数据,从粮食安全综合保障能力、农产品质量安全水平和优质安全农产品供给能力三个方面详细呈现了"十三五"时期我国质量兴农战略所取得的成效。然后利用农产品抽检大数据和农资质量安全事件大数据,分析揭示了当前农产品质量安全存在的突出问题与短板,包括农产品质量安全风险、源头质量安全风险、农资安全风险、人源因素风险等。

第二章是"十三五"时期我国推进绿色兴农的成效与问题。本章首先详细展示了"十三五"时期我国在农业生产方式绿色转型、绿色优质农产品供给以及农业产地环境治理等三个方面所取得的成效。然后借助我国食品安全指数中自然资源和复原能力指标得分的年际变化与横向对比结果,证实绿色发展能力是目前农业高质量发展的最大短板,我国农业绿色发展仍处于起步阶段。进一步分析农业绿色转型的困难,发现小农户绿色生产转型面临更多阻碍,缺乏有效的激励机制与约束机制,制约了农业绿色发展水平的提升。

第三章是我国农产品消费的新特征与消费选择机理。一方面,随着居民收入增加,我国农产品消费结构不断优化,居民对安全优质农产品的需求不断增长;另一方面,消费者食品安全意识觉醒,食品安全知识不断增长,对农产品质量安全与品质相关信息的要求也越来越高。然而过去一系列食品安全事件所造成的"信任危机"余波仍在,消费者对安全优质农产品的需求尚未完全转化为购买力。本章分别以茶叶和猪肉为例,基于消费者调查数据,论证了信任(包括了主体信任、制度信任)对消费者安全优质农产品选择的影响,并揭示了信息干预在信任重构与认证产品购买中所起到的重要作用。

第四章是质量兴农与绿色兴农融合发展的内在机理。本章从理论与实证两个层面分析了质量兴农与绿色兴农融合发展的内在机理。首先基于文献研究,从理论层面论证了质量兴农与绿色兴农融合发展的必要性与可行性:实现质量兴农与绿色兴农所仰赖的技术手段一致,实践主体一致,质量信号与绿色信号在激发消费者对安全优质农产品的需求、实现优质优价过程中互补。其次以认证大米为例，通过选择实验法分析了消费者认证大米选择的影响因素，证实了消费者的绿色需求可由质量安全需求激发，实现质量信号与绿色信号的协同有助于提升消费者对安全优质农产品的购买意愿。

第五章是质量兴农与绿色兴农融合发展的技术路径。本章在明确质量兴农与绿色兴农融合发展技术要求的基础上，选择以质量安全风险相对突出、但在居民消费结构中地位不断提高的蔬菜为例，借助选择实验法分析了农户对符合质量兴农与绿色兴农融合发展要求的生产技术（文中称之为蔬菜安全绿色生产技术）的采纳意愿。Mixlogit模型分析结果表明，在当前市场环境下政府补贴是推动安全绿色生产管理技术落地的关键，同时，具有风险规避特征的农户也非常关注技术的不确定性。LCM模型则根据农户对安全绿色生产技术的态度将农户进一步分类，结果显示仅有34%的农户会出于可持续发展的考虑而采纳该技术，36%的农户侧重考虑技术风险与技术易用性，而30%的农户则选择拒绝采纳。实证结果虽证实了政府补贴与技术推广在融合发展中的重要性，但鉴于小农户在政府补贴与技术信息获取方面存在天然劣势，因此农户践行融合发展需要更多外部支持。

第六章是质量兴农与绿色兴农融合发展的组织路径。本章着重考察各类产业化组织带动农户践行融合发展的作用，揭示推进质量兴农与绿色兴农融合发展的组织路径。本章首先系统梳理了各类新型农业经营主体带动小农户进行质量安全管理与绿色生产的基本措施与组织模式，确定了其融合发展带动作用的评价标准，即投入品管理与生产过程控制、售前检测和产地环境控制。然后对龙头企业、家庭农场和合作社的带动作用进行了对比，发现三类主体虽然都起到了积极作用，但作为带动小农户融入现代农业关键载体的合作社作用却明显弱于另外两类主体。因此，本章选择了以农药间隔期这一直接影响农产品质量安全且反映农药合理规范使用与否的关键指标，详细分析了合作社各类带动措施的相对有效性，指明了合作社只有重点加强过程控制，通过制定统一的生产标准、统一购买投入品等措施实现对于小农户生产过程的有效干预，才能最大化其带动作用，而结果控制和社会控制往往需要结合其他措施才可能发挥作用。

第七章是质量兴农与绿色兴农融合发展的服务体系构建路径。社会化服务是衔接小农户与现代农业的重要途径，本章从农户需求出发，揭示质量兴农与绿色兴农融合发展的服务体系构建路径。鉴于蔬菜、水果、水产品社会化服务普及程度较低，本章选择了以粮食为例，就化肥农药减量增效技术方面分析农户的绿色生产服务需求特征及其影响因素。尽管技术培训、统一农资、统防统治等多种技术手段都有助于实现化肥农药的减量增效,且这些技术的集成采纳能够发挥技术的协同效应,但受家庭资源禀赋和技术推广方式所限,农户往往倾向于选择与自身资源禀赋相匹配的生产服务内容,这就导致农户的需求差异明显,从而形成了农户分散的需求与生产性服务规模门槛之间的矛盾,极大制约了安全绿色生产服务市场的形成和服务主体的发展。

第八章是质量兴农与绿色兴农融合发展的制度优化路径。在详细分析微观层面的技术路径、组织路径与服务体系构建路径的基础上,本章转向质量兴农与绿色兴农融合发展的顶层设计问题,揭示二者融合发展的制度优化路径。本章首先整理了"十三五"之前和"十三五"时期国家出台的一系列旨在推动农业绿色发展与提高农产品质量安全管理能力的政策文件,比较了两个时期法律法规、部门规章与规范性文件所体现的主体责任、治理手段差异。其次结合融合发展的要求,指出要实现质量兴农与绿色兴农的融合发展,应进一步转变政府职能,丰富市场治理手段,扩大市场治理手段的应用范围,加速推动社会共治。最后以食用农产品合格证制度为例,从合格证"信号传递"功能实现的条件出发,分析了这一制度推广中可能面临的问题,并提出了相应优化思路。

第九章是质量兴农与绿色兴农融合发展的对策建议与保障体系。本章在整合安全绿色生产管理技术推广、产业化组织带动、社会化服务体系构建与顶层制度设计等多方面问题的基础上,提出了打造绿色优质农产品供应链、强化高素质农民培育、促进规模经营主体与小农户协调发展、推动乡村治理现代化等四个方面的具体对策建议,以期建立全方位的融合发展政策保障体系。

本书具有以下三个特点:第一,研究视角更为多元,为农产品优质优价机制建设提供了全新思路。本书不仅深入分析了农业供给侧绿色转型与农产品质量安全管理所面临的一系列问题及其背后的原因,同时也关注了需求侧安全优质农产品购买意愿转化难的问题,综合两方面研究发现供给侧所面临的市场激励不足恰好源自需求侧有效需求不足,而需求侧问题的根源又在于供给侧缺乏有效的环境信息、质量安全信息与主体信息的充分披露,据此提出了以质量兴农与绿色兴农融合发展破解安全优质农产品溢价难难题的新思路。融合发展所强调的以生产环节为重点,以质量安全为准绳,迎合消费需求,以绿色生产确保质量安全的理念在《"十四五"全国农产品质量安全提升规划》工作原则中得以体现(绿色导向,标准引领),印证了该思路的合理性。第二,研究数据更为多样,确保了研究结果的有效性。本书所使用的数据包括了农产品质量安全例行监测合格率数据、食品安全抽检公布结果查询系统大数据、研究团队建立的食品安全网络大数据、消费者与生产者调查数据等,数据来源多样,互为印证,有效保证了研究结论的科学性。本书第三章与第六章主要内容先后发表在国际农业经济领域顶级期刊 *Food Policy*(2016 年和 2019 年,SSCI&SCI,中国科学院 1 区,TOP 期刊)。第三,实现路径更为系统,所提出的对策建议更具可操作性。本书不仅详细论证了质量兴农与绿色兴农融合发展的必要性,更从安全绿色生产管理技术推广、产业化组织带动、社会化服务体系构建与顶层制度设计四个方面出发,探讨了实现融合发展的技术路径、组织路径、服务体系构建路径与政策路径,提出了具针对性的对策建议。在此基础上形成的两份决策报告(2015 年和 2019 年)分别获得时任浙江省领导批示。

本书的出版,需要感谢研究团队杨之颖、李祎、韩晓雨、曹星哲等在数据搜集、问卷调查、文献翻译中作出的贡献。对本书的不足之处,恳请读者给予批评指正。

作者

2022 年 2 月 24 日于曲阜师范大学

目　　录

第一章 "十三五"时期我国推进
质量兴农的成效与问题

农为邦本,本固邦宁。随着脱贫攻坚战的全面胜利,"十四五"时期我国"三农"工作的重心转向全面推进乡村振兴。推动农业高质量发展,确保重要农产品供给能力与供给质量稳步提高,有效提升农业质量效益,成为农业现代化的重要方向。2017年中央经济工作会议上,习近平总书记强调要推进农业供给侧结构性改革,坚持质量兴农、绿色兴农,农业政策从增产导向转向提质导向。[①] 2018年中央一号文件《关于实施乡村振兴战略的意见》明确提出实施乡村振兴战略,加快推进农业农村现代化,坚持农业农村优先发展,走质量兴农之路。2021年和2022年,《"十四五"全国农业绿色发展规划》和《"十四五"全国农产品质量安全提升规划》分别印发,对绿色兴农与质量兴农作出安排。

第一节 "十三五"时期质量兴农的主要成效

党的十八大以来,党中央始终坚持把解决好"三农"问题作为全党工作的重中之重。从优化生产布局、提升农业资源效率、提高农业技术支撑能力、引领农业适度规模经营等多方面入手,我国推动农业产业效益与综合生产能力稳步提高,质量兴农战略初见成效。

---

① 中央经济工作会议在北京举行 习近平李克强作重要讲话.人民日报.2017-12-21(1).

一、粮食安全综合保障能力不断提高

"十三五"时期,在制度改革和技术进步的双重动力推动下,我国粮食数量安全、质量安全与营养安全保障能力稳步提升,粮食安全保障取得历史性成就。全球食品安全指数(global food security index,简称 GFSI)是由《经济学人》基于世界银行集团(WBG)、国际货币基金组织(IMF)、联合国粮农组织(FAO)、联合国开发计划署(UNDP)、世界卫生组织(WHO)、世界贸易组织(WTO)等国际机构统计数据编制的粮食安全综合评价指数[①]。自 2012 年以来,已经连续发布多年,是国际上较为权威的粮食安全评价指数。

全球食品安全指数包含食品可负担性(affordability,权重为 32.4%)、供应能力(availability,权重为 32.4%)、质量和安全保障(quality and safety,权重为 17.6%)、自然资源和复原能力(natural resources and resilience,权重为 17.6%)4 个维度,58 项关键指标。其中食品可负担性主要通过食物获取成本、贫困线以下人口比例、农业进口关税、食物安全网项目等指标计算,反映了食物的获取成本。供应能力主要通过供应效率、农业研发投入、基础设施等指标计算,反映了一个国家食物的稳定供给能力以及国家对粮食安全的重视程度,侧重对粮食数量安全的考察。质量和安全保障主要通过食物多样性、营养性、食品质量安全保障等指标计算,反映了一个国家食品质量安全与营养安全状况。自然资源和复原能力则侧重对农业可持续发展能力进行评估。因此,全球食品安全指数不仅可以考察各国粮食安全整体水平,更可以反映粮食安全的结构性变化与可持续发展能力。

从 GFSI 总得分来看,2012—2021 年我国的粮食安全保障能力不断提高。2012 年我国 GFSI 总得分为 61.7 分,在 113 个国家中排第 47 位。此后,我国 GFSI 总得分和世界排名总体呈上升趋势,2019 年达到了 74.4 分的最高峰,排名也达到了第 26 位。2020 年和 2021 年由于受新冠疫情影响,GFSI 总得分略有下降,但稳定在了 70 分以上(见图 1.1)。

从分项得分来看,我国粮食数量安全、质量安全与营养安全保障能力同样保持了上升趋势。在反映数量安全的食品可负担性与供应能力两项指标上,2012 年

---

①　本书中 GFSI 指标体系与得分是基于 GFSI 2021。

我国食品可负担性仅为63.6分(略高于113个国家平均得分62.3分,排名位居第63位),2018年该项得分提升到84.1分,排名也提升到第35位,此后虽略有下降,但相较于2012年进步仍然明显;2012年我国供应能力得分为65.6分(排名第21位),2019年该项分数提升到79.1分(排名跃升至第2),2021年得分为78.4分,保持了第2位的排名。在反映质量安全、营养安全的质量和安全保障指标方面,2012年我国得分为67分(略高于平均得分,位列第56位),2021年该项分数提升到71.4分,最高峰的2018年更是达到了76分(见图1.2至图1.4)。

图 1.1 2012 年至 2021 年中国食品安全指数得分及排名

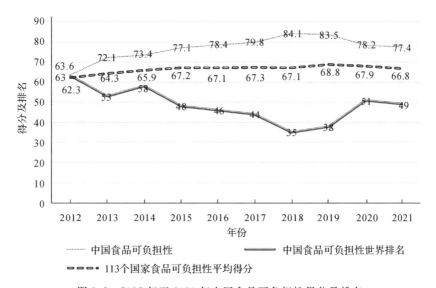

图 1.2 2012 年至 2021 年中国食品可负担性得分及排名

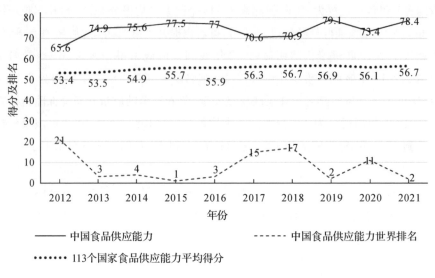

图 1.3　2012 年至 2021 年中国食品供应能力得分及排名

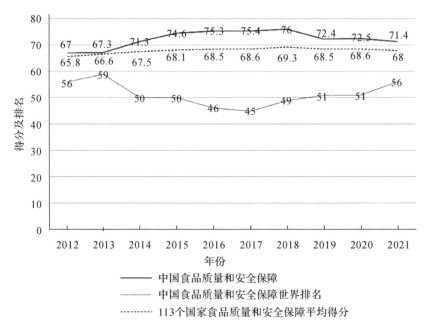

图 1.4　2012 年至 2021 年中国食品质量和安全保障得分及排名

二、农产品质量安全水平稳定向好

1. 农产品合格率持续保持高位

2016年至2020年,全国农产品质量安全例行监测结果表明,我国农产品总体合格率连续5年稳定在97%以上。其中2020年,农业农村部监测了31个省份和5个计划单列市的2639个菜果茶生产基地、1609辆蔬菜和水果运输车、781个屠宰场、821个养殖场、2567辆(个)水产品运输车或暂养池、4013个农产品批发(农贸)市场,抽检蔬菜、水果、茶叶、畜禽产品和水产品等五大类产品,涉及132个品种的130项参数,共计34794个样品。结果显示,蔬菜、水果、茶叶、畜禽产品、水产品抽检合格率分别为97.60%、98.00%、98.10%、98.80%和95.90%(见表1.1)。

表1.1　2016—2020年农产品合格率　　　　单位:%

年份	蔬菜	水果	茶叶	畜禽产品	水产品	总体
2016	96.80	98.20	99.40	99.40	95.90	97.50
2017	97.00	98.00	98.90	99.50	96.30	97.80
2018	97.20	96.00	97.20	98.60	97.10	97.50
2019	—	—	—	—	—	97.40
2020	97.60	98.00	98.10	98.80	95.90	97.80

2. 农产品质量安全专项整治成效明显

农产品质量安全专项整治卓有成效,区域性、系统性、链条式质量安全问题得到有效解决。2016年至2020年,农业农村部集中力量实施了农药及农药残留、瘦肉精、兽用抗生素等七大专项整治行动。5年间,全国各级农业部门出动执法人员1859.6万人次,检查生产企业1058万家(次),查处问题13万起,清理关闭生猪屠宰场4471个,共查处各类问题17万余起,查处案件6.8万件。在专项治理行动的驱动下,三聚氰胺连续8年监测全部合格,瘦肉精监测合格率处于历史最高水平,高毒农药和禁用兽药得到较好控制,区域性、行业性问题得到有效遏制。

三、安全优质农产品供给能力稳步提升

1. 以绿色食品、有机和地理标志农产品为代表的优质农产品增长迅速

2020年底,全国绿色食品、有机农产品和地理标志农产品获证单位超过2.3万家,产品总数超过5万个,与"十二五"末相比,分别增长了93%和72%。绿色食品标志商标已在11个国家、地区和国际组织注册,有机农产品认证已扩大到38个国家和地区,89个地理标志农产品列入中欧地理标志互认名录,农产品品牌的国际影响力逐步提升。2020年,绿色食品销售额超过5000亿元,出口额超过36亿美元。2021年,农业农村部办公厅印发了《农业生产"三品一标"提升行动实施方案》,启动实施农业生产"三品一标"(品种培优、品质提升、品牌打造和标准化生产)提升行动,进一步强化安全优质农产品生产能力,向更高层次、更深领域推进农业绿色发展。

2. 食用农产品达标合格证制度逐步推广

为落实生产经营主体第一责任,推进产地准出管理与市场准入管理的衔接机制建设,2016年农业部开始在河北、黑龙江、浙江、山东、湖南、陕西等6省先行开展食用农产品合格证管理试点工作,7月农业部出台《关于开展食用农产品合格证管理试点工作的通知》与《食用农产品合格证管理办法(试行)》,进一步明确食用农产品合格证的管理办法。2017年9月,中共中央办公厅、国务院办公厅印发《关于创新体制机制推进农业绿色发展的意见》,明确提出"改革无公害农产品认证制度,加快建立统一的绿色农产品市场准入标准……健全与市场准入相衔接的食用农产品合格证制度"。2020年,农业农村部印发《全国试行食用农产品合格证制度实施方案》,在全国试行食用农产品合格证制度。农业农村部数据显示,截至2020年12月,我国已经在全国2760个涉农县开展食用农产品合格证制度试行工作,试行范围内生产主体覆盖率达35%,开具2.2亿张合格证,带证上市农产品达4670.5万吨。

第二节 现阶段质量兴农面临的主要挑战

一、农产品质量安全风险隐患仍旧存在

1.农产品合格率波动明显

主要农产品合格率虽在高位但波动明显,我国农产品质量安全的稳定性有待进一步提升。从 2012 年至 2020 年我国主要农产品抽检总体合格率变化情况来看,2014 年是这九年农产品抽检合格率的"谷底",总体合格率为96.9%,是 2012 年至 2020 年间唯一一个总体合格率低于 97% 的年份。虽然稳定在了 96% 以上的高位("十三五"时期更是保持在 97% 以上),但合格率波动明显(见图 1.5)。

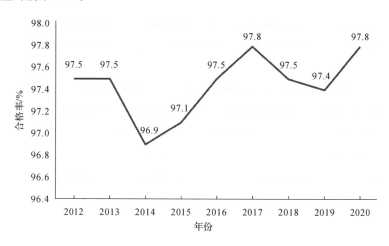

图 1.5 2012 年至 2020 年我国主要农产品抽检总体合格率

2.不同品类农产品质量安全风险水平差别明显

从各类产品来看,2016 年至 2020 年(2019 年各品类合格率数据缺失)蔬菜与水产品抽检合格率均值分别为 97.15% 和 96.30%,低于平均水平,质量安全风险相对突出。其中水产品例行监测合格率在 2016 年至 2018 年逐年向好但 2020 年有所下降。蔬菜合格率一直平稳上升,但涨幅不大(见图 1.6),

生产环节农药残留现象依旧难以消除,整体仍旧略低于平均水平。水果的抽检合格率均值为97.55%,抽检合格率波动最大(水果不同季度抽查合格率起伏变化大,极值之间相差高达7.1个百分点),高于其他产品,受个别季度合格率较低影响,整体平均合格率不高。畜禽产品和茶叶抽检合格率一直相对较高,四年均值分别为99.08%和98.40%,一般都高于平均水平。

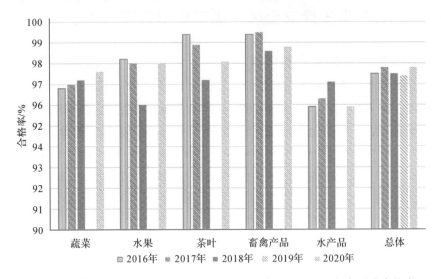

图1.6   不同种类农产品2016年至2020年合格率(不含2019年各品类合格率)

3. 源头质量安全风险突出

通过聚焦水果、蔬菜和水产品三个质量安全风险相对较高的品类,基于市场监督管理局发布的农产品质量抽检信息和食品安全抽检公布结果查询系统抓取的大数据,建立农产品质量安全的供应链环节—本质原因判别与定位模型,即农产品质量安全SC(supply chain)-RC(root cause)判别与定位矩阵,分析不合格产品的原因及其所在环节,发现当前农产品源头质量安全风险仍旧偏高。

矩阵的第一个维度为食品供应链环节(SC)。根据食品生产、流通与消费的各个阶段,将食品供应链环节划分为农产品生产(a)、农产品加工(b)、食品流通(c)、消费(d)4个主要环节和8个细分环节(见表1.2)。

表 1.2　农产品质量安全问题来源供应链环节划分

食品供应链环节	细分环节	说明
农产品生产(a)	农产品种植、养殖(a1)	农作物的种植、家畜养殖等环节
农产品加工(b)	农产品存储、收购、运输(b1)	初级农产品收获、运输、储存等环节
	农产品初加工(b2)	初级农产品的产品分拣、分割、包装等环节
	食品深加工(b3)	作坊、工厂等的食品加工生产环节
食品流通(c)	食品包装、存储、运输(c1)	食品流通中的作业环节
	批发零售(c2)	超市、农贸市场等的流通环节
消费(d)	餐厅消费(d1)	发生在餐厅里的供应链环节
	家庭食用(d2)	家庭烹饪、食用等

结果表明,农产品质量安全事件发生较多的供应链环节依次是农产品种植、养殖环节(a1,不合格产品数达到 44354 个)、食品深加工环节(b3,不合格产品数达到 1645 个)和农产品存储、收购、运输环节(b1,不合格产品数达到 1295个),源头质量安全风险突出。其中,农产品种植、养殖环节的问题又明显多于其他两个环节。无论是水产品、蔬菜还是水果,源头环节都极易发生安全事件。

4. 农资质量安全风险不容忽视

课题组运用 web 数据挖掘技术抽取 2012—2017 年全国农资质量安全相关的 9317 则新闻,通过内容分析方法总结出 432 个农资安全事件[①]。然后对农资安全事件按照不同品类进行分析,系统归纳出 2012—2017 年农资质量安全的整体形势,并以农资品类、质量安全事件原因和质量安全问题产生主体三个维度建立农资质量安全判别与定位矩阵,通过该矩阵分析、判别并定位

①　需要说明的是,本研究是在百度用关键词搜索相关新闻事件进而进行内容分析的,网站根据新闻内容与关键词的相关程度进行了一定的整理合并,因此不是描述相关事件的新闻都算在内,针对某一事件可能有很多新闻报道,但如果内容、标题等各方面相似度极高,则在此仅将其归为一个事件。

农资质量安全风险来源。

(1)农药、饲料、兽药问题相对突出

根据我国现有农资分类,加之种子、农药、肥料、兽药、饲料和饲料添加剂,以及保鲜剂是农业生产流通的重要物质资料,直接关系农产品质量安全和人民群众身体健康,本研究将农资品类分为上述六种。结果表明,农药、饲料和饲料添加剂,以及兽药被曝质量安全事件的数量较多(见表1.3)。

表 1.3 2012—2017 年新闻曝光农资安全事件情况

品类	频数	频率/%
种子	13	2.91
农药	191	42.73
肥料	54	12.08
兽药	83	18.57
饲料和饲料添加剂	94	21.03
保鲜剂	12	2.68
合计	447	100.00

注:由于质量安全问题可能涉及多个农资品类,因此最终的加总要多于质量安全事件的数量。

从曝光排名的年际变化上看(见表1.4),农药一直保持在前三位;兽药波动较大,肥料的质量安全问题也值得重视,种子和保鲜剂被曝光频率相对保持在低位。从四个主要被曝品类所占比例的年际变化上看(见图1.7),饲料和饲料添加剂在 2013 年后有向下的趋势;肥料 2013 年至 2016 年呈上升趋势,2016—2017 年有所下降。

表 1.4 2012—2017 年各品类新闻曝光排名

年份	各位次的品类					
	第 1 位	第 2 位	第 3 位	第 4 位	第 5 位	第 6 位
2012	饲料和饲料添加剂(43.90)	农药(39.02)	肥料(9.76)	兽药(4.88)	种子(2.44)	保鲜剂(0)

续表

年份	各位次的品类					
	第1位	第2位	第3位	第4位	第5位	第6位
2013	饲料和饲料添加剂 (65.71)	农药 (27.14)	肥料 (5.71)	种子 (1.43)	兽药 (0)	保鲜剂 (0)
2014	农药 (65.96)	饲料和饲料添加剂 (12.77)	兽药 (8.51)	肥料 (6.38)	保鲜剂 (5.32)	种子 (1.06)
2015	农药 (45.13)	兽药 (24.78)	肥料 (20.35)	饲料和饲料添加剂 (6.19)	种子 (2.65)	保鲜剂 (0.88)
2016	兽药 (52.50)	肥料 (22.50)	农药 (15.00)	饲料和饲料添加剂 (5.00)	种子 (5.00)	保鲜剂 (0)
2017	农药 (41.57)	兽药 (26.97)	饲料和饲料添加剂 (10.11)	肥料 (8.99)	保鲜剂 (6.74)	种子 (5.62)

注:括号内为占比,单位:%。

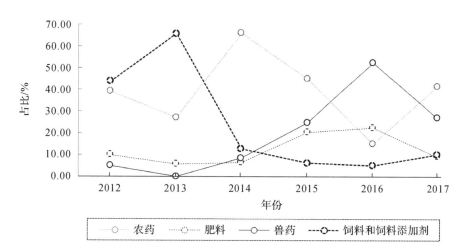

图1.7 四个主要被曝农资品类所占比例的年际变化

(2)添加有害投入品是农资质量安全风险主要来源

农资相关质量安全问题的原因都有相同或相似的性质,本书将这些原因分为:要素原因、农资产品本身原因及其他原因三大类,并细分为九小类(见表1.5)。

表1.5　农资安全问题原因

问题原因	原因细分	说明
要素原因	添加有害投入品(α)	加入有害、高毒、禁用化学物质
	要素施用量不当(β)	施用过量、滥用、残留超标
农资产品本身原因	产品信息标识不当(γ)	包装材料或包装方式不当、说明书或标签书写不当、过期、净含量不足
	冒牌(δ)	假冒其他企业产品商标等
	假劣(ε)	劣质:有效成分不足;假农药(标明的有效成分未检出或擅自加入其他农药成分、添加未登记成分、隐性成分)
	卫生指标不合格(ζ)	霉菌总数超标
	产品质量不合格(η)	生产销售不符合质量要求的农资产品
其他原因	证件登记问题(θ)	无证生产经营、无化肥农药登记证、无兽药批文、超范围标注登记作物和防治对象、标注过期登记证号
	环境、器械不达标(ι)	相关环境、器械达不到要求

从农资质量安全问题的原因分析来看(见表1.6),农资质量安全问题较为突出的原因是添加有害投入品(40.09%)、要素施用量不当(25.28%)、假劣(13.67%)和冒牌(10.48%)四类,其发生频次明显高于其他问题。

表1.6　农资质量安全问题的原因分析

问题原因	原因细分	频数	频率/%
要素原因	添加有害投入品(α)	176	40.09
	要素施用量不当(β)	111	25.28

续表

问题原因	原因细分	频数	频率/%
农资产品本身原因	产品信息标识不当(γ)	7	1.59
	冒牌(δ)	46	10.48
	假劣(ε)	60	13.67
	卫生指标不合格(ζ)	3	0.68
	产品质量不合格(η)	24	5.47
其他原因	证件登记问题(θ)	11	2.51
	环境、器械不达标(ι)	1	0.23

注：由于质量安全问题可能有多个原因，所以最终的加总要多于质量安全事件的数量。

二、人源风险占比较大

1. 明知故犯问题较之于无意为之问题更为突出

（1）投入品不规范使用和使用违禁投入品是农产品质量安全风险主要来源

本书将农产品质量安全问题成因分为源头环境污染（A）、要素原因（B）、行为原因（C）、卫生原因（D）、监督原因（E）、其他原因（F）六大类，并细分为 20 小类（见表 1.7）。

表 1.7　农产品质量安全问题成因

问题原因	原因细分	说明
源头环境污染（A）	自然环境污染（A1）	自然环境污染造成的有害物质残留
	重金属超标（A2）	初级农产品收获、运输、储存等环节
要素原因（B）	天然原料使用不当（B1）	将含有天然毒素的动植物作为食品原料
	废物回收再利用（B2）	使用废弃物作为原料生产、加工或烹饪食品
	使用不合格原料（B3）	以劣质、非食用原料作为食品加工原料
	添加有害投入品（B4）	使用违禁添加剂或其他有毒有害物质

续表

问题原因	原因细分	说明
行为原因(C)	加工程序不当(C1)	未按照正规程序进行食品加工或烹饪
	要素施用量不当(C2)	要素用量不足或施用过量
	原料存储不当(C3)	原材料隔离不当导致微生物污染
	包装不当(C4)	包装材料、包装方式或标签书写不当
	成品储藏环境不当(C5)	温度、湿度等成品存储环境不当
	造假(C6)	假冒伪劣
卫生原因(D)	细菌、微生物污染(D1)	受到细菌、微生物污染
	人员环境不卫生(D2)	人员卫生行为、环境卫生不符合标准
	废弃物处置不当(D3)	废弃物没有按规定处理,重新进入流通领域
监管原因(E)	标准不明确(E1)	缺乏明确统一的监管标准
	谣言(E2)	自媒体时代的网络谣言
	信息公开(E3)	信息公开不及时引起的恐慌
	监管无力(E4)	监管不到位
其他原因(F)	认知错误(F1)	行为人认知不足导致的质量安全问题

　　从表 1.8 可知,我国农产品质量安全问题成因中较为突出的依次是添加有害投入品(B4,由此引发的不合格产品数为 21845 个)、要素施用量不当(C2,由此引发的不合格产品数为 18130 个)、认知错误(F1,引发不合格产品 4073 个),其次是自然环境污染(A1,引发不合格产品 2522 个)、重金属超标(A2,引发不合格产品 527 个)。其中添加有害投入品和要素施用量不当是最主要原因,其引发问题频次明显高于其他原因。无论是要素施用量不当还是添加有害投入品,都是典型的人源风险,一方面是生产者自身受利益驱动,另一方面则是政府监管不到位。以要素施用量不当为例。要素施用量不当在农产品生产环节主要表现为农药、化肥、渔药、兽药等投入品过量施用,在初加工和深加工环节则表现为食品添加剂过量或不足。现阶段由于生产环节的规模化程度较低,分散的小规模农户仍是我国农业生产的主力军,受制于自身素质、家庭资源,其质量安全管理意识和管理能力存在明显不足。再加上小农户往往缺乏足够的风险规避能力,因而许多农户在施用农药、兽药过

程中很容易发生施用过量。此外,尽管有相关的惩治制度,但源头监管资源的稀缺使得农户抱着侥幸心理,为了自己获取更高的利润而知法犯法。添加有害投入品亦是如此,在生产环节表现为违禁高毒高残留农药、兽药的使用,在加工环节表现为违禁食品添加剂或工业助剂等非食用添加剂的使用,在销售环节表现为违禁化学保鲜剂的使用。此外,对投入品使用缺乏准确认知而导致的问题同样突出。农药、兽药等投入品更新换代速度快,即使是专业大户等质量安全管理能力相对较强的农户,很多时候依然无法准确了解新农药的规范使用方法。

表 1.8　农产品质量安全问题 SC-RC 矩阵　　　　单位:个

供应链环节		问题成因																		
		A1	A2	B1	B2	B3	B4	C1	C2	C3	C4	C5	C6	D1	D2	D3	E1	E2	E3	E4	F1
a	a1	2500	202	0	0	283	19352	0	17944	0	0	0	0	0	0	0	0	0	0	0	4073
b	b1	19	163	0	0	0	888	7	177	15	0	13	0	13	0	0	0	0	0	0	0
	b2	1	162	0	0	0	0	0	4	0	161	0	0	10	10	0	0	0	0	0	0
	b3	1	0	0	0	0	1605	7	4	7	1	0	0	10	7	3	0	0	0	0	0
c	c1	1	0	0	0	0	0	0	1	15	186	13	0	15	0	0	0	0	0	0	0
	c2	0	0	0	0	0	0	0	0	13	0	13	0	0	0	0	0	0	0	0	0
d	d1	0	0	0	0	0	0	0	0	2	0	0	0	2	0	0	0	0	0	0	0
	d2	0	0	0	0	0	0	0	0	13	0	13	0	0	0	0	0	0	0	0	0

(2)添加有害投入品是农资质量安全风险的主要来源

从农资质量安全问题原因—农资品类矩阵(见表1.9)可以看出,虽然除了种子和保鲜剂,其他农资品类质量安全问题的产生原因都相对比较分散,但添加有害、高毒、禁用化学物质问题相对突出。农药、兽药、饲料和饲料添加剂,以及保鲜剂的问题都集中在添加有害、高毒、禁用化学物质以及要素施用量不当方面,其中要素施用量不当是农药更严重的问题。种子最主要的问题是假劣,其次是冒牌。肥料存在的主要问题是假劣,即有效成分不足,标明的有效成分未检出或擅自加入其他农药成分、添加未登记成分、隐性成分,以及产品质量不合格等。从品类来看,添加有害投入品最多的是饲料和饲料添加剂、兽药,直接影响我国养殖业农产品质量安全;要素施用量不当最多的是农药,因而易造成农药残留超标。冒牌最严重的是农药,假劣和产品质量不合格最严重的都是肥料,其次是农药。卫生指标不合格的只有饲料和饲料添加剂,产品信息标识不当和证件登记问题在除了保鲜剂的农资品类的每一种中都存在。

表 1.9　农资质量安全问题原因—农资品类矩阵　　　　单位:个

品类	原因								
	α	β	γ	δ	ε	ζ	η	θ	ι
种子	0	0	2	3	6	0	0	2	0
农药	35	95	2	32	21	0	9	3	0
肥料	0	4	2	7	29	0	11	2	0
兽药	60	6	1	6	2	0	6	2	1
饲料和饲料添加剂	74	6	1	0	5	3	1	4	0
保鲜剂	8	3	0	0	0	0	0	0	0

2. 小生产者与小企业的问题更加突出

对农产品质量安全问题 SC-RC 判别与定位矩阵中的农产品供应链环节和问题成因两个维度进行综合分析,则进一步凸显了人源风险尤其是小农户问题的严重性。农产品质量安全事件发生频次较多的点,按出现频次多少排列首先是农产品种植、养殖过程添加有害投入品(a1-B4),农产品种植、养殖过程中要素施用量不当(a1-C2);其次是农产品种植、养殖过程中由行为人认知不足导致的质量安全问题(a1-F1),农产品种植、养殖过程中因自然环境污染造成的有害物质残留(a1-A1)等。

在农资质量问题中,本书将农资质量安全问题相关主体分为农资生产主体、农资销售主体以及农资使用主体三大类(见表 1.10),其中农资生产主体包括农资小企业、农资国内知名企业和农资跨国企业;农资销售主体主要为经销商,一些个人也会为营利进行农资产品的生产和销售,因为没有相关资质,产品极易产生质量安全问题;农资使用主体则指农户、农产品小企业、农产品国内知名企业和农产品跨国企业。

表 1.10 农资质量安全事件主体划分

主体类别	主体	说明	频数	占比/%
农资生产主体	农资小企业	规模较小不知名的农资生产企业	230	53.24
	农资国内知名企业	国内有一定品牌知名度的农资生产企业	9	2.08
	农资跨国企业	跨国进行农资生产的企业	2	0.46
农资销售主体	经销商	只从事农资销售的商业主体	13	3.01
	个人	为营利进行农资生产销售活动的个体	24	5.56
农资使用主体	农户	进行种植、养殖并使用农资的农民,种粮大户,养殖场主等	122	28.24
	农产品小企业	规模较小、不知名的农产品生产企业	11	2.55
	农产品国内知名企业	国内有一定品牌知名度的农产品生产企业	12	2.78
	农产品跨国企业	国际农产品生产企业	9	2.08

从农资质量安全问题产生主体来看,农资生产主体所占比例高达55.78%,农资使用主体中农民占28.24%。在农资生产主体内部,小企业(53.24%)是重要的质量安全问题主体,其次是国内知名企业(2.08%)和跨国企业(0.46%)。应特别注意的是,国内知名企业与跨国企业依然会存在质量安全问题,因此,质量安全监管对知名企业也不能放松。由此可见,农资质量安全问题主要集中在农资小企业。

以问题主体类型作为维度建立矩阵,一方面可以考察每一类主体主要的质量安全问题原因,另一方面也可以考察每一类质量安全问题原因所对应的主要主体类型(见表1.11)。从矩阵中可以看出,如从问题主体角度考量,农资生产主体产生问题的主要原因有加入有害、高毒、禁用化学物质,农资小企业还存在的主要问题是假劣,即有效成分不足或标明的有效成分未检出或擅自加入其他农药成分,添加未登记成分、隐性成分,国内知名企业还存在产品质量不合格的问题。经销商主要的问题是包装以及与证件相关的,而个人则主要为添加有害投入品和假冒。农资使用主体的问题均为添加有害投入品和要素使用量不当,尤其农户存在更大的问题是要素使用量不当。从问题原因看,几乎每种原因出现问题最多的主体都是农资小企业,在监管中需严加关注。

表 1.11　农资质量安全问题原因—主体类型矩阵

主体类别	主体	原因								
		α	β	γ	δ	ε	ζ	η	θ	ι
农资生产主体	农资小企业	95	13	4	37	55	3	20	4	0
	农资国内知名企业	3	0	0	0	1	0	3	2	0
	农资跨国企业	2	0	0	0	0	0	0	0	0
农资销售主体	经销商	2	0	3	1	2	0	1	3	1
	个人	12	0	0	8	2	0	0	2	0
农资使用主体	农户	45	82	0	0	0	0	0	0	0
	农产品小企业	6	6	0	0	0	0	0	0	0
	农产品国内知名企业	7	5	0	0	0	0	0	0	0
	农产品跨国企业	4	5	0	0	0	0	0	0	0

综合来看,尽管"十三五"时期我国农产品质量安全监管能力与优质农产品供给能力大幅提升,农产品合格率持续稳定在 97% 以上,"两品一标"认证数量迅速攀升,但继续推进质量兴农仍面临着不少阻碍。通过对水果、蔬菜和水产品三类质量安全风险相对较高的农产品以及农资质量安全问题的分析发现,农产品质量安全风险管控的重点环节在源头生产环节,管控的重点群体在农户,而农资质量安全问题主要集中在农资小企业,并且农户对要素的不规范使用问题也较突出。从风险类型来看,人源风险突出,提示着针对源头环节农户的监管仍然薄弱。

第二章 "十三五"时期我国推进绿色兴农的成效与问题

高投入、高产出、高污染的传统石油农业模式虽极大促进了农业产出的增长,但也带来了农业面源污染、农业生态系统退化和农产品质量安全危机等一系列问题。面对不断抬高的农业生产成本"地板",不断下压的农产品价格"天花板"和日趋紧张的农业资源环境约束,推动农业绿色转型,走出一条产出高效、产品安全、资源节约、环境友好的农业现代化道路,成为农业供给侧结构性改革的主要方向。推动农业绿色转型,不仅需要实现农业生产方式的绿色转型,以达到资源节约、环境改善和生态保育的目的,更要增加安全、优质、绿色农产品供给,满足农产品消费的新需求。

第一节 "十三五"时期绿色兴农的成效

为推动农业绿色转型,"十三五"时期国家对农业绿色发展的体制机制进行了全方位改革。2015 年,中共中央、国务院先后印发《关于加快推进生态文明建设的意见》《生态文明体制改革总体方案》,为生态文明建设做好了顶层设计。此后为加快推进农业绿色发展,2016 年国务院印发《全国农业现代化规划(2016—2020 年)》用专章阐释和规划绿色兴农。2017 年,中共中央办公厅、国务院办公厅印发《关于创新体制机制推进农业绿色发展的意见》,这是党中央出台的第一个关于农业绿色发展的文件。党的十九大报告提出要打好污染防治攻坚战。2019 年,农业农村部印发《农业绿色发展先行先试支撑体系建设管理办法(试行)》。在制度改革的驱动下,"十三五"时期农业绿色发展取得了显著成效。中国农业科学院和中国农业绿色发展研究会联合发布的《中国农业绿色发展报告 2020》显示,全国农业绿色发展指数从 2012 年的 73.46 提升至 2019 年的 77.14,农业绿色发展水平稳步提升。

一、农业生产方式绿色转型成效显著

1. 化肥农药减量增效目标顺利完成

2015 年,农业部印发《到 2020 年化肥使用量零增长行动》和《到 2020 年农药使用量零增长行动》,启动化肥农药减量增效行动。2017 年,农业部印发《关于实施农业绿色发展五大行动的通知》,开展农业绿色发展五大行动。截至 2020 年,农业农村部先后在全国推进了 300 个化肥减量增效示范县、175个果菜茶有机肥替代化肥示范县和 150 个病虫全程绿色防控示范县建设。"十三五"时期,我国化肥农药使用量不断降低。2017 年,提前 3 年实现到2020 年化肥、农药使用量零增长的目标。其中,化肥折纯使用量在 2015 年达到 6022.6 万吨的高峰后持续下降,2020 年折纯使用量为 5250.7 万吨,相较于 2015 年下降了 12.8%。氮、磷、钾肥使用量同样保持了较快的减量速度(见图 2.1)。

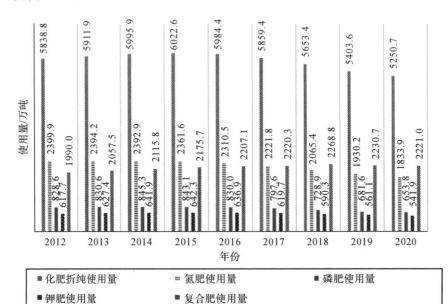

图 2.1　2012 年至 2020 年我国化肥折纯使用量

农业农村部数据显示,农药使用量高峰出现在 2013 年,高达 180.77 万吨,此后连年下降,2019 年降到 139.17 万吨,相较于高峰时期降低了 23%(见图 2.2)。水稻、玉米、小麦三大粮食作物化肥农药利用率稳步提高,2020 年我国水稻、小麦、玉米三大粮食作物化肥利用率 40.2%,比 2015 年提高了 5 个百分点;农药利用率 40.6%,比 2015 年提高了 4 个百分点。

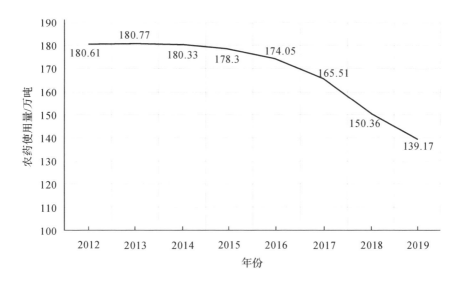

图 2.2　2012 年至 2019 年我国农药使用量

2. 绿色生产技术加速普及

《中国农业绿色发展报告 2020》显示,"十三五"时期我国已初步形成 10 项农业绿色发展的标志性关键技术,包括小麦节水保优生产技术、玉米籽粒低破碎机械化收获技术、水稻机插秧同步测深施肥技术、油菜毯状苗机械化高效移栽技术、蔬菜全程绿色高效生产技术、奶牛精准饲养提质增效集成技术、异位发酵床处理猪场粪污技术、受控式集装箱循环水绿色生态养殖技术、南方水网区农田氮磷流失治理集成技术和全生物降解地膜替代技术。截至 2019 年,全国测土配方施肥技术应用面积 19.3 亿亩次、技术覆盖率达到 89.3%,绿色防控面积超过 8 亿亩,全国缓释肥、水溶肥等新型肥料推广应用面积达到 2.45 亿亩次,有机肥施用面积超过 5.5 亿亩次。三大粮食作物病虫害统防统治覆盖率达到40.1％。"十三五"以来全国秸秆综合利用率达86％，畜禽粪污综合利用率达75％。

3. 耕地质量稳步提升

"十三五"时期国家深入实施耕地质量提升行动，将高标准农田建设作为重点，扩大轮作休耕试点。截至2020年底，全国已建设高标准农田8亿亩。2020年，农业农村部发布《2019年全国耕地质量等级情况公报》，公报显示2019年全国耕地质量平均等级为4.76，较2014年首次启动全国耕地质量等级划分时提升了7.94％。其中，一至三等优质耕地面积占比较2014年提升3.94个百分点。2019年，农田灌溉水有效利用系数达到0.559，提前完成"十三五"规划目标。截至2020年，全国耕地轮作休耕制度试点面积由2016年的616万亩扩大到3112万亩，全国水肥一体化技术应用面积近1.5亿亩。

二、绿色优质农产品供给不断增加

截至2020年底，全国绿色食品、有机农产品和地理标志农产品获证单位超过2.3万家，产品总数超过5万个。其中绿色食品认证38545个，有机农产品认证4548个，地理标志农产品认证3090个。建成绿色食品原料标准化生产和有机农产品基地超2亿亩。2021年度《中国有机产品认证与有机产业发展报告》显示，我国的有机作物种植面积达到了243.5万公顷，总产量已经达到了1502.2万吨，其中有机畜禽及产品194万吨，有机动物产品326.9万吨。

三、农业产地环境治理取得突出成效

"十三五"时期，浙江、海南、安徽三省开展生态循环农业示范建设，全国创建了80个农村绿色发展先行示范区，长江经济带的8个省份53个县（市、区）开展了农业面源污染综合治理。生态环境部、国家统计局、农业农村部2020年发布了《第二次全国污染源普查公报》，报告显示2017年农业源水污染物排放量分别是化学需氧量 1067.13 万吨,氨氮 21.62 万吨,总氮 141.49 万吨,总磷 21.20 万吨。而国家统计局发布的《第一次全国污染源普查公报》显示,2007 年全国污染物的农业源(不包括典型地区农村生活源)中主要水污染物排放量为化学需氧量 1324.09 万吨,总氮 270.46 万吨,总磷 28.47 万吨,分别占全国排放总量的 43.7%、57.2%和 67.4%。相较于 2007 年发布的《第一次全国污染源普查公报》的结果,2017 年的排放量分别下降了 19%、48%、26%。畜禽养殖业的化学需氧量、总氮、总磷排放量分别为 1000.53 万吨、59.63 万吨、11.97 万吨,均比第一次普查时有不同程度的下降。

第二节　现阶段绿色兴农面临的主要问题

虽然"十三五"时期农业绿色发展取得了卓越成效,但与产出高效、产品安全、资源节约、环境友好的目标相比,与兴旺发达、绿色安全、优质高效、具有竞争力的现代乡村产业体系发展目标相比,当前农业绿色发展仍处于起步阶段。"十四五"时期,绿色兴农将面临一系列挑战。

一、绿色发展能力仍是我国粮食安全保障能力提升的短板

自然资源和复原能力(natural resourcesand resilience)是 2017 年被引入 GFSI 评价体系的。该指标主要通过自然风险暴露、水与土地等自然资源数量与质量、人口压力等指标计算而来,可以有效评估气候变化、自然资源风险对各国粮食安全的影响程度,以及国家对此类风险的应对能力,反映一个国家粮食安全的可持续性与生态效率,很好地体现了农业绿色发展能力。

从食品安全指数的四项指标对比来看(见图 2.3),我国自然资源和复原能力得分远低于可负担性、供应能力、质量和安全保障三项得分。2021 年,我国 GFSI 总得分为 71.3 分(在 113 个国家中位列第 34 位),可负担性得分为 77.4 分(在 113 个国家中位列第 49 位),供应能力得分为 78.4 分(在 113 个国家中

位列第 2 位),质量和安全保障得分为 71.4 分(在 113 个国家中位列第 56 位),而自然资源和复原能力得分仅为 47.2 分(在 113 个国家中位列第 64 位)。从横向比较结果来看,自然资源和复原能力是拉低我国食品安全指数的关键因素。

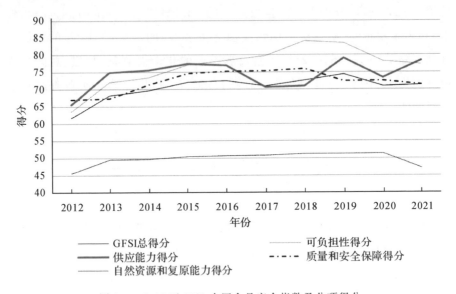

图 2.3　2012 至 2021 中国食品安全指数及分项得分

　　从自然资源和复原能力的各项指标来看(见表 2.1),我国农业水资源的数量与质量、江河湖海富营养化与海岸生物多样性问题较为突出。农业水资源数量主要通过年度总取水量与年度可再生能源供应总量的比率来衡量,农业水资源质量则侧重衡量水被污染的风险。该项满分 100 分,而我国得分仅为 15 分。海洋、河流、湖泊这一指标主要由江河湖海富营养化和海岸生物多样性两项指标加权计算而来,其中江河湖海富营养化数据来源于世界资源研究所数据(0—2 评级),而海岸生物多样性主要通过一个国家过度捕捞或濒临灭绝的种群的总渔获量表示(100 分表示一个国家的渔获量都不是来自过度捕捞或崩溃的种群,0 分表示一个国家的渔获量全部来自过度捕捞或崩溃的种群,表现最差),我国该项得分仅为 3.2 分。此外,我国对进口食物和自然资源(如石油、天然气等)的依赖程度较高,得分仅为 21.9 分,前者衡量的是谷物进口占谷物总产量的比例,而后者表明我国农业乃至整体经济对矿物能源的依赖程度较高,农业绿色转型阻力更大。

表 2.1 自然资源和复原能力具体指标及 2021 年中国得分

指标名称	指标说明	中国得分	等级
风险暴露（exposure）	受气候变暖、干旱、洪水和海平面上升的影响程度	77.1	好
水资源（water）	农业水资源的数量与质量	15	非常差
土地资源（land）	土地退化情况、草地温室气体排放和林地面积变化等	91.8	非常好
海洋、河流、湖泊（oceans, rivers and lakes）	江河湖海富营养化与海岸生物多样性	3.2	非常差
敏感性（sensitivity）	对进口食物和自然资源的依赖程度	21.9	差
适应性（political commitment to adaptation）	对于上述变化的适应，包括早期预警、气候智慧型农业、灾害管理等	63.1	好
人口压力（demographic stress）	人口增长率和城市人口吸纳能力	50.1	中

注：GFSI 采取了五等分方法评定等级，80—100 分为非常好，60—79.9 分为好，40—59.9 分为中，20—39.9 分为差，0—19.9 为非常差。

而从 2012 年至 2021 年间我国自然资源和复原能力得分与排名变化情况来看（见图 2.4），我国自然资源和复原能力得分虽然在多数年份保持了较为稳定的增长，但其排名却呈下降趋势，与 113 个国家平均得分相比较领先幅度不断缩小。尤其是 2021 年，我国自然资源和复原能力得分首次出现下降的情况，仅为 47.2 分，2013 年以来首次低于 113 个国家的平均得分（50.8 分），世界排名也下降到了第 64 位。虽然 2020 年和 2021 年我国整体经济尤其是农业受新冠疫情冲击明显，但综合横向对比结果与年际变化不难看出，绿色发展能力就是目前我国粮食安全保障能力的最大短板。

图 2.4　2012 年至 2021 年间我国自然资源和复原能力得分与排名变化

二、小农户绿色转型滞后且面临更多阻碍

"大国小农"是我国的基本国情、农情。从 2017 年进行的第三次农业普查结果来看,小农户数量占到全部农业经营主体的 98% 以上,经营耕地面积占总耕地面积的 70%,农户户均经营规模 7.8 亩,经营耕地 10 亩以下的农户有 2.1 亿户,由此看出小农户仍是我国农业生产的主体。党的十九大报告将小农户写进了乡村振兴的战略中,提出要实现小农户和现代农业发展有机衔接,体现了党对如何把小农户引入现代化的轨道这一问题的重视。然而从小农户绿色生产技术采纳情况来看,小农户的绿色转型没有很好地与规模经营主体同步,其绿色生产转型面临更多阻碍。

1. 小农户化肥农药超量使用问题更加突出

国内大量研究表明,相较于规模经营户,小农户化肥农药超量使用的问题更加突出。刘晓燕等(2020)对比了黑龙江、浙江、河南和四川 4 个省份 400 户规模玉米种植户和 640 户普通玉米种植户的化肥用量,发现规模户玉米亩均用量约为 59.8 千克,偏离经济最优水平 10.3%,而普通种植户亩均用量约为 65.8 千克,偏离经济最优水平 41.2%,证实了小农户化肥使用量更大。高晶晶等(2019)基于全国农村固定观察点的数据分析显示,土地规模 1 亩及以下农户的亩均化肥用量为 154.27 千克(1995—2016 年的平均用量,下同),而土地规模 10 亩以上农户的亩均化肥用量仅为 57.66 千克。

小农户化肥农药过量使用的问题更加突出,从农户自身特征来看主要源自以下两个方面(仇焕广等,2014;张露等,2018):第一,随着城镇化进程的加速,农业劳动力大量外流,农村劳动力成本不断提升,增加化肥农药用量以节省劳动力成本成为农户"节本增效"的必然选择;第二,土地细碎化,化肥农药产品更新换代,使得小农户使用化肥农药时存在严重的信息不完全和信息不对称,加之小农户缺乏其他风险规避渠道,使得小农户往往选择增加用量以降低生产风险。

2. 小农户绿色生产技术采纳面临更多限制

小农户在生产方式绿色转型中存在天然的弱质性与局限性。我国小农户的规模之小,不仅限于土地经营规模之小,还突出表现在地块之小及每个农户地块分布的高度分散。经营规模小且土地细碎导致小农户对大型农机的排斥,不利于降低产品成本(现阶段我国农产品生产成本中人工费用占比过高是农产品失去竞争优势的重要原因),也不利于采用具有规模经济特征或者需要借助大型机械实施的绿色生产技术(郭庆海,2019)。

此外,小农户在新技术信息获取上同样处于劣势。社会网络是小农户获取技术信息的重要渠道。但随着农业生产方式与经营体系变革,农户的社会关系网络与社会嵌入性发生了极大变化。农户群体不断分化,经历了以职业为标准的分化(林坚等,2006)和以生产力为标准的分化(陈春生,2007;李宪宝等,2013;赵晓峰等,2018)两个阶段。尤其是农村土地流转,更是加剧了农户生产力分化,使农民阶层呈现以耕地面积和经营形态为标准的重塑,形成了规模户和小农户两个阶层(周娟,2017)。农户阶层分化带来了农村阶层结构重构与阶层关系再造,而各阶层资源获取能力差异以及一定空间内自然资源、社会资源的有限性,势必导致村社各阶层隔离与对立加剧,从而改变了传统意义上村社互惠互利的社会关系格局(贺雪峰,2011;田先红等,2013;周娟,2017)。

最后,小农户在绿色生产技术补贴、社会化服务获取等方面都处于劣势,导致其生产习惯难以改变。

2018—2019 年在浙江省开展的水稻种植户化肥减量增效技术采纳情况

调查显示,杭州市、嘉兴市、湖州市等共 8 个县市,418 户 50 亩以下规模的小农户中,采纳化肥减量增效技术平均数量 1.76 项,其中,采纳 0 项、1 项和 2 项的农户分别占到 19.62%、30.86% 和 23.44%,而采纳 3 项及 3 项以上技术的比重仅有 26.08%,技术总体采纳水平并不高。从调查来看,小农户接受相关技术培训平均次数约为 2 次/年,仅有 26% 的小农户加入了产业组织,小农户在外部知识与社会化服务获取方面面临诸多限制。

三、农业绿色发展的激励机制与政策保障体系尚不完善

绿色生产技术具有明显的环境外部性。党的十八大以来,我国绿色发展政策工具类型日趋多样,逐步建立了排污权交易与碳排放交易体系。虽然国家已经明确了农业绿色低碳技术发展"政府引导、市场驱动"的基本原则,但当前主流政策如绿色生产补贴、投入品定额管理等大都是政府主导,基于市场交易和激励公众参与的政策工具严重不足。

从研究层面看,国内关于农业绿色转型政策的研究主要集中在生产端政策需求和补贴政策效果评估两方面。例如,徐涛等(2018)研究发现,农户对不同膜下滴灌技术政策属性的偏好从强到弱依次为耕地整理、技术指导、工时补贴和设备补贴形式,而对参与补贴政策存在一定的抵触情绪。陈海江等(2019)和张标等(2018)指出,现有补贴政策具有明显的"规模倾向",小农户被排除在政策工具的门槛之外,导致其对现有绿色低碳技术补贴政策的响应普遍不足。

综合来看,农业绿色转型主要难题在于小农户。由于家庭资源禀赋约束和外部技术信息、扶持政策与社会化服务获取存在困难,小农户绿色生产转型难度更大。加之农户老龄化等问题日趋严重,如何有效引导小农户转型成为推进绿色兴农面临的关键难题。

第三章 我国农产品消费的新特征与消费选择机理

第一节 后食品安全危机时代农产品消费新特征

我国社会主要矛盾转化为人民日益增长的美好生活需要和不平衡不充分的发展之间的矛盾,满足人民多样化多层次的消费需求,促进消费结构的不断优化,以消费升级带动经济高质量发展,已经成为"十四五"时期经济发展的重要任务。把握居民农产品消费升级的基本趋势,深入分析居民农产品消费结构演化的内在机理,着力消除制约安全优质农产品消费的各类体制机制障碍,不仅是扩大安全优质农产品消费的必然要求,也是推动农业供给侧结构性改革与农业高质量发展的必然要求。

一、我国农产品消费从吃得饱转向吃得好与吃得健康

居民食物消费结构不断优化,消费者对于安全优质绿色食品的需求不断增长,已经成为食物消费的重要特征。

1. 食物消费结构不断优化

恩格尔系数(Engel's coefficient)是指居民家庭中食物支出占消费总支出的比重。一般而言,家庭收入越高,用于食物消费的比重就越低,恩格尔系数就越小。因而,恩格尔系数常用来衡量一个国家的消费结构和贫困程度。2013 年至 2019 年,我国恩格尔系数稳步下降,2017 年首次低于 30%,2019 年更是降到了 28.22%。2020 年,由于新冠疫情冲击,恩格尔系

数升至 30.16％（见图 3.1）。

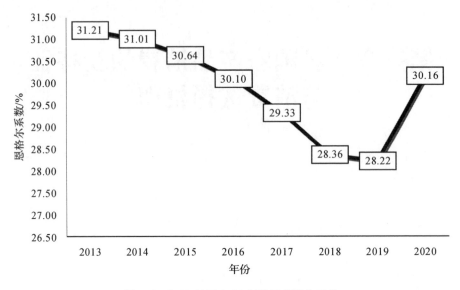

图 3.1　2013 年至 2020 年我国恩格尔系数

　　恩格尔系数的降低并不代表食物消费能力的下降，相反我国居民食物消费支出稳步增长。从食物消费支出总额来看，2013 年至 2020 年间，我国居民食物人均消费支出从 4126.74 元增加到 2020 年的 6397.30 元，保持了 6.48％的平均增速。即使在受新冠疫情冲击的 2020 年，人均食物消费支出相较于 2019 年仍然增长了 5.15％（见图 3.2）。

　　与居民人均食物消费支出稳定增长相伴随的，是居民食物消费结构的不断优化。从粮食、蔬菜、肉类（猪牛羊肉）、禽类、水产品、蛋类、奶类、干鲜瓜果和食用油的人均消费量年际变化（见图 3.3）来看，我国居民食品消费结构的变化呈现以下特征。

　　第一，粮食和食用油消费逐渐减少。粮食消费量的下降更为明显（2013 年至 2018 年粮食消费量下降迅速，2019 年和 2020 年粮食消费量有一定回升，但这可能与新冠疫情防控期间的居家隔离等因素有关，因而有一定的特殊性）。

　　第二，猪牛羊肉消费量先增后降。猪牛羊肉消费量在 2018 年达到了 29.52 千克的高峰后开始下降，2020 年下降到了 24.8 千克，这一数字甚至低于 2013 年（25.6 千克），进一步分析猪牛羊肉消费发现，猪牛羊肉消费量的降低主要是猪肉消费减少所致，猪肉消费量在 2018 年达到 22.8 千克的最大值

（占猪牛羊肉消费的 77.2%），后逐步下降到 2020 年的 18.2 千克（占猪牛羊肉消费的 73.4%），无论是绝对消费量还是占猪牛羊肉消费的比重都有明显下降。

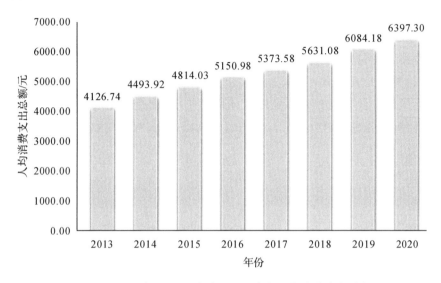

图 3.2　2013 年至 2020 年我国居民食物人均消费支出总额

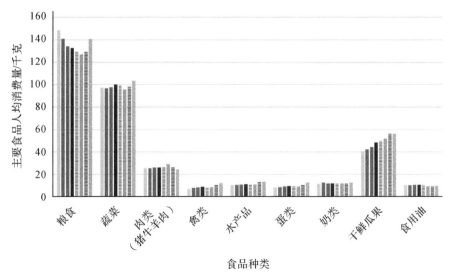

图 3.3　2013 年至 2020 年我国居民主要食品人均消费量

第三,蔬菜和奶类消费量缓慢增长,水产品、干鲜瓜果、蛋类和禽类消费量增长较快。2013 年至 2020 年,蔬菜和奶类消费量平均增长率分别为 0.9% 和 1.6%,水产品、干鲜瓜果、蛋类和禽类消费量平均增长率分别为 4.4%、4.8%、6.7% 和 8.7%。

第四,从膳食营养来看,以谷物为代表的碳水化合物摄入减少,以水产品、禽类、蛋类和奶类为代表的蛋白质摄入增加,同时水果消费增加带来了更多的微量元素摄入,整体上摄入营养更为多元,更为均衡合理。综合来看,我国居民食物消费更加多样且日趋合理,消费者正逐渐从吃饱(以碳水化合物摄入为主)转向吃得好、吃得营养健康(摄入营养更加多元,膳食结构逐渐合理化)。

2. 对高品质农产品需求不断增长

与食品消费结构优化相伴随的,还有消费者对于以绿色、有机、地理标志为代表的绿色安全优质农产品需求的不断增长。2019 年淘宝发布的《全国地方特色农产品上行报告》显示,截至 2018 年淘宝天猫上地方特色农产品数量达到 2900 多种,销售金额较 2017 年增长 49%。各省份热销的地方特色农产品,全部为地理标志认证产品。2021 年京东大数据研究院与新华网联合发布《高质量农产品上行报告》,报告显示地理标志成为最受认可的高品质农产品标签,2021 年京东"618"预售以来,炎陵黄桃、固城湖螃蟹、永福罗汉果、祁连藏羊等地理标志农产品的成交额同比增长超过 10 倍。在有机产品消费方面,2021 年度《中国有机产品认证与有机产业发展报告》显示,2020 年有机标志发放 27 亿枚,有机产品估算销售额 804 亿元,境内发放标志有机产品总核销为 95.58 万吨。在绿色产品与绿色食品消费方面,京东《2019 绿色消费趋势发展报告》显示:京东在售绿色产品种类已经超过 1 亿种,销售数量增速高于全站增速 18%;在具体品类方面,绿色粮油调味产品成为销售数量最高的细分品类,领先于面部护理、童装童鞋、家具和汽车装饰等品类,而且同比增幅达到 195%,充分说明了绿色食品是当前消费者最为关注的绿色消费产品;在市场渗透方面,一线市场绿色消费总量最高,但二三线市场占比更大,绿色产品向低线城市渗透的趋势明显。

二、消费者对农产品安全、品质信息的要求越来越高

1. 消费者更愿意主动搜索农产品安全与品质信息

《高质量农产品上行报告》显示,消费者对于特色优质农产品产地相关信息的搜索次数显著上升,2021 年搜索量是 2020 年同期的 2.5 倍。在消费者搜索过程中,"有机""绿色""野生"成为最被消费者认可的品质指标关键词。除此之外,"产地直采""现摘现发""大果""超大果""特大果""特级""优选"等也是京东的热搜关键词。不仅电商平台农产品安全与品质信息搜索次数不断增加,百度等综合搜索引擎上的相关概念的检索次数也迅速增加。百度指数显示(见图 3.4),2018 年至 2021 年,"地理标志"这一关键词的百度搜索指数(反映互联网用户对某一关键词的关注程度)日均值从 209 提升到 266,相较于 2018 年提升了约 27.3%。

而"地理标志"的百度资讯指数(新闻资讯所反映出的某一关键词的被关注程度)日均值增长更为迅速,2019 年该指数日均值仅为 3791,2021 年迅速增加到 14834,增长了近 4 倍,反映出消费者、新闻媒体对地理标志关注程度越来越高(见图 3.5)。

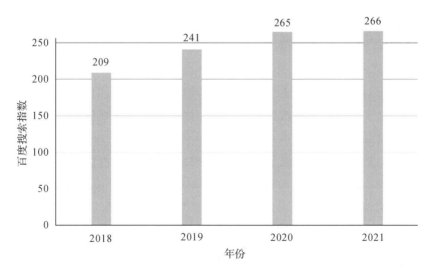

图 3.4 2018 年至 2021 年"地理标志"百度搜索指数日均值

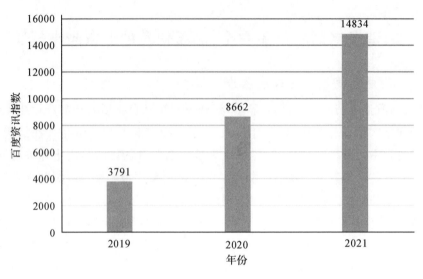

图 3.5 2019 年至 2021 年"地理标志"百度资讯指数日均值

北京市消协通过消费者网以及"北京阳光消费大数据研究院"微信公众号等渠道发放的 3198 份调查问卷显示,42.68％的消费者希望集中公示问题企业和产品,58.85％的消费者希望企业能够公开质量承诺。上述数据都充分证明,经历了 2008 年三聚氰胺事件、2010 年地沟油事件、2011 年瘦肉精事件等一系列重大食品安全事件之后,消费者的食品安全意识觉醒,对于农产品安全与品质的关注度不断提升。

2.消费者对农产品质量安全认知不断提升

消费者对于当前食品安全问题成因的把握日趋准确。北京市消协《后疫情时代食品安全消费调查报告》针对 3198 位消费者的调查显示,消费者认为加工环节食品安全风险最高(49.94％的受访者担心生产加工环节出现食品安全问题),然后依次是流通销售环节、种植/养殖环节和消费环节,有毒有害物质残留是当前最为突出的食品安全风险(69.23％的受访者表示最担心有毒有害物质残留),然后依次是违规使用添加剂、流通污染、卫生问题等。这一结果与刘畅等(2011)、厉曙光等(2014)的研究结论基本一致。刘畅等(2011)基于 1460 个食品质量安全事件分析了我国食品质量安全控制薄弱环节与本质原因,发现食品深加工环节质量安全事故发生频次最高,然后是种植/养殖环节和农产品初加工环节,要素施用量不当是最主要的风险来源。厉曙光等(2014)分析了 2004 年至 2012 年媒体曝光的 2489 个食品安全事件,发现约 2/3 的问题产生于食品生产加工环节,近 1/3 的事件是违反食品添加剂管理规定所致。

消费者对于产品品质的认识不断提升。以猪肉为例,研究团队 2020 年在杭州地区的调研显示,66.81% 的被调查者能够区别冷鲜肉[①]与热鲜肉。进一步分析被调查者对颜色、气味、触感、纹理、口感、包装等冷鲜猪肉品质相关指标的判断发现,消费者对冷鲜肉品质指标的认知较为准确。具体来看,7 个冷鲜肉品质指标中,"比较粘手"及"指压无弹性"为两个负向指标,选择"完全不同意"记为 5 分,"比较不同意"记为 4 分,"一般"记为 3 分,"比较同意"记为 2 分,"非常同意"记为 1 分。其余"猪肉部位颜色鲜红或淡红,脂肪部位厚且白"等 5 个指标为正向指标,选择"完全不同意"记为 1 分,"比较不同意"记为 2 分,"一般"记为 3 分,"比较同意"记为 4 分,"非常同意"记为 5 分。统计结果显示,平均得分最高的为"烹饪后的口感嫩,肉汁多"和"纹理清晰,有层次感"两项,分别为 3.95 分和 3.85 分。然后依次是"猪肉部位颜色鲜红或淡红,脂肪部位厚且白"3.83 分,"有鲜香气味,没有血腥味"3.66 分,"有外包装"3.34 分。平均得分最低的为"比较粘手"和"指压无弹性"两项,分别为 3.07 分和 2.94 分。总体来看,不仅消费者对冷鲜肉颜色、味道的感知相对突出,而且消费者对于各项指标的判断准确率都在 50% 以上,表明消费者对于冷鲜肉品质的认识较为准确。考虑到包装对于冷鲜肉品质具有重要影响,研究团队进一步调查了消费者对于气调包装和真空包装的认识,结果显示,79.91% 的被调查者正确辨认了气调包装,65.07% 的消费者表示了解真空包装。

消费者对于"两品一标"的认知不断提升。冯忠泽等(2008)在 2006 年 10—12 月对 7 省份 9 个地区 454 位消费者进行了调查,发现 75% 以上的消费者表示清楚无公害农产品认证和绿色食品认证。韩青(2011)在 2010 年针对 614 位北京市猪肉消费者的调查显示,12 个有关食品质量安全认证的问题,每位消费者的平均正确答题数量为 8.58,正确率为 71.5%。王二朋等(2011)针对江苏南京、扬州消费者的调查则显示,有 78.48% 的消费者对无公害蔬菜的判断是正确的,绿色蔬菜方面听说过与能够正确判断的比例分别为

---

① 冷鲜肉不同于冷冻肉,是对宰杀后的生猪进行迅速冷却处理,使其在 24 小时内冷却至 0—4℃,且在后续的加工、流通等环节中内部温度始终保持在此范围内的猪肉。冷鲜肉具有肉质鲜嫩、营养价值高、便于储存加工、安全卫生等优点,可以充分满足消费者对猪肉的安全和品质需求。

81.87％和57.12％,有机蔬菜则是55.76％和42.28％。研究团队2016年针对居民铁观音茶叶消费行为的调查则显示,836位受访者中听说过无公害、绿色、有机和地理标志产品的超过了90％。

三、互联网成为农产品消费与质量安全信息获取的重要渠道

1. 互联网成为农产品消费的重要渠道

随着互联网基础设施建设的不断完善,互联网已经成为农产品销售的重要渠道。2021年农业农村部市场与信息化司联合农业农村部信息中心发布的《2021全国县域农业农村信息化发展水平评价报告》显示,截至2020年底,全国共建有电商服务站点54.7万个,电商服务站点行政村覆盖率达到78.9％,同比提升4.9％。2020年全国县域农产品网络零售额为7520.5亿元,占农产品销售总额的13.8％,相较于2019年增长了3.8％。

生鲜电商迅猛发展。从2005年易果网建立揭开垂直生鲜电商发展大幕开始,到各类区域性生鲜平台建立,再到阿里巴巴、京东、拼多多等巨头入场,中国生鲜电商迅猛发展。2021年,30万商家、8亿多消费者参与了阿里巴巴平台的丰收节金秋消费季活动,活动共卖出8.2亿件225万吨农产品。拼多多的《2019年农产品上行发展报告》显示,2019年活跃商家数量达58.6万,同比增长142％,全年农(副)产品成交额达1364亿元,同比增长109％。2020年,农副产品成交总额更是突破2700亿元。2020年京东大数据研究院发布的《电商打造助农高速路,2020线上农产品消费趋势报告》显示,2020上半年,电商农产品成交额翻番,同比增长超过了104％。与2019年上半年同期相比,2021年上半年蔬菜、猪牛羊肉、禽肉蛋品等核心农特产京东线上成交额增长均超过1倍,分别达175％、138％、114％。

2. 互联网成为消费者获取质量安全信息与维权的重要渠道

2020年北京市消协《后疫情时代食品安全消费调查报告》显示,3198位受访者中网络已经成为49.66％受访者获取食品质量安全信息与其他消费信息的主要渠道,仅次于新闻媒体(64.23％)。2019年上海市发布的《上海外卖食品安全社会调查报告》显示,2953份调查中受访者表示遭遇食品安全问题的接近30％,其中72.2％的受访者选择通过外卖平台投诉,54.9％的受访者

选择直接致电商家投诉,仅有 9.6% 的受访者选择向相关部门投诉。以"食品"为关键词在黑猫投诉平台检索,可以获取 56327 条投诉信息,以"食品安全"为关键词检索共获取投诉信息 28131 条,以"食品质量"为关键词检索则可以获取投诉信息 1356 条。与之形成对比的是,2020 年全国消协组织受理的食品类投诉量为 64351 件,表明第三方互联网平台正成为消费者维护自身权益的重要平台。2021 年,胖哥俩、吉野家等餐饮品牌门店接连曝出食品安全问题,入选当年中国消费者协会联合人民网舆情数据中心发布的 2021 年十大消费维权舆情热点。

四、安全优质农产品需求转化遇阻问题依旧突出

1.安全优质农产品消费的高意愿低行为问题突出

与消费者对安全优质农产品需求形成鲜明对照的是,消费者对认证农产品的购买行为并不尽如人意。一方面,Yin 等(2010)的研究表明,中国一线城市的消费者对有机认证的食品支付溢价高达 135.3%;Yu 等(2014)发现消费者对具有绿色认证的肉制品支付溢价达到 40%;尹世久等(2015)的研究表明,消费者愿意为有机标签多支付 5.16 元;应瑞瑶等(2016)发现,消费者愿意为具有质量管理体系认证信息属性的可追溯猪肉多支付 3.2 元/千克,愿意为具有供应链追溯信息属性的可追溯猪肉多支付 2.9 元/千克。但另一方面,周应恒等(2008)分析了消费者对加贴信息可追溯标签牛肉的购买行为,发现只有 50.73% 的被调查者愿意购买;冯忠泽等(2008)的研究显示,在消费者被问到经常购买何种农产品时,选择"购买认证农产品"的比例均低于选择"购买一般农产品"的比例;姜百臣等(2013)对供港猪肉支付意愿的测算结果表明,消费者更信任"供港标准",平均溢价水平为 44%,远高于国内一些学者得出的国内其他认证标准产品的溢价水平。

2.信号传递机制不健全阻碍安全优质农产品需求转化

吴林海等(2014)发现消费者偏好国内第三方机构认证,因为频发的猪肉质量安全事件使得消费者质疑政府的公信力。李翔等(2015)对济南等城市752 个消费者的调查显示,消费者对中国有机标签的支付意愿显著低于欧盟等其他地区。岳柳青等(2017)发现,消费者对产品信息信号和声誉信号的信任程度低于质量保证信号和服务质量信号。消费者对国内食品安全认证需

求低于其他质量信号,表明国内认证存在一定程度失灵(何坪华等,2008;周应恒等,2008;周培璐等,2017)。而认证失灵则与消费者信息获取以及由此产生的信任问题密切相关。Roitner-Schobesberger等(2008)发现消费者的认知水平和信任水平显著影响其对有机食品的支付意愿。Birol等(2015)发现在获得可信信息的前提下,相较于未被认证的葡萄,消费者更愿意为具有Global GAP认证的葡萄支付更高的价格。Napolitano等(2009)比较了消费者对有机牛肉和常规牛肉的购买倾向差异,发现知晓更多有机产品知识的消费者对有机牛肉更为认可,且愿意支付更高的价格。

3. 供给侧安全优质农产品生产能力与质量信号可靠性制约认证产品发展

根据信息经济学中的信号发送模型,安全优质农产品质量信号的有效性决定于安全优质农产品生产者与普通农产品生产者信号发送成本的差别。当安全优质农产品的收益确定时,只有当信号发送成本高到只有安全优质农产品生产者才能发送,而普通生产者难以承担"伪造信号"成本的时候,农产品市场上两类农产品才能得以有效区分。从生产条件来看,无论是绿色产品、有机产品,还是地理标志产品,都对产地环境、土地经营规模和生产者的质量安全管理能力具有较高要求,因而家庭农场、合作社、龙头企业等新型农业经营主体理应成为认证信号的发送者。

然而,由于认证标识管理不严格等一系列问题存在,认证标签造假问题突出,使得无论是小农户还是新型农业经营主体的认证信号发送成本极低,且几乎不存在差别。此时,理应生产普通农产品的小农户,由于拥有生产成本优势,反而更热衷于"伪造信号",将普通农产品包装成认证产品来获取更高收益,因而消费者无法再通过认证来区别安全优质农产品与普通农产品。缺乏相应的质量安全管理能力与安全优质农产品供应能力,却发送虚假的认证信号,这种背德行为已经成为制约认证产品发展的突出问题。农产品质量安全风险的分析结果也印证了这一点,源头农产品质量安全风险最为突出,人源风险占比大,而在源头生产者中,占据主体的是小农户(占到全部农业经营主体的98%)。

第二节　消费者安全优质农产品的选择机理

一、信任是影响消费者安全优质农产品选择的重要因素

1. 理论框架

食品质量安全经验品、信任品特征的存在,使得信任在食品市场中尤为重要[①]。信任的功能体现在为人类生活中的复杂自然和社会环境建立起一些简化机制。信任品市场的有效运行不仅依赖于同业竞争,也依赖于有效的监管制度和公众对监管制度的信任(王永钦等,2014)。借鉴 Luhmann(1979)的分类标准,本节将消费者信任分为主体信任和制度信任两大类。

(1)主体信任

互联网时代,随着互联网技术与食品产业融合不断深化,食品产销模式不断创新,菜团、社区支持农业、网络直销等直接连接消费者与生产者的短链食品营销模式层出不穷(帅满,2013;徐立成等,2016),因此传统意义上的只能在熟人圈子中才能形成的主体信任具备了在食品产业链建立的条件。考虑到消费者对行业主体与外部主体信任的差异,本节将主体信任分为行业主体信任、政府信任和社会监督主体信任。行业主体主要包括农户、食品生产经营企业,社会监管主体包括了行业协会、第三方、新闻媒体、专家学者等。

第一,行业主体信任。生产经营主体是食品安全第一责任人。互联网时代菜团、农消对接等食品营销模式使生产经营主体与消费者主体信任的建立成为可能,而这种关系是增进食品安全信任的有效途径。

第二,政府信任。政府信任是市场信任的先决条件和关键因素。

第三,社会监督主体信任。在我国食品市场中的失信案例显示,政府受行政资源约束,难以进行全方位的监管和治理,这就需要调动和借助社会资

[①]　搜寻品是指消费者在消费之前就可以了解其特征的产品,经验品是指只有在消费之后才可以了解其特征的产品,而信任品是指即使在消费之后也无法获取其特征的产品。

源,推行以社会监督为重要辅助的食品安全共治。要从根本上解决食品安全危机和行政监管效力不足的问题,需要调动和借助行业协会、认证机构、新闻媒体、消费者等社会监督资源。社会监督能够有效扩大食品安全监管的覆盖面,打破单一行政监管所面临的行政资源约束。并且行业协会、认证机构和新闻媒体等社会监督能够与行政监管起到互补作用,对违法企业施加社会惩罚(张一林等,2017)。尤其是在危急情况下,一旦自身的经验和知识无法使消费者对食品质量安全属性作出明确的评判,消费者便会信任中立机构提供的第三方信息(刘艳秋等,2009)。

(2)制度信任

信任往往是人们理性选择的结果(Hardin,1993,1999)。Fudenberg 等(1992)、张维迎等(2002)用重复博弈模型证明,重复博弈下的长期利益会导致信任形成。而作为重要的博弈规则,信息结构对于博弈结果具有直接影响。就食品安全博弈而言,信息是一把"双刃剑":一方面,信息是声誉机制发挥作用的重要前提条件,没有高效的信息传递,声誉机制不可能发挥作用;然而另一方面,负面信息的频繁传递会损害公众对经济社会秩序的信任,进而影响声誉机制的有效性,并可能引发一系列连锁反应,最终导致信任危机。信息源、信息内容与信息形式都是影响信息披露制度有效性的重要因素。

第一,信息源。部分学者认为传统的权威媒体是重建公众信任的关键。Utz 等(2012)以福岛第一核电站灾难作为危机情境,用实验法研究发现,虽然通过社交媒体进行危机沟通对于组织的声誉更有利而且更有效,并能够减少不利的二次危机传播,但传统媒体进行的危机沟通仍然起着重要作用,更有助于重建公众的信任。但也有研究发现危机发生后,急切的信息获得需求使得公众转向新媒体以获得即时而深入的信息,社交媒体在危机期间扮演着越来越重要的角色。Taylor 等(2005)认为危机为新兴的传播渠道提供了与公众进行沟通的机会,使其能够与既有的传统传播渠道进行竞争。进而,如果新的媒介或信源提供了公众需要的信息,并且肩负起伦理道德责任,那么新信源将会获得与传统信源同样的公众信任。尽管关于何种信息源更为有效的争论尚在,但沟通渠道的有效匹配对于信任构建至关重要已经成为共识。不同来源的信息对消费者信任水平的影响有所差异,可信赖来源的准确信息利于信任快速稳定地建立(刘增金等,2017;Lobb et al.,2006)。常见的可靠的信息来源包括:消费者主导的信息源(亲身体验和亲朋推荐),包装、店员等厂商主导的营销信息源和媒体新闻、政府部门、专家指南等中性信息源(Lobb et al.,2004)。广告品牌与商家的质量承诺也能改善信息不对称的状况(高原等,2014)。Hornibrook等(2006)以牛肉市场为例,发现个人经历及来源于朋友的信息可信赖性最高,营销信息紧随其后,而来自政府等中立机构的信息信任度最为糟糕。但国内学者的研究结论与国外学者相反。胡卫中等(2007)对浙江蔬菜市场进行调研,发现消费者接受食品质量信息的诸多来源中最有效的是中性信息源,卫生、质监部门和消费者协会是最佳的信息发布途径,消费者主导的信息源也很重要,最差的是厂商主导的信息源。张莉侠等(2010)考察了上海消费者对生鲜食品质量信息的需求状况,发现消费者所获取的信息有35.49%来源于电视、网络等媒体,47.26%的消费者认为最信任的信息发布渠道来自政府。

第二,信息内容与形式。Botan等(1983)认为信源的可信度是公众信任构建的重要因素,而信源可信度取决于信息的内容与形式。Lee等(2011)设置负面信息、正面信息、双面信息与无信息参照四组对可追溯牛肉的支付意愿进行比较,发现负面信息组支付意愿最低。雷孟(2015)发现负面信息能缓解消费者恐慌,但对于提高购买需求方面既有正面影响也有负面影响,且受信任的程度小于双面信息。

二、信任与消费者认证产品选择

1. 数据来源与描述性统计分析

(1)调查方案

本书以安溪铁观音茶叶为例,因为茶叶在中国有着悠久的消费历史,也是健康食品的重要代表。安溪铁观音茶叶曾经是消费者口中的高端茶叶,但受到2012年以来各类农残超标与香精添加报道影响,安溪铁观音的美誉度开始下降,产业发展受到阻碍,陷入低谷。研究数据来源于2018年通过网络进行的居民铁观音茶叶消费行为调查。共收回问卷900份,去掉关键问题缺失或者明显错误问卷得到有效问卷836份,问卷有效率92.89%。问卷通过网络发放,是因为通过手机网络和电脑网络更容易获取各类信息,而这些信息一方面增加了消费者食品安全知识储备,但另一方面也会在一定程度上对消费者的固有知识产生冲击,因而能够更好地证明信息信任要素对消费者认证产品购买决策的影响。

（2）描述性统计分析

调查依托网络进行，被调查者总体受教育程度较高，熟悉网络购物（见表 3.1）。

表 3.1　描述性统计分析

变量名称	变量解释	平均值	方差
对食品安全的态度	1. 完全不关心；2. 比较不关心；3. 一般；4. 比较关心；5. 非常关心	4.16	0.678
现状评价	1. 非常不安全；2. 比较不关心或认为不太安全；3. 一般；4. 比较安全；5. 非常安全	2.45	0.895
喝茶频率	1. 几乎不喝；2. 一星期最多一次；3. 一星期最多两次；4. 一星期至少两次；5. 天天喝	2.96	1.711
购物方式	1. 线下渠道为主；2. 线上购买为主	0.58	0.244
对"三品一标"等认证的了解	1. 完全不知道；2. 听说过；3. 知道一点；4. 比较熟悉；5. 非常了解	3.04	0.857
受教育程度	1. 初中及以下；2. 高中、技校或中专；3. 大专；4. 本科及以上	3.11	1.022
家庭年收入	1.3 万元及以下；2.3 万元以上、6 万元及以下；3.6 万元以上，10 万元及以下；4.10 万元以上，15 万元及以下；5.15 万元以上，20 万元及以下；6.20 万元以上	3.50	2.574

从被调查者的受教育程度来看，本科及以上的受访者人数最多（48.2%）。从收入来看，受访者家庭年收入 6 万—10 万的比例最高（21.8%），其次是 10 万—15 万（20.1%）。58% 的被调查对象将线上渠道作为主要的茶叶购买渠道。

从被调查对象对食品安全的态度来看，食品安全关心程度平均得分为 4.16 分，绝大多数被调查者对食品安全十分重视。但被调查者对食品安全相关的三类属性却存在较为显著的关注差异：信任品属性（包括农残含量、重金属含量、微生物含量）最受关注，平均得分为 4.4 分；搜寻品属性（如外形色泽、整碎度、香气、外包装)得分为 4.04 分；经验品属性(如品牌)为 3.57 分。信任品意味着即使消费完成后仍难以获取有效信息,因而信任品在生产者与消费者之间存在着最为严重的信息不对称,因此旨在提供相关信息、降低信息不对称程度的追溯理应受到关注信任品属性消费者的青睐。

从被调查者对质量安全现状的评价来看,认为现在非常不安全和不太安全的消费者比例仅占 4.1%,认为一般的占 12.9%,83%的消费者认为目前的茶叶质量安全形势较好(比较安全 45.6%,非常安全 37.4%)。从喝茶频率来看,84%的被调查者每周至少喝一次,但仅有 1.2%的受访者天天喝。从被调查者对"三品一标"等认证的了解来看,表示完全不知道的仅占 5.6%,表示非常了解的也仅占 6.6%,表示知道一点的消费者超过一半(50.8%),这意味着消费者对"三品一标"等认证的了解程度并不高。

2.消费者信任测度

消费者对信息内容的信任程度高,反映出消费者对自身食品安全知识有信心。从具体内容看(见表 3.2),环境信息、抽检信息、投入信息是消费者最愿意相信的信息内容(均值分别为 4、3.99、3.97),其次是认证信息、第三方信息(均值分别为 3.86 和 3.679),最后是主体信用信息和销售平台信息(均值分别为 3.67 和 3.5)。从刘畅等(2011)、文晓巍等(2012)关于我国食品安全事件的分析结果来看,加工环节、生产环节的投入品不规范使用,产地环境污染恰恰是最主要的食品安全风险来源。这意味着消费者,尤其是相对年轻的消费者,对我国食品安全风险来源已经有了较为准确的认识。

消费者对不同呈现形式的信息信任程度存在较显著差异:文字和图片这两种主流的质量安全呈现形式难以获得消费者认同(均值分别为 3.66 和 3.6),可以呈现更多信息的视频信任得分稍高(3.72),具有一定互动特性的评论信任得分为 3.76,而实时互动信息,如直播等具有实时互通、互动特征的信息最受消费者信赖(均值为 4.01)。

消费者对信息主体的整体信任程度一般,且行业主体与外部主体间存在显著差异:消费者对政府的信任程度最高(均值为 3.9),其次是专家(3.68),而对新闻媒体(3.47)、行业协会(3.43)次之,行业主体信任程度较低,农户为 3.23,企业为 3.04。

表 3.2　消费者信任测度结果

信任类型	具体指标	均值	标准差
行业主体信任	农户信任	3.23	0.86
	企业信任	3.04	0.82
外部主体信任	行业协会信任	3.43	0.93
	新闻媒体信任	3.47	0.88
	销售平台信任	3.39	0.93
	政府信任	3.9	0.95
	专家信任	3.68	1.04
信息形式信任	文字信任	3.66	0.91
	图片信任	3.6	0.93
	视频信任	3.72	0.93
	评论信任	3.76	0.92
	实时互动信任	4.01	0.89
信息内容信任	环境信息信任	4	0.94
	投入信息信任	3.97	0.99
	认证信息信任	3.86	0.97
	抽检信息信任	3.99	0.98
	主体信用信息信任	3.67	0.98
	第三方信息信任	3.679	0.98
	销售平台信息信任	3.5	1

　　从消费者对信息内容、信息形式与信息主体的信任情况来看,消费者对信息内容和信息形式的信任总体上已经超过了信息主体信任,这意味着随着消费者质量安全意识的提高和消费者质量安全知识的积累,消费者对自身质量安全防范能力的信心不断提高,除愿意相信政府和专家之外,决策时越来越依靠自身知识积累。

　　调查结果显示消费者对商品和服务缺乏信任,对提供商品和服务的人的信任程度也较低,但尚未对管理者即政府及其管理制度丧失信心。

3. 信任对消费者认证产品选择的影响分析

(1)KMO 检验

KMO 检验主要用于主成分提取的数据情况。一般来说,KMO 检验系数分布在 0 到 1 之间,如果系数值大于 0.6,则认为样本符合数据结构合理的要求。但既往学者普遍认为,只有当 KMO 检验系数值大于 0.8 时,主成分分析的结果才具有较高的实用性。本研究中 KMO 系数值达到 0.913(见表 3.3),表明数据结构良好,主成分分析结果具有较高的实用性。Bartlett 检验的 P 值小于 0.001,拒绝零假设,即研究数据可以进行主成分提取。

表 3.3　KMO 和 Bartlett 检验

检验项目		值
KMO 检验		0.913
Bartlett 检验	近似卡方	8650.926
	自由度	171
	显著性	0.000

KMO 检验中单个变量的分析结果在 0 到 1 之间分布,如果系数大于0.5,则认为单个变量满足要求;如果系数大于 0.8,则认为单个变量结果很好。在本研究中,任一变量的 KMO 检验结果均大于 0.5,满足提取要求。各变量的 KMO 检验结果如表 3.4 所示。

表 3.4　公因子方差

公因子	初始	提取
环境信息	1.000	0.702
投入信息	1.000	0.723
认证信息	1.000	0.711
抽检信息	1.000	0.679
主体信用信息	1.000	0.547
第三方信息	1.000	0.678
销售平台信息	1.000	0.523

续表

公因子	初始	提取
农户	1.000	0.780
企业	1.000	0.737
行业协会	1.000	0.683
新闻媒体	1.000	0.534
销售平台	1.000	0.523
政府	1.000	0.754
专家	1.000	0.691
文字	1.000	0.687
图片	1.000	0.747
视频	1.000	0.719
评论	1.000	0.548
实时互动	1.000	0.575

注:提取方法为主成分分析法。

按照惯例,每个主成分应至少解释5%—10%的数据变异,本研究中前四位主成分的特征值大于1,分别解释39.844%、13.392%、7.162%和5.605%的总数据变异。而同时,既往学者也认为提取的主成分应累计解释60%—70%的数据变异,本研究前四位主成分累计解释约66%的数据变异(见表3.5)。综上,本研究选择提取的主成分分别反映信息内容、信息形式、外部主体、行业主体。

表 3.5 公因子提取结果

成分	初始特征值			提取载荷平方和			旋转载荷平方和		
	总计	方差百分比/%	累积/%	总计	方差百分比/%	累积/%	总计	方差百分比/%	累积/%
1	7.570	39.844	39.844	7.570	39.844	39.844	3.829	20.155	20.155
2	2.544	13.392	53.236	2.544	13.392	53.236	3.679	19.363	39.518
3	1.361	7.162	60.398	1.361	7.162	60.398	3.453	18.172	57.690

总方差解释

续表

成分	初始特征值			提取载荷平方和			旋转载荷平方和		
	总计	方差百分比/%	累积/%	总计	方差百分比/%	累积/%	总计	方差百分比/%	累积/%
4	1.065	5.605	66.002	1.065	5.605	66.002	1.579	8.312	66.002
5	0.807	4.245	70.248						
6	0.722	3.799	74.047						
7	0.610	3.210	77.257						
8	0.574	3.021	80.278						
9	0.477	2.511	82.789						
10	0.431	2.267	85.056						
11	0.424	2.231	87.287						
12	0.413	2.174	89.461						
13	0.355	1.868	91.329						
14	0.328	1.724	93.053						
15	0.315	1.657	94.710						
16	0.288	1.518	96.229						
17	0.270	1.420	97.649						
18	0.240	1.263	98.911						
19	0.207	1.089	100.000						

注:提取方法为主成分分析法。

表 3.6　旋转后的成分矩阵

公因子	成分			
	1	2	3	4
投入品信息	0.823			

续表

公因子	成分			
	1	2	3	4
环境信息	0.807			
认证信息	0.782			
抽检信息	0.672		0.377	
第三方信息	0.653	0.321	0.385	
主体信用信息	0.612	0.371		
图片		0.825		
视频		0.790		
文字		0.751		
评论		0.715		
实时	0.392	0.608		
销售平台信息	0.403	0.574		
政府			0.837	
专家			0.799	
行业协会			0.726	0.337
新闻媒体			0.659	
销售平台			0.654	
农户				0.860
企业			0.468	0.708

注：提取方法为主成分分析法；旋转方法为凯撒正态化最大方差法。

  值得注意的是，四个主成分提取完成后，存在两个主成分解释同一变量的情况，包括了第一主成分和第二主成分同时解释第三方信息、主体信用信息、实时和销售平台信息（见表 3.6）。前两者是因为第三方信息和信用信息往往是以文、图等传统形式呈现，因而信息内容和信息形式之间存在较强的相关性，因为第一主成分解释能力更强，且与信息内容分类更接近，故两个变量划归到第一主成分中去。后两个变量则是因为无论是实时还是销售平台信息,都非单一的信息内容或者形式,而是包含了不同形式、不同内容的信息,按照前面的划分标准将其划归到第二主成分中去。第一主成分和第三主成分共同解释了抽检信息和第三方信息,这是因为抽检信息和第三方信息通常分别由政府和第三方提供,因而信息内容与信息提供主体存在较强的相关性,参照前述标准,将这两个变量划到第一主成分。第三主成分和第四主成分共同解释了行业协会和企业,虽然第三主成分和第四主成分都是关于信息提供主体,但第三主成分主要是第三方信息提供主体(外部主体),而第四主成分则是行业主体。目前的行业协会虽然属于第三方组织,是连接政府和行业的桥梁,但行业协会又有各类企业参与,因此二者之间存在较强的相关性,同样基于前述划分标准,将行业协会归为外部主体(第三方信息主体),将企业归为行业主体(产业信息主体)。

从平行线检验结果(见表 3.7)来看,卡方为 19.184,$P > 0.05$,不能拒绝原假设,表明斜率系数在各个响应类别中相同。从模型拟合信息来看,$P = 0.000$,表明至少有一个自变量的偏系数不为 0。

表 3.7　平行线检验与模型拟合信息

	平行线检验				模型拟合信息				
模型	−2 对数似然	卡方	自由度	显著性	模型	−2 对数似然	卡方	自由度	显著性
原假设	1501.367				仅截距	1616.577			
常规	1482.184	19.184	15	0.206	最终	1501.367	115.209	15	0.000

注:关联函数采用分对数。

(2)实证结果分析

消费者对无公害茶叶的支付意愿存在较为显著的差异:不愿意为无公害产品支付额外溢价(赋值为 1)的消费者有 97 人(11.6%),愿意为追溯产品额外支付 20% 以下溢价(含 20%,赋值为 2)的消费者为 331 人(39.6%),愿意为追溯产品额外支付 20% 以上溢价(赋值为 3)的有 408 人(48.8%)。因变量为有序分类变量,三个水平的概率不等且取值高的发生概率更大,因此采用互补双对数模型进行分析。

从回归结果来看(见表 3.8),内容信任显著影响了消费者对无公害茶叶的支付意愿,消费者对认证信号包含的内容信任程度越高,额外支付意愿就越高。这意味着增加产地环境、投入品、认证过程、抽检等方面信息披露,有助于降低生产者与消费者之间的信息不对称,从而提升消费者对无公害认证茶叶的支付意愿。

表3.8 消费者对无公害茶叶的支付意愿回归结果

因子	回归系数	标准误	Wald	自由度	显著性	95%置信区间	
						下限	上限
无公害溢价1	−1.269	0.810	2.452	1	0.117	−2.856	0.319
无公害溢价2	1.038	0.809	1.647	1	0.199	−0.547	2.623
信息内容信任	0.393***	0.077	26.214	1	0.000	0.242	0.543
信息形式信任	0.368***	0.075	24.160	1	0.000	0.221	0.514
第三方(外部主体)信任	0.071	0.075	0.916	1	0.338	−0.075	0.217
行业主体	0.219***	0.071	9.586	1	0.002	0.080	0.358
食品安全态度	−0.064	0.086	0.561	1	0.454	−0.232	0.104
食品安全现状	−0.009	0.074	0.014	1	0.907	−0.153	0.136
喝茶频率	−0.010	0.055	0.035	1	0.852	−0.118	0.098
对"三品一标"熟悉程度	0.220***	0.078	8.003	1	0.005	0.068	0.372
受教育程度	0.131*	0.072	3.342	1	0.068	−0.009	0.272
收入	−0.040	0.046	0.780	1	0.377	−0.130	0.049
年龄	0.009	0.008	1.269	1	0.260	−0.007	0.025
搜寻品	−0.129	0.131	0.970	1	0.325	−0.385	0.127
经验品	0.346***	0.084	16.772	1	0.000	0.180	0.512
信任品	−0.157	0.106	2.187	1	0.139	−0.365	0.051
线下为主	0.088	0.141	0.390	1	0.532	−0.188	0.364

信息形式信任同样显著影响消费者对无公害认证茶叶的支付意愿。在完善现有的文字与图片等基本形式基础上,丰富认证信息呈现形式,以视频、可视化农业等方式加强与消费者的实时互通与互动,能够有效提升消费者支付意愿。同时随着线上交易的发展,消费者和产品的时空分离更加明显,因

而消费者决策更容易受到产品评论信息的影响。

消费者对行业主体的信任显著影响了其对无公害认证产业的支付意愿，而对外部主体的信任影响并不显著。这是因为现阶段消费者对外部主体的信任程度较高，而对行业主体缺乏信任。而行业主体恰恰又是信息内容披露的第一责任主体，是众多"一手质量安全信息"的掌握者，因此若能增进消费者对行业主体的信任，将有助于实现认证产品的溢价。外部主体的信任影响不显著，是因为消费者对外部整体信任程度存在显著差异，而公因子的提取却在很大程度上抹去了主体间的差异，导致其与认证之间的关系变得不显著。

在三种属性中，消费者越在意经验品属性，就越愿意为无公害认证茶叶支付额外价格，而消费者越在意搜寻品属性和信任品属性，就越不倾向于支付溢价。这与线上交易的流行存在密切关系，线上交易的发展大大拓展了茶叶消费者的市场空间，但同时也造成了时空分离，消费者无法获得以往线下交易中通过观察即可获取的搜寻品属性。而诸如茶叶色泽、整碎度、香气等搜寻品信息，又是判断茶叶质量的关键信息，因此消费者只能依靠品牌和口碑来代替搜寻品信息，这也是经验品属性显著影响认证产品支付意愿的原因。至于农残、重金属等信任品属性，由于网络交易放大了消费者与生产者之间的信息不对称，而网络平台又缺乏完整有效的食品安全信息披露机制和健全的认证标识监管机制，消费者对网络平台的认证产品缺乏足够的信任，导致消费者越在意信任品属性就越不愿意为网络平台上的认证产品支付溢价。

从其他因素来看，消费者对"三品一标"的了解程度越高，就愿意为可追溯茶叶支付更高价格。虽然目前消费者对"三品一标"的了解程度并不高，"三品一标"对消费者而言更多是一种模糊符号，但若能够将"三品一标"认证相关的信息更有效地传递给消费者，提升消费者对认证本身的认知，也将有助于提升认证效用。消费者的受教育程度越高，越愿意为无公害认证的茶叶支付额外价格。这是因为受教育程度越高，对于食品安全问题成因与质量安全管理的认识就更加准确，对于认证产品的了解程度也更高。尽管影响并不显著，食品安全态度、食品安全现状和喝茶频率也与认证茶叶支付意愿之间存在负相关关系，意味着消费者越在意安全，对现阶段质量安全形势的评价越低，喝茶频率越高，就越不愿意为认证茶叶支付溢价，同样暴露出消费者对认证缺乏信心。

4. 主要结论

本部分以茶叶为例,基于网络获取的 836 份消费者调查数据,分析了当前消费者对信息内容、信息形式、主体等信息工具要素的信任情况及其对无公害认证产品的影响。研究发现:(1)消费者对信息内容信任程度越高,额外支付意愿就越高;(2)信息形式信任同样显著影响消费者对无公害认证茶叶的支付意愿,"所见即所得"的认知特征决定了"可视""可互动"的信息呈现形式能够有效提升消费者支付意愿;(3)主体的信任存在显著差异,提升行业主体信任有助于提高无公害认证产业的支付意愿,而外部主体的信任影响并不显著;(4)消费者越在意经验品属性,对"三品一标"的了解程度越高,消费者的受教育程度越高,就愿意为可追溯茶叶支付更高价格。

二、信息干预是提升消费者安全优质农产品购买意愿的重要条件

1. 信息干预及其适用场景

信息干预作为影响消费者信任水平及支付意愿的有效手段,对保障消费需求、实现食品市场优质优价具有积极意义。信息干预直接改变了消费者信息决策的环境,甚至会改变人们对某一问题的态度,进而影响其行为决策(Hawkins et al.,1998;Holbert et al.,2003)。Obermiller(1995)指出,信息有两种发挥作用的方式,一种是通过提供负面信息增加对问题的关注,另一种是通过正面信息肯定个人行为。但信息干预的效果,即消费者对食品安全信息的信任主要来源于真实的信息,同时还受到信息来源、内容和传播媒介等多方面影响(Solomon et al.,2009),这一点已在前面的研究中得到了验证。

除此之外,消费者在食品安全事件发生后对负面信息通常具有更高的信任水平(Liu et al.,1998),且购买意愿受负面信息的影响更大,消费者对提示潜在健康风险后果的食品质量安全信息估值高于对正面信息的结果估计(鄢贞,2015)。过度地对危机事件进行报道与传播会引起消费者恐慌,降低对涉事食品的信心和购买需求,导致消费量大打折扣,从而影响整个食品行业的发展(Bies et al.,1996;范春梅等,2012;任建超等,2017;Verbeke et al.,2001)。Payne et al.(2009)研究了牛肉汉堡的支付溢价如何受到疯牛病负面信息的干预,发现消费者的支付溢价较之无信息时减少了 59%。政府可以

在食品安全负面事件发生后通过有效的信息交流重构消费者的信任感，提升他们对涉事食品的购买欲望。此外，特定的健康声明也可以增加消费者的感知价值，提高消费者对认证食品的信任水平（Vecchio et al.，2015；Gracia et al.，2007）。

如果消费者承受过食品安全事故带来的危害，他们通常比其他人具有更强的风险感知（Lobb，2005），因此即使信息性质及内容一致，对于不同消费者的干预也会呈现异质性。通过对已有文献的整理可知，少有研究关注到信息刺激强度这一指标。此外，由于信息刺激的影响存在时效性，消费者接触到食品安全事件的相关信息后表现出的反应呈现时间演化。Kalaitzandonakes et al.（2004）发现长期持续的媒体新闻无法使购买行为产生强烈波动，但在短期、集中式的媒体报道影响下，消费者对超市贝壳类产品的购买量明显下降。

2.研究方法

（1）条件价值评估法

条件价值评估法（contingent valuation method，CVM）又叫意愿价值评估法，是广泛使用的非市场条件价值评估法，常用于评价资源环境物品的使用和非使用价值。条件价值评估法通过模拟市场情景，询问消费者愿意为某一资源环境物品支付的最高价格（willingness to pay，WTP）或者所能接受的受偿意愿（willingness to accept，WTA），最终以被调查者的WTP或WTA评估该物品的经济价值。

CVM问卷中获取支付意愿的引导模式主要分为离散型模式和连续型模式，前者包括开放式（open-ended，OE）、支付卡式（payment card，PC）和投标博弈模式等，后者则以二分式选择（dichotomous choice，DC）为主。其中二分式可以分为单边界二分式（single-bounded dichotomous choice）和双边界二分式（double-bounded dichotomous choice）两种，单边界给出一个具体的投标价格后询问消费者是否接受，双边界会根据单边界二分式的结果进行后续的价格询问，在接受/未接受的基础上提供第二个价格选项（更高/更低），以此获得更多的支付意愿信息。当前学术研究中支付意愿的引导技术通常采用双边界二分法，这种方法可以充分地模拟市场活动中的消费行为，最大程度上反映消费者的真实意愿，同时消费者只要勾选是否愿意接受投标值即可，对消费者本身的认知程度要求不高，一定程度上避免了因认知不足造成的估值偏差。

（2）认证/非认证猪肉条件价值评估情景实验

为探究危机事件后信息干预如何影响消费者对两种猪肉的支付意愿,本研究设计 CVM 情景实验对两期数据中认证猪肉和非认证猪肉支付意愿的影响因素进行探究,并测算对支付意愿的边际影响。为使消费者能够更好地做出选择,问卷中设置了消费者购买认证猪肉的情景描述,将假想商品设置为市场上常见的 500g 猪后腿肉,并向消费者描述了认证猪肉的生产方式及特征,同时向消费者描述了可能的市场购买渠道,具体内容如下：

> 请仔细阅读以下情景,做出您的选择。
>
> 认证猪肉按照严格的标准对生猪从选育、饲养、兽药使用等每一个环节进行监管,有效地排除了猪瘟病、注水、重金属和兽药超标等质量安全问题。常见的认证标识包括有机认证、绿色认证、地理标志认证等,相较之非认证的普通猪肉,认证猪肉可以满足消费者对营养、安全、健康等高品质的需求。假如你在一家大型超市或冷鲜肉专卖店或者网店看到新上架了具有认证标识的某品牌猪后腿肉,一份 500g。

双边界二分式 CVM 的设计核心在于情景实验的价格设置,通过对 2019 年 1 月至 2 月中旬国内主要的线上生鲜购买平台进行价格追踪,同时调研超市、菜市场、小区肉铺等的普通猪后腿肉价格,计算认证猪肉与非认证猪肉的均价分别为 45.6 元/500g 和 30.8 元/500g。第一期问卷的发放时间正值春节后,根据农业农村部 2019 年 2 月 25 日发布的 2019 年第 8 周农产品市场动态,全国猪肉平均价格环比较上周跌 1.8％,得到 45 元/500g 作为第一期认证猪肉的初始投标值,30 元/500g 作为非认证猪肉的初始投标值。第二期价格设置与第一期采用相同的方法,根据农业农村部 2019 年第 33 周农产品市场动态给出的 4.1％的上涨比例计算,最后确定 56 元/500g 的价格作为认证猪肉的初始投标值,38 元/500g 的基价作为非认证猪肉的初始投标值。根据已有文献对认证猪肉支付意愿的估计比例（吴林海等,2013；Sriwaranun et al.,2015）,设置以 13％作为最高价与最低价的浮动比例,两期问卷的价格设置见表 3.9。

表 3.9　价格设定　　　　　　　　　　　　　　　　单位:元/500g

	第一期		第二期	
	认证猪肉	非认证猪肉	认证猪肉	非认证猪肉
初始投标值 B_0	45	30	56	38
高价 B_h	51	34	63	43
低价 B_l	39	26	49	33

3.信息干预对消费者安全优质农产品选择的影响分析——以猪肉为例

（1）数据来源

研究利用问卷平台进行问卷的线上网络随机发放,并将问卷进行分组,设置三种不同的信息干预。其中无信息组不包含任何非洲猪瘟相关的新闻报道,负面信息组对非洲猪瘟疫情现状及疫情的负面影响和品牌肉制品检测出病毒的新闻进行罗列,双面信息组则添加了来自专家对非洲猪瘟疫情的科学解读。结合本研究的研究目的,问卷设计主要包括三方面内容:样本基本统计特征、消费者对认证猪肉及非认证猪肉的消费行为以及支付意愿引导部分。

本研究共发放两期问卷,分别于 2019 年 2 月至 3 月及 2020 年 9 月至10 月展开调研,将有猪肉购买经历且家里有吃猪肉习惯的人群作为调查对象,并通过设置陷阱题、最短回答时间限制等措施提高问卷质量,识别出猪肉食用用户。问卷投放地区选择以猪肉消费为主的国内大中城市,依据中国价格信息网发布的 36 个大中城市猪肉价格信息,从东部、中部、西部分别进行选择（东部:北京、上海、广州、杭州、苏州、南京、石家庄;中部:武汉、合肥、郑州、太原、长沙;西部:成都、昆明、贵阳、重庆、呼和浩特）,并通过控制城市 IP 保障两期问卷在抽样上地点一致。剔除未有猪肉购买经历群体、不吃猪肉群体以及回答时长较短的问卷,最终回收有效问卷第一期 706 份（无效问卷 107 份）,第二期 383 份（无效问卷 22 份）,问卷有效回收率分别为84.84% 和 94.26%。回收的控制组、负面信息组和双面信息组问卷数量较为均衡,其中第一期问卷分别为 188、265、253 份;第二期问卷为 114、145、124 份。

(2)样本描述性统计分析

总体来看，两期数据各指标比例较为相近（见表 3.10），女性比例均大于男性比例，学历以本科为主。家庭常住人口多为 3 人，且大多数受访者家中有未成年人或 65 岁以上老人或孕妇，家庭月收入在 5000 元及以上。

具体来看，在第一期的调查数据中，受访者包括男性 281 人，女性 425 人，分别占总人数的 39.80% 和 60.20%，符合中国传统家庭女性购买食品的基本情况；第二期数据男性和女性的比例分别为 35.51% 和 64.49%，与第一期受访者性别构成上基本一致。第一期受访者年龄集中于 26—35 岁，占总样本的 46.60%。25 岁及以下和 36—45 岁比例相当，分别为 17.71% 和 19.83%；而第二期受访者在上述 3 个年龄段人数分布更为平均，其中 46—55 岁的受访者占比相对较高，为 37.08%，26—35 岁和 36—45 岁的比例分别为 23.50% 和 22.45%。两期数据中本科学历均占比最高，第一期为 40.93%，第二期略高于第一期，占 50.65%；其次是大专学历，分别占总样本的 28.75% 和 18.02%。受访者学历整体上处于较高水平。在第一期数据中，受访者在家中大多经常负责买菜，占总样本的 41.08%，30.17% 偶尔负责买菜，每次都负责买菜的比例占 23.09%；第二期数据在分布上与第一期稍有不同，但仍以偶尔负责买菜和经常负责买菜为主，比例分别为 43.60% 和 36.55%，另有 13.58% 的受访者每次都负责买菜。两期数据受访者家庭规模相近，均以 3 人为主，其次是 4 人及以上，第一期 3 人的比例为 52.12%，4 人及以上的比例为 37.54%；第二期 3 人和 4 人及以上的占比分别是 49.61% 和 33.94%。此外，第一期受访者中有 72.66% 的家庭家里有未成年人或 65 岁以上的老人或孕妇等敏感人群，第二期比例低于第一期，占 55.87%。两期受访者在家庭月收入上基本都超过 5000 元，但第一期分布较为平均，5000—9999 元、10000—19999 元、20000 元及以上的占比分别为 27.05%、27.76% 和 28.05%；第二期则集中于 5000—9999 元和 10000—19999 元。

综上所述，两期受访者在个人基本特征与家庭基本特征上相似程度较高。部分受访者家庭月收入有所变化，与上一年同期相比，20.63% 的受访者收入下降较多，21.41% 的受访者略有下降，故在后续计量分析中将受访者家庭收入的变化作为控制变量之一。

表 3.10　样本统计特征

统计特征	分类指标	样本数/人		比例/%	
		第一期	第二期	第一期	第二期
性别	男	281	136	39.80	35.51
	女	425	247	60.20	64.49
年龄	25 岁及以下	125	42	17.71	10.97
	26—35 岁	329	90	46.60	23.50
	36—45 岁	140	86	19.83	22.45
	46—55 岁	89	142	12.61	37.08
	56 岁及以上	23	23	3.26	6.01
受教育程度	初中及以下	24	18	3.40	4.70
	高中	130	37	18.41	9.66
	大专	203	69	28.75	18.02
	本科	289	194	40.93	50.65
	研究生及以上	60	65	8.50	16.97
家庭月收入	2500 元以下	25	13	3.54	3.39
	2500—4999 元	96	66	13.60	17.23
	5000—9999 元	191	122	27.05	31.85
	10000—19999 元	196	141	27.76	36.81
	20000 元及以上	198	41	28.05	10.70
家庭月收入变化情况	下降较多	—	79	—	20.63
	略有下降	—	82	—	21.41
	基本不变	—	197	—	51.44
	略有上升	—	22	—	5.74
	上升较多	—	3	—	0.78
家庭规模	1 人	10	9	1.42	2.35
	2 人	63	54	8.92	14.10
	3 人	368	190	52.12	49.61
	4 人及以上	265	130	37.54	33.94

续表

统计特征	分类指标	样本数/人		比例/%	
		第一期	第二期	第一期	第二期
家中有未成年人或 65 岁以上的老人或孕妇	有	513	214	72.66	55.87
	无	193	169	27.34	44.13
在家中负责买菜	偶尔	213	167	30.17	43.60
	定期	40	24	5.67	6.27
	经常	290	140	41.08	36.55
	每次都是	163	52	23.09	13.58

受访者的猪肉消费习惯如表 3.11 所示,购买频率基本为每星期 1 次或 2—3 次,且购买猪肉后大多数受访者当天立即烹饪。大型超市是最主要的猪肉购买渠道。但在认证猪肉的购买频率上两期受访者都表现出较低的水平,绝大多数受访者认为认证食品价格过高。

具体来看,第一期数据中每星期购买 2—3 次猪肉的受访者比例最高,占 49.79%,其次为每星期购买 1 次的受访者,占 35.60%。而第二期数据每星期购买 1 次猪肉的受访者比例最高,为 68.67%,每星期购买 2—3 次的受访者占 26.11%。第一期受访者选择大型超市作为购买渠道的受访者比例达 51.84%,其次是肉类专卖店和农贸市场,比例分别为 50.99% 和 50.85%,三者较为接近;而第二期受访者选择大型超市的比例明显高于农贸市场和肉类专卖店,高达 74.93%,可能是因为新冠疫情导致部分农贸市场和肉类专卖店关闭整改,消费者转而选择大型超市;但线上购买猪肉的受访者两期数据均占比最低,且均未超过 10%。

在认证猪肉的购买频率上,两期数据的分布相似,以较少购买和购买频率一般的受访者居多。其中,第一期 29.32% 的受访者较少购买认证猪肉,29.06% 的受访者购买频率一般,从未购买过的比例占 17.02%;第二期较少购买和购买频率一般的比例为 29.89% 和 25.78%,从未购买过认证猪肉的受访者达 16.01%。问卷询问了受访者对当前国内认证猪肉的看法,认为"认证猪肉价格过高,性价比低"的受访者比例在两期数据中最高,第一期和第二期分别达到 76.06% 和 43.06%;认为"认证标识意义不大"的比例最低,仅为 26.44％和 15.14％,说明受访者对认证食品总体上具有较高的信任水平,但价格高导致认证食品的购买频率处于低位。在第一期数据中,68.34％的受访者认为"国内认证体系标识使用不规范",但第二期数据该项比例仅为 19.12％,侧面反映出国内认证市场在标识规范上呈现出良好态势。

　　在判断猪肉新鲜程度时,两期受访者比例分布略有差异。看猪肉纹理、闻气味和看生产日期是两期受访者都青睐的方式。其中闻气味在第一期数据中占比最高,为 84.28％,在第二期数据中也达到 58.22％;看猪肉纹理占第一期受访者的 52.83％,占第二期的 66.84％;而看生产日期是第二期受访者最偏好的判断猪肉新鲜程度的方式,占总样本的 73.89％,在第一期数据中比例也达到 73.08％。选择摸黏度和看外包装两种方式的受访者在第一期数据中比例均超过 50％,但第二期仅为 30％多。

表 3.11　消费者猪肉消费行为统计

统计特征	分类指标	样本数/人		比例/％	
		第一期	第二期	第一期	第二期
购买猪肉的频率	每星期 1 次	251	263	35.60	68.67
	每星期 2—3 次	351	100	49.79	26.11
	每星期 4—5 次	68	15	9.65	3.92
	每天都买	35	5	4.96	1.31
购买猪肉的场所	大型超市	366	287	51.84	74.93
	肉类专卖店	360	151	50.99	39.43
	小区肉铺	201	80	28.47	20.89
	农贸市场	359	180	50.85	47.00
	线上购买	44	28	6.23	7.31
判断猪肉新鲜程度的方式	摸黏度	488	151	69.13	39.43
	闻气味	595	223	84.28	58.22
	看猪肉纹理	373	256	52.83	66.84
	看生产日期	516	283	73.08	73.89
	看外包装	363	129	51.42	33.68

续表

统计特征	分类指标	样本数/人		比例/%	
		第一期	第二期	第一期	第二期
购买的猪肉一般放多久后开始烹饪食用	当天买回马上烧着吃	354	189	50.57	49.35
	第2天烧着吃	225	87	32.14	22.72
	3—5天后烧着吃	92	69	13.14	18.02
	5天以后才烧着吃	29	34	4.14	8.88
是否购买过认证猪肉	从未购买过	65	113	17.02	16.01
	较少购买	112	211	29.32	29.89
	一般	111	182	29.06	25.78
	经常购买	66	170	17.80	24.08
	每天都买	26	30	6.81	4.25
对认证猪肉的看法	担心认证标识造假	415	115	58.76	30.03
	认证标识意义不大	187	58	26.44	15.14
	国内认证体系标识使用不规范	482	73	68.34	19.12
	认证猪肉价格过高，性价比低	537	165	76.06	43.06

(3)认证与非认证猪肉信任水平及购买行为对比

认证食品比非认证食品具有更高的安全性，能够有效缓解食品安全信息不对称的现状，消费者通常在食品安全事件发生后对其具有更高的信任水平和购买需求。本研究首先对比了两期数据认证猪肉及非认证猪肉的信任水平及购买频率在信息干预后均值的变化情况并进行 t 检验，结果如表 3.12 所示。

表 3.12 消费者对(非)认证猪肉的信任水平与购买行为差异

统计特征	第一期			第二期		
	控制组	负面信息组	双面信息组	控制组	负面信息组	双面信息组
对认证猪肉的信任水平	3.396	3.820	3.679	3.035	2.917	2.919
对非认证猪肉的信任水平	2.746	2.745	3.266	2.070	2.103	2.250
认证猪肉购买频率	1.840	1.898	1.873	2.877	2.572	2.626
非认证猪肉购买频率	1.883	1.841	2.047	1.464	1.331	1.355

总体来看,无论消费者是否受到信息干预,两期数据中对认证猪肉的信任水平始终高于非认证猪肉。较之控制组,负面信息刺激短期内有利于认证猪肉的购买,但长期只会降低认证猪肉和非认证猪肉的购买频率。双面信息刺激短期内促进了对非认证猪肉的购买,但长期也只能提升对非认证猪肉的信任水平,且对认证猪肉影响不大。

具体来看,在信任水平上,第一期数据中消费者对认证猪肉的信任水平负面信息组和双面信息组均值分别为 3.820 和 3.679,负面信息组略高于双面信息组,且均高于未受到信息刺激的消费者(3.396);负面信息无法对非认证猪肉的信任水平造成显著影响,但在消费者同时受到负面疫病信息和专家的正向解读后,非认证猪肉的信任水平有所提升,均值达到 3.266。而第二期数据显示,外界信息刺激对认证猪肉信任水平影响不大,但双面信息刺激仍可提升对非认证猪肉的信任水平。

在购买频率上,对两种猪肉的购买受信息干预后表现出不同的结果,且在食品安全事件发生后的短期和长期内受信息刺激的影响有差异。第一期数据中负面信息组的消费者更多地购买认证猪肉并减少了对非认证猪肉的购买;双面信息组的消费者则更多地购买非认证猪肉,降低了对认证猪肉的购买频率。而第二期数据显示,消费者受到负面或双面信息刺激后,两种猪肉购买频率均表现出下降趋势,其中双面信息组的下降幅度小于负面信息组。

综合两期数据结果可知,危机事件发生后短期内负面信息刺激有利于消费者对认证猪肉的购买,但随着时间推移,消费者对事件本身的风险感知降低,受信息刺激影响的程度有所降低,对认证猪肉的购买频率不再受负面信息的影响而提高,同时消费者对猪肉整体的购买需求降低。专家的科学解读短期内可以降低消费者对非洲猪瘟疫情的恐慌,使消费者更加安心地购买非认证猪肉,有利于稳定国内的猪肉消费市场,长期来看也有益于缓解消费者对疫情的担忧。

(4)信息干预对认证与非认证猪肉购买频率的影响分析

为进一步探究危机事件下两种猪肉购买频率如何受信息干预影响,本研究拟采用有序 Probit 模型对负面信息组和双面信息组分别进行回归,设置购买频率为有序的离散因变量,构建计量模型如下:

$$Y^* = X'\beta + \varepsilon$$

$$Y_i = \begin{cases} 1, & Y^* < \alpha_1 \\ 2, & \alpha_1 \leqslant Y^* < \alpha_2 \\ \vdots \\ J, & \alpha_{J-1} \leqslant Y^* \end{cases}$$

有关Y_i的条件概率为:

$$P(Y = K \mid X) = p_k(X'\beta)$$

$$= \begin{cases} \varphi(\alpha_1 - X'\beta), & k = 1 \\ \varphi(\alpha_2 - X'\beta) - \varphi(\alpha_1 - X'\beta), & k = 2 \\ \vdots \\ \varphi(\alpha_J - X'\beta) - \varphi(\alpha_{J-1} - X'\beta), & k = J \end{cases}$$

其中,Y_i为因变量,表示消费者猪肉的购买频率。X'为解释变量,β为回归系数。α_J为割点,$\varphi(t)$为标准正态分布函数。

变量设置方面,影响消费者对认证猪肉与非认证猪肉购买行为差异的因素主要包括如下方面:消费者对两种猪肉的信任水平、消费者受信息刺激的强度、消费者个体及家庭特征。此外,为控制新冠疫情对因变量的影响,在第二期数据的回归中另外加入了疫情后消费者家庭收入变化及猪肉消费量变化作为控制变量。

针对信任水平,问卷设置 5 个等级由低到高地表示消费者对两种猪肉的信任水平。针对信息刺激强度,设置 2 个题项:"您是否在上述新闻曝光时间后购买过新闻所提及的品牌猪肉""您的亲朋好友是否在上述新闻曝光时间后购买过新闻所提及的品牌猪肉",以此代表信息刺激强度,设置无疑似经历和自己或亲友有过疑似经历作为信息刺激强度的低等级和高等级。

消费者个体及家庭特征包括消费者的性别、年龄、受教育程度、家庭月收入及家中是否有敏感人群(未成年人、60 岁以上老人以及孕妇)5 个指标。本研究对两期数据的相关变量分别进行统计,每一个变量的具体说明见表 3.13。

表 3.13　模型变量解释与描述性统计

变量类型	变量	变量测度	负面信息组（一期）		双面信息组（一期）	
			均值	标准差	均值	标准差
解释变量	消费者对认证猪肉的购买频率	1＝每周 1 次或少于 1 次;2＝每周 2—3 次;3＝每周 4 次及以上	1.898	0.853	1.874	0.845
	消费者对非认证猪肉的购买频率	1＝每周 1 次或少于 1 次;2＝每周 2—3 次;3＝每周 4 次及以上	1.841	0.649	2.047	0.800
信任水平	消费者对认证猪肉的信任水平	1＝完全不相信;2＝比较不相信;3＝一般相信;4＝比较相信;5＝完全相信	3.820	0.878	3.867	0.924
	消费者对非认证猪肉的信任水平	1＝完全不相信;2＝比较不相信;3＝一般相信;4＝比较相信;5＝完全相信	2.745	0.857	3.266	0.775
信息刺激	信息刺激强度	0＝无疑似经历;1＝亲友或自己有疑似经历	0.555	0.498	0.510	0.501
个体特征	年龄	1＝26 岁以下;2＝26—35 岁;3＝36—45 岁;4＝46—55 岁;5＝55 岁以上	2.306	1.012	2.332	1.058
	性别	1＝男 0＝女	0.419	0.494	0.391	0.489
	受教育程度	1＝初中及以下 2＝高中 3＝大专 4＝本科 5＝研究生及以上	3.355	0.882	3.170	0.925

续表

变量类型	变量	变量测度	负面信息组（一期）		双面信息组（一期）	
			均值	标准差	均值	标准差
家庭特征	家庭月收入	1＝2500元以下；2＝2500—4999元；3＝5000—9999元；4＝10000—19999元；5＝20000元及以上	3.626	1.228	3.569	1.195
	家中是否有敏感人群	1＝是 0＝否	0.721	0.449	0.715	0.452

变量类型	变量	变量测度	负面信息组（二期）		双面信息组（二期）	
			均值	标准差	均值	标准差
解释变量	消费者对认证猪肉的购买频率	1＝每周1次或少于1次；2＝每周2—3次；3＝每周4次及以上	2.572	1.147	2.626	1.134
	消费者对非认证猪肉的购买频率	1＝每周1次或少于1次；2＝每周2—3次；3＝每周4次及以上	1.331	0.613	1.355	0.614
信任水平	消费者对认证猪肉的信任水平	1＝完全不相信；2＝比较不相信；3＝一般相信；4＝比较相信；5＝完全相信	2.917	0.759	2.919	0.739
	消费者对非认证猪肉的信任水平	1＝完全不相信；2＝比较不相信；3＝一般相信；4＝比较相信；5＝完全相信	2.103	0.864	2.250	0.852
信息刺激	信息刺激强度	1＝无疑似经历；2＝亲友或自己有疑似经历	0.159	0.367	0.193	0.397

续表

变量类型	变量	变量测度	负面信息组（二期）		双面信息组（二期）	
			均值	标准差	均值	标准差
个体特征	年龄	1＝26岁以下；2＝26—35岁；3＝36—45岁；4＝46—55岁；5＝55岁以上	3.069	1.182	3.161	1.136
	性别	1＝男 0＝女	0.372	0.485	0.314	0.466
	受教育程度	1＝初中及以下 2＝高中 3＝大专 4＝本科 5＝研究生及以上	3.655	1.030	3.653	1.060
家庭特征	家庭月收入	1＝2500元以下；2＝2500—4999元；3＝5000—9999元；4＝10000—19999元；5＝20000元及以上	3.290	1.020	3.371	1.000
	家中是否有敏感人群	1＝是 0＝否	0.586	0.494	0.516	0.502
新冠疫情影响	家庭收入变化情况	1＝下降较多；2＝略有下降；3＝基本不变；4＝略有上升；5＝上升较多	2.421	0.895	2.484	0.879
	猪肉消费量变化情况	1＝下降较多；2＝略有下降；3＝基本不变；4＝略有上升；5＝上升较多	2.338	0.868	2.504	0.835

运用 Stata15.0 统计软件，分别对第一期的 265 份负面信息组样本数据、253 份双面信息组样本数据和第二期 145 份负面信息组样本数据、124 份双面信息组样本数据进行有序 Probit 回归处理，结果如表 3.14 所示。

总体来看，两期数据中无论消费者受到何种信息干预，消费者对认证猪肉的购买频率始终受信任水平显著正向的影响，且短期内信息干预的程度越强，认证猪肉的购买频率越可以得到提升；而非认证猪肉的信任水平对非认证猪肉的购买频率影响并不显著。

　　具体来看,在第一期数据中,负面信息组认证猪肉购买频率显著受信任水平影响,系数为正,在 1% 的水平上显著。受负面信息干预的程度越高,消费者越倾向于购买认证猪肉,系数也在 1% 的水平上显著;同时受到双面信息刺激后,认证猪肉的购买频率仍与这两个指标呈现显著正相关。而消费者对非认证猪肉购买频率只有在双面信息组会受到信息刺激强度显著负向的影响,系数在 10% 的水平上显著。专家的正面解读虽然可以缓解消费者恐慌,但如果消费者受信息干预的程度较高,仍不愿意购买普通的非认证猪肉,这充分体现出认证食品应对危机事件的能力更强。

　　在第二期数据中,消费者对认证猪肉的信任水平依然显著正向地影响其购买频率,负面信息组和双面信息组的信任系数分别在 1% 和 5% 的水平上显著;非认证猪肉的信任水平对其购买频率仍不具有显著影响。但较之第一期,增强信息刺激强度不再能提高消费者对认证猪肉的购买意愿,进一步表明信息刺激的作用随着时间的推移而弱化。

表 3.14　不同信息刺激下(非)认证猪肉购买频率影响因素的有序 Probit 回归结果

统计特征	第一期				第二期			
	负面信息组		双面信息组		负面信息组		双面信息组	
	认证	非认证	认证	非认证	认证	非认证	认证	非认证
信任水平	0.292***	0.141	0.144*	−0.044	0.451***	−0.004	0.365**	−0.065
	(3.84)	(1.43)	(1.87)	(−0.41)	(3.54)	(−0.03)	(2.50)	(−0.45)
信息刺激强度	0.553***	0.014	0.521***	−0.300*	0.309	−0.231	0.838	0.278
	(3.89)	(0.08)	(3.52)	(−1.67)	(1.24)	(−0.86)	(0.20)	(0.93)
性别	−0.275**	−0.062	−0.311**	0.177	−0.185	0.158	−0.504**	0.011
	(−2.21)	(−0.37)	(−2.42)	(1.04)	(−0.97)	(0.78)	(−2.30)	(0.04)
年龄	−0.037	0.0710	−0.165**	0.028	−0.009	0.046	0.039	−0.083
	(−0.53)	(0.73)	(−2.39)	(0.29)	(−0.11)	(0.51)	(0.71)	(−1.33)
家庭月收入	0.141**	0.067	0.197***	0.109	0.217	−0.033	−0.136	−0.101
	(2.36)	(0.89)	(2.97)	(1.37)	(2.21)	(−0.32)	(−1.18)	(−0.71)
受教育程度	−0.190**	0.194*	−0.068	−0.056	−0.133	0.350***	0.035	0.166
	(−2.46)	(1.71)	(−0.90)	(−0.51)	(−1.31)	(3.16)	(0.32)	(1.20)

统计特征	第一期				第二期			
	负面信息组		双面信息组		负面信息组		双面信息组	
	认证	非认证	认证	非认证	认证	非认证	认证	非认证
家中是否有敏感人群	0.047 (0.36)	−0.167 (−0.84)	−0.095 (−0.72)	−0.359* (−1.90)	−0.115 (−0.63)	−0.221 (−1.13)	−0.051 (−0.26)	0.166 (1.20)
新冠疫情后猪肉消费量变化	—	—	—	—	0.224* (2.00)	0.262* (2.18)	0.150 (1.23)	0.294* (1.91)
新冠疫情后家庭收入变化	—	—	—	—	−0.032 (−0.30)	−0.003 (−0.03)	0.127 (1.13)	−0.017 (−0.12)

注:括号内参数为 z 值; *, **, *** 分别表示变量在 10%、5%、1% 的水平上显著。

(5)信息干预对认证与非认证猪肉支付意愿的影响测算

消费者对认证猪肉的支付意愿很大程度上影响着认证猪肉的市场推广,为了解消费者对认证猪肉与非认证猪肉的支付意愿,本章构建了 CVM 实证模型,探讨影响两种猪肉支付意愿的主要因素。

采用双边界二分法询问消费者的真实支付意愿,在第一个二分式选择问题之后跟进询问一个二分式问题。如果被调查者对第一个问题的回答为"是",那么将向他询问更高的支付金额。如果他对第一个问题回答"否",那么将提供较低的金额。使用此方法,被调查者对第一个出价金额 t^1 和第二个出价金额 t^2 都可能各有两个答案,则每位被调查者将属于以下类别之一:

接受—拒绝:被调查者对第一个问题回答"是",对第二个问题回答"否",则 $t^2 > t^1$。在这种情况下,我们可以推断出 $t^1 < \text{WTP} < t^2$。

接受—接受:被调查者对第一个问题回答"是",第二个问题回答"是",则 $t^2 < \text{WTP} < \infty$。

拒绝—接受:被调查者对第一个问题回答"否",对第二个问题回答"是",则 $t^2 < t^1$。在这种情况下,我们有 $t^2 < \text{WTP} < t^1$。

拒绝—拒绝:被调查者对第一个和第二个问题的回答为"否",那么我们有 $0 < \text{WTP} < t^2$。

参照 Lopez-Feldman 等(2012)的研究,对支付意愿的估计可以构建模型为以下线性函数：

$$\mathrm{WTP}(z_i, \mu_i) = z_i\beta + \mu_i \tag{3-1}$$

其中，z_i 是解释变量，β 是解释变量的参数，μ_i 是随机误差项。随机误差项 μ_i 服从二元正态分布，即 $\mu_i \sim N(0, \sigma^2)$。

定义 y_i^1 和 y_i^2 作为二元虚拟变量，分别表示被调查者对第一个和第二个给定支付金额的回答，则 $y_i^1 = 1$ 表示接受初始给定价格，$y_i^1 = 0$ 表示拒绝初始给定价格，$y_i^2 = 1$ 表示接受第二轮给定价格，$y_i^2 = 0$ 表示拒绝第二轮给定价格。那么上文提出的四种回答对应的概率可以表示为：

① 接受—拒绝，$y_i^1 = 1, y_i^2 = 0$

$$
\begin{aligned}
P_r(y, n) &= P_r(t^1 \leqslant \mathrm{WTP} < t^2) \\
&= P_r(t^1 \leqslant z_i'\beta + u_i < t^2) \\
&= P_r\left(\frac{t^1 - z_i'\beta}{\sigma} \leqslant \frac{u_i}{\sigma} < \frac{t^2 - z_i'\beta}{\sigma}\right) \\
&= \Phi\left(\frac{t^2 - z_i'\beta}{\sigma}\right) - \Phi\left(\frac{t^1 - z_i'\beta}{\sigma}\right)
\end{aligned}
$$

利用正态分布的对称性，有

$$P_r(y, n) = \Phi\left(z_i'\frac{\beta}{\sigma} - \frac{t^1}{\sigma}\right) - \Phi\left(z_i'\frac{\beta}{\sigma} - \frac{t^2}{\sigma}\right) \tag{3-2}$$

② 接受—接受，$y_i^1 = 1, y_i^2 = 1$

$$
\begin{aligned}
P_r(y, y) &= P_r(\mathrm{WTP} > t^1, \mathrm{WTP} \geqslant t^2) \\
&= P_r(z_i'\beta + u_i > t^1, z_i'\beta + u_i \geqslant t^2)
\end{aligned}
$$

根据贝叶斯法则 $P_r(A, B) = P_r(A \mid B) * P_r(B)$，则有

$$P_r(y, y) = P_r(z_i'\beta + u_i > t^1 \mid z_i'\beta + u_i \geqslant t^2) * P_r(z_i'\beta + u_i \geqslant t^2)$$

定义 $t^2 > t^1$，由 $P_r(z_i'\beta + u_i > t^1 \mid z_i'\beta + u_i \geqslant t^2) = 1$ 有

$$P_r(y, y) = P_r(u_i \geqslant t^2 - z_i'\beta) = \Phi\left(z_i'\frac{\beta}{\sigma} - \frac{t^2}{\sigma}\right) \tag{3-3}$$

③ 拒绝—接受，$y_i^1 = 0, y_i^2 = 1$

$$
\begin{aligned}
P_r(n, y) &= P_r(t^2 \leqslant \mathrm{WTP} < t^1) \\
&= P_r(t^2 \leqslant z_i'\beta + u_i < t^1) \\
&= P_r\left(\frac{t^2 - z_i'\beta}{\sigma} \leqslant \frac{u_i}{\sigma} < \frac{t^1 - z_i'\beta}{\sigma}\right) \\
&= \Phi\left(\frac{t^1 - z_i'\beta}{\sigma}\right) - \Phi\left(\frac{t^2 - z_i'\beta}{\sigma}\right)
\end{aligned}
$$

$$P_r(n,y) = \Phi\left(z_i' \frac{\beta}{\sigma} - \frac{t^2}{\sigma}\right) - \Phi\left(z_i' \frac{\beta}{\sigma} - \frac{t^1}{\sigma}\right) \tag{3-4}$$

④拒绝—拒绝，$y_i^1 = 0, y_i^2 = 0$

$$\begin{aligned}
P_r(n,n) &= P_r(\text{WTP} < t^1, \text{WTP} < t^2) \\
&= P_r(z_i'\beta + u_i < t^1, z_i'\beta + u_i < t^2) \\
&= P_r(z_i'\beta + u_i < t^2) \\
&= \Phi\left(\frac{t^2 - z_i'\beta}{\sigma}\right)
\end{aligned}$$

$$P_r(n,n) = 1 - \Phi\left(z_i' \frac{\beta}{\sigma} - \frac{t^2}{\sigma}\right) \tag{3-5}$$

为获得模型参数 β 及 σ 的值，结合式 3-2 至式 3-5 构造一个似然函数以直接获得和使用最大似然估计：

$$\begin{aligned}
\sum_{i=1}^{N} \Bigg[& d_i^{yn} \ln\left(\Phi\left(z_i' \frac{\beta}{\sigma} - \frac{t^1}{\sigma}\right) - \Phi\left(z_i' \frac{\beta}{\sigma} - \frac{t^2}{\sigma}\right)\right) + d_i^{yy} \ln\left(\Phi\left(z_i' \frac{\beta}{\sigma} - \frac{t^2}{\sigma}\right)\right) + \\
& d_i^{ny} \ln\left(\Phi\left(z_i' \frac{\beta}{\sigma} - \frac{t^2}{\sigma}\right) - \Phi\left(z_i' \frac{\beta}{\sigma} - \frac{t^1}{\sigma}\right)\right) + \\
& d_i^{nn} \ln\left(1 - \Phi\left(z_i' \frac{\beta}{\sigma} - \frac{t^2}{\sigma}\right)\right) \Bigg]
\end{aligned} \tag{3-6}$$

运用 Stata15.0 中 Doubleb 的命令可以根据上述最大似然函数直接估计 β 及 σ，再代入式 3-1 即可估计 WTP 值。

运用 Stata15.0 统计软件，对第一期调查的 706 份消费者样本数据和第二期调查的 383 份消费者样本数据按不同信息组进行 Doubleb 回归处理。为识别信任水平与信息刺激强度之间的作用机制，将二者的交乘项也作为解释变量一并放入回归模型，认证猪肉结果如表 3.15 所示，非认证猪肉结果如表 3.16 所示。

表 3.15　认证猪肉支付意愿的 Double-Bounded 数据模型分组回归结果

变量	第一期			第二期		
	控制组 Model（1）	负面信息组 Model（2）	双面信息组 Model（3）	控制组 Model（1）	负面信息组 Model（2）	双面信息组 Model（3）
信任水平	2.535* (1.91)	1.725* (1.79)	3.683*** (2.98)	−1.609 (−0.36)	7.914* (1.72)	6.820* (1.84)

续表

变量	第一期			第二期		
	控制组 Model（1）	负面信息组 Model（2）	双面信息组 Model（3）	控制组 Model（1）	负面信息组 Model（2）	双面信息组 Model（3）
信息刺激强度	7.133 (0.98)	−12.254** (−2.17)	0.026 (0.00)	17.430 (0.35)	65.378* (1.82)	5.575 (0.31)
信任×信息刺激强度	−0.552 (−0.30)	3.414** (2.33)	0.537 (0.26)	−6.448 (−0.37)	−24.149* (−1.85)	−1.133 (−0.18)
性别	1.309 (0.72)	−1.384 (−1.08)	2.077 (1.14)	−12.362 (−1.51)	0.231 (0.04)	−6.014 (−1.17)
年龄	0.301 (0.28)	−2.049*** (−2.67)	−2.225 (−2.14)	−3.227 (−0.88)	−1.488 (−0.55)	1.435 (0.73)
受教育水平	0.501 (0.42)	−1.463 (−1.61)	−0.823 (−0.71)	4.684 (0.93)	3.230 (0.88)	2.061 (0.86)
家庭月收入	1.874** (2.29)	0.358 (0.62)	1.649* (−1.90)	2.313 (0.51)	3.530 (1.07)	−0.205 (−0.08)
家中是否有敏感人群	−0.831 (−0.37)	2.484* (1.69)	2.783 (1.41)	−11.050 (−1.38)	−7.689 (−1.30)	−2.394 (−0.47)
新冠疫情后家庭收入变化	—	—	—	−3.396 (−0.87)	3.282 (1.04)	0.445 (0.18)
新冠疫情后猪肉消费量变化	—	—	—	10.664* (1.81)	3.640 (−0.73)	0.887 (0.32)

注：*，**，***分别表示变量在10%、5%、1%的水平上显著。

表 3.16　非认证猪肉支付意愿的 Double-Bounded 数据模型分组回归结果

变量	第一期			第二期		
	控制组 Model（1）	负面信息组 Model（2）	双面信息组 Model（3）	控制组 Model（1）	负面信息组 Model（2）	双面信息组 Model（3）
信任水平	4.422** (2.02)	2.756* (1.84)	2.504* (1.66)	3.095 (1.22)	3.504** (2.48)	3.034* (1.66)

续表

变量	第一期			第二期		
	控制组 Model（1）	负面信息组 Model（2）	双面信息组 Model（3）	控制组 Model（1）	负面信息组 Model（2）	双面信息组 Model（3）
信息刺激强度	18.119 (1.50)	7.447 (1.36)	0.375 (0.06)	15.910 (1.02)	5.426 (0.69)	30.472*** (3.25)
信任×信息刺激强度	−1.785 (−0.38)	−1.769 (−0.81)	−0.897 (−0.34)	−2.358 (−0.39)	−2.435 (−0.76)	−10.492*** (−2.73)
性别	3.804 (1.10)	1.326 (0.61)	4.287** (2.21)	−0.485 (0.77)	−0.855 (−0.41)	−2.099 (−0.74)
年龄	−0.386 (−0.26)	0.169 (0.18)	−2.601*** (−2.94)	−3.697* (−1.69)	0.239 (0.36)	0.373 (0.33)
受教育水平	1.165 (0.64)	1.845 (1.35)	0.324 (0.27)	2.317 (0.85)	1.665 (1.37)	0.803 (0.54)
家庭月收入	−0.486 (−0.29)	0.075 (0.07)	0.484 (0.46)	2.115 (0.85)	1.487 (1.34)	2.074* (1.39)
家中是否有敏感人群	−3.713 (−1.11)	−3.844* (−1.78)	0.922 (0.49)	1.799 (0.41)	−1.708 (−0.84)	3.147 (1.19)
新冠疫情后家庭收入变化	—	—	—	0.361 (0.17)	1.001 (0.84)	−1.778 (−1.20)
新冠疫情后猪肉消费量变化	—	—	—	−2.207 (−0.71)	2.126 (1.61)	−2.422 (−1.59)

注：*，**，***分别表示变量在10％、5％、1％的水平上显著。

短期支付意愿影响因素分析。从第一期数据的三个模型看，认证猪肉的支付意愿与其信任水平呈显著正相关，控制组、负面信息组和双面信息组系数分别在10％、10％和1％的水平上显著，即消费者越信任认证猪肉的质量安全水平，越愿意为其支付更高的价格；消费者对非认证猪肉的支付意愿也受非认证猪肉信任水平的显著正向影响，控制组、负面信息组和双面信息组信任系数分别在5％、10％和10％的水平上显著。信息刺激强度在消费者面对不同信息刺激时对认证猪肉和非认证猪肉的支付意愿存在不同的影响路径。第一期数据的三个模型在纳入信息刺激强度这一变量后，负面信息组的消费者对认证猪肉的信任水平与信息刺激强度的交乘项系数为正，且在5％的水平上显著，说明短期内信息刺激强度正向调节认证猪肉信任水平对支付意愿的影响程度，但这一调节效应在双面信息组和控制组没有体现。

长期支付意愿影响因素分析。事件发生较长时间后，不同信息干预对认证猪肉与非认证猪肉支付意愿的影响机制表现出较大差异。首先，无论是认证猪肉还是非认证猪肉，只有消费者受到外部信息刺激后信任水平才会显著正向影响其支付意愿，控制组信任水平影响不显著；其中，认证猪肉负面信息组和双面信息组系数均在10％的水平上显著，非认证猪肉负面信息组与双面信息组系数分别在5％和10％的水平上显著。其次，在第二期数据中，负面信息的刺激强度与认证猪肉的信任水平交乘项系数为负，并在10％的水平上显著，增强负面信息刺激只会降低信任水平对认证猪肉支付意愿的正向影响，无法促进认证猪肉支付意愿的提高。同时，双面信息组的消费者信息刺激强度对非认证猪肉的信任水平也存在负向调节效应。

个体及家庭特征对支付意愿的影响分析。消费者的个体及家庭特征在受到不同的信息干预后对认证猪肉与非认证猪肉支付意愿的影响表现出差异。第一，在年龄方面，当消费者单独受到负面信息刺激时，短期内年龄在1％的水平上显著负向影响消费者对认证猪肉的支付意愿，年轻的消费者更愿意为认证猪肉支付高价；当消费者同时接受负面信息刺激和专家的正向解读后，年龄则在1％的水平上负向影响消费者对非认证猪肉的支付意愿，这可能是因为年长的消费者更倾向于持节约的消费观。同时，这也表明年轻的消费者对外界信息刺激的反应更加敏感，负面信息增加了他们的风险感知，使他们更愿意为认证猪肉支付更高的价格，而在了解过专家的正向解读后，风险感知程度随之降低，他们转而愿意为非认证的普通猪肉支付高价，但这种影响在危机事件发生较长时间后不再存在。第二，在家庭敏感人群上，如果消费者家庭中有未成年人、老人、孕妇等敏感人群，他们受到负面信息刺激后短期内更愿意为认证猪肉支付高价，并降低非认证猪肉的支付意愿，系数均在10％的水平上显著。消费者会考虑家中敏感人群的健康与安全，偏好安全性更高的认证猪肉，但这种影响长期下同样不再显著。第三，家庭收入短期内显著正向影响双面信息组消费者对认证猪肉的支付意愿，且在10％的水平上显著，消费者家庭收入越高，越愿意为认证猪肉支付高价；但长期下，家庭收入显著正向影响双面信息组消费者对非认证猪肉的支付意愿,侧面反映出危机事件的影响随着时间推移而降低。此外,新冠疫情后消费者家庭收入的变化、猪肉消费量的变化对认证猪肉和非认证猪肉的支付意愿无显著影响。

支付意愿的边际影响测算。为了解消费者的支付意愿如何随着显著影响的因素而变动,本研究测算了信任水平、信息刺激强度、年龄、家庭月收入及家中是否有敏感人群对认证猪肉和非认证猪肉支付意愿的边际影响,结果如表 3.17 和表 3.18 所示。

表 3.17　对认证猪肉支付意愿的边际影响

变量	边际影响					
	第一期			第二期		
	控制组	负面信息	双面信息	控制组	负面信息	双面信息
信任水平	1.982(+)	5.139(+)	4.224(+)	—	16.235(+)	5.686(+)
信息刺激强度	—	8.84(—)	—	—	41.229(+)	—
年龄	—	2.049(—)	—	—	—	—
家庭月收入	1.874(+)	—	1.649(+)	—	—	—
家中是否有敏感人群	—	2.484(+)	—	—	—	—

表 3.18　对非认证猪肉支付意愿的边际影响

变量	边际影响					
	第一期			第二期		
	控制组	负面信息	双面信息	控制组	负面信息	双面信息
信任水平	2.637(+)	0.986(+)	1.606(+)	—	1.070(+)	9.056(+)
信息刺激强度	—	—	—	—	—	20.392(—)
性别	—	—	4.287(+)	—	—	—
年龄	—	—	2.601(—)	3.697(—)	—	—
家庭月收入	—	—	—	—	—	2.074(+)
家中是否有敏感人群	—	3.844(—)	—	—	—	—

短期内对支付意愿的边际影响测算。短期内，消费者对认证猪肉的信任水平每提高一个单位，负面信息组认证猪肉的支付意愿增加 5.139 元，双面信息组增加 4.224 元，控制组增加 1.982 元。由于负面信息刺激的增强对认证猪肉的信任水平正向调节，负面信息组信任的边际影响最大，提高信任程度可以较大程度地提高消费者对认证猪肉的支付意愿；而对于非认证猪肉，信任水平每提升一个单位，控制组、负面信息组和双面信息组分别增加 2.637 元、0.986 元和 1.606 元。

家中有敏感人群的消费者受到负面信息刺激后愿意比家中无敏感人群的消费者多为认证猪肉支付 2.484 元，同时对非认证猪肉的支付意愿降低 3.844 元。消费者年龄每增加 10 岁，受到负面信息刺激后对认证猪肉的支付意愿减少 2.049 元，如果同时接触疫病负面信息和专家正向解读，则对非认证猪肉的支付意愿降低 2.601 元。而家庭收入每提高一个等级，双面信息组消费者对认证猪肉的支付意愿将增加 1.649 元。

对支付意愿的长期边际影响测算。信任水平每提升一个单位，负面信息组和双面信息组认证猪肉支付意愿分别增加 16.235 元和 5.686 元，非认证猪肉支付意愿分别增加 1.070 元和 9.056 元。家庭收入每提升一级，双面信息组的消费者愿意为非认证猪肉多支付 2.074 元，而对认证猪肉的支付意愿无显著影响，消费者在长期下已经不担心非洲猪瘟疫情带来的风险，专家的解读更是为消费者打了强心针。

第四章　质量兴农与绿色兴农融合发展的内在机理

本章分别以农业面源污染治理和农产品质量安全追溯体系建设为例，从生产者视角深入分析质量兴农和绿色兴农发展所面临的一系列问题背后的深层次原因，并运用外部性、信息不对称等理论论证质量兴农与绿色兴农融合发展的内在机理。

第一节　质量兴农与绿色兴农技术手段的一致性

一、质量兴农的关键在于强化源头投入品管控

建立贯穿全产业链的质量安全追溯体系，是解决市场上质量安全信息的传递问题、因市场失灵或政府失灵所导致的农产品质量安全问题的根本举措（Antel，1996；Caswell et al.，1996；王秀清等，2002；周洁红，2006）。

从以农产品质量安全为中心的社会网络分析图（见图 4.1）来看，追溯体系（包括追溯体系、追溯系统、可追溯体系等节点）正是连接农产品质量安全问题与政府监管、农业标准化、农业产业化的重要中间节点，证实了追溯体系在解决我国农产品质量安全问题中的重要地位。

生产源头是当前我国食品质量安全高危环节，农药化肥等投入品不规范使用、重金属等有害化学物超标是我国食品质量安全问题的直接原因（刘畅等，2011；文晓巍等，2012）。食品质量安全信息不充分与不对称是我国食品质量安全问题产生的根源。监管体系建设、市场准入、食品安全法律法规与标准体系等制度原因造成的政府食品质量安全监管失灵也是重要原因。国

内食品安全问题的治理思路已经逐渐明确,即以质量安全追溯体系建设为抓手解决食品市场上的质量信号供给问题,以发挥市场机制提升供应链主体参与追溯的经济效益为突破点。

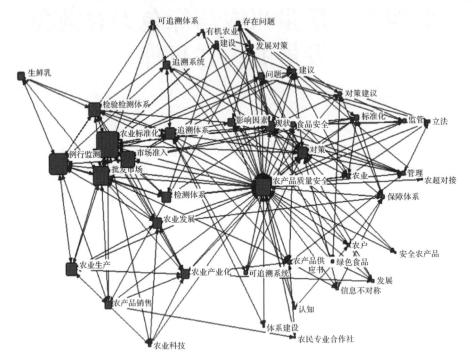

图 4.1   农产品质量安全简化社会网络分析

二、绿色兴农的关键在于加速绿色生产技术推广

农业面源污染是当前最为突出的农业环境问题之一,已经严重影响了农村生态、农业生产与农民生活,成为阻碍农业绿色发展的重要因素,也是引发农产品质量安全问题的重要原因。本部分以面源污染的治理为例,分析绿色兴农的技术选择。

面源污染是指,非特定的污染物以广域的、分散的、微量的形式进入地表和地下水体所形成的污染(Lee,1979)。化肥过量施用且施用结构不合理所导致的农田化肥污染、畜禽养殖所产生的粪尿污染、以秸秆为主的农田固态废物污染、以人类粪尿等为主的农村生活污染是当前我国面源污染的四大来源(梁流涛等,2010)。在本研究中,畜禽养殖、化肥污染、农药污染、畜禽养殖污染、化肥、农业污染、施肥、农业生产、肥料利用率、农药使用量等关键词合计出现305次。经过社会网络分析,农业生产与农业面源污染的关系如图4.2所示。

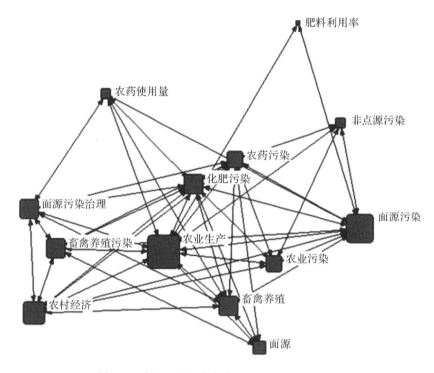

图 4.2 农业面源污染与农业生产社会网络分析

农业面源污染与农业生产方式之间的内生关系则表明,解决农业面源污染问题的根本举措在于转变农业生产方式,控制化肥农药等化学投入品的使用,推广环境友好型农业技术(张宏艳,2004;李海鹏,2007;张晖等,2009;梁流涛等,2010)。农业面源污染具有分散性、隐蔽性、随机性以及难以量化等特点(Loehr,1974;Carpenter,1998;张水龙等,1998;葛继红等,2010;杨林章等,2013),这就决定了农业面源污染治理与传统的点源污染治理差别巨大。崔键等(2006)从水污染防治的角度提出,应从源头减排和降低污水流入量两个方面来控制面源污染,具体的防治措施包括优化施肥结构、科学使用农药、发展生态农业、整顿禽畜养殖、防止水土流失等。葛继红等(2010)认为农业面源污染的最佳治理策略是源头控制,防治的主体是农民,关键是在农民中推广环境友好型生产技术。杨林章等(2013)梳理了我国农业面源污染治理的整体思路,提出应立足于农业面源污染的特点实施全过程控制,并提出了源头减量、过程阻断、养分再利用和生态修复技术的"4R"技术体系,其中依靠农业生产和农村生活方式调整实现源头减量是根本。

因此,绿色兴农的关键在于转变农业生产方式,在源头农户中推广环境友好型农业技术,食品质量安全问题的可传导性也决定了质量兴农的重点是提升生产环节的投入品规范使用能力。

第二节   质量兴农与绿色兴农践行主体的一致性

一、小农户是践行质量兴农与绿色兴农的关键群体

虽然防治目标差异导致不同研究者所提出的农业面源污染防治技术措施存在一定差异,但农业面源污染的成因与特点决定了农业面源污染控制的基本思路是一致的:源头即生产环节是农业面源污染治理的最佳环节,源头生产者尤其是广大农户是农业面源污染治理的关键主体。小农户是面源污染控制的主力。李海鹏(2007)认为农民应是农业面源污染防治的主体,优化农户行为是破解农业面源污染困境的关键。综合来看,关于农业面源污染成因与特征的文献表明,源头(生产环节)是农业面源污染治理的关键环节,源头生产者尤其是广大农户是农业面源污染治理的关键主体。

生产源头是当前我国食品质量安全风险最高的环节之一,农药化肥等投入品不规范使用、产地面源污染与重金属污染是源头食品质量安全问题的直接原因(刘畅等,2011;文晓巍等,2012)。鉴于食品安全问题的可传导性(周洁红等,2013),本研究认为源头(包括产地环境和生产环节)同样是农产品质量安全问题治理的关键环节,广大分散农户是农产品质量安全控制的关键主体。

二、小农户绿色兴农与质量兴农面临共同成本收益难题

1.小农户践行环境友好型农业技术主要阻碍在于成本收益

孔祥智等(2004)对山东、山西、陕西三省小麦种植户生产要素投入进行分析,发现化肥的边际产出在多数情况下为负值。李海鹏(2007)基于 CVM 方法的农业面源污染减排支付意愿调查显示,仅有 58.2％的农户愿意为农业面源污染减排"买单",且支付金额偏低(多为 5 元以下)。杨增旭等(2011)对全国 15 个小麦种植省份和 20 个玉米种植省份化肥施用效率的分析表明,我国小麦和玉米的施肥技术效率都小于 1,化肥利用率较低。韩洪云等(2011)对山东省枣庄市农户测土配方施肥采纳行为的分析显示,"完全采纳"测土配方的农户仅占样本总体的 53.4％。谢齐玥等(2013)对辽西玉米产区农户施肥行为的调查显示,氮肥过量施用问题普遍存在。从以上研究来看,当前农户在化肥等投入品的使用上仍不合理,环境友好型生产技术(包括有机肥施用、测土配方、减少氮肥使用等)的采纳意愿并不强。

出现上述问题,原因在于小农户受个人特质、家庭资源禀赋等众多因素制约,在践行绿色生产技术时存在天然劣势。除受教育程度等个人特征和家庭生产经营特征之外,规避风险(黄季焜等,2008)、环境保护意识不足(李海鹏,2007;席利卿等,2015)、信息与技术的可得性(黄季焜等,2008;葛继红等,2010;褚彩虹等,2012)、非农就业途径(何浩然等,2006)等因素都是影响农户环境友好型生产技术采纳的重要因素。农户严重依赖政府支持与技术培训,几乎在所有相关研究中(李海鹏,2007;黄季焜等,2008;葛继红等,2010;韩洪云等,2011;杨增旭等,2011;褚彩虹等,2012;王常伟等,2013)这一因素都显著影响了农户行为。虽然环境友好型技术的正外部性决定了政府在该类技术推广中不可或缺。但这也意味着当前农户环境友好型农业技术的采纳严重依赖于政府政策与政府农技推广服务。

2.农产品质量安全可追溯体系建设的关键在于追溯成本分担

建立追溯体系与实现信息可追溯的关键是解决因追溯行为产生的经济问题。周洁红和姜励卿(2006)对浙江省杭州、台州、金华、绍兴 302 户蔬菜种植户追溯管理参与意愿与行为的调查显示,仅有 44.4％的农户愿意参与追溯

制度建设,42.4％的农户实施了蔬菜产地编码或建立了生产档案,在实施了追溯管理的农户中,63.5％的农户蔬菜可追溯比重在25％以下。赵荣等(2011)对寿光市蔬菜种植户质量安全追溯体系参与行为的研究显示,当地蔬菜种植户参与热情不高,追溯体系认知程度较低,仅68.42％的农户建立了生产档案。从农户的参与途径以及种植户对追溯参与的成本收益反馈来看,当前追溯参与多是因为政府动员,市场激励作用不足。周洁红等(2013)对比了2008年和2012年浙江省追溯试点城市杭州、台州蔬菜种植户生产档案记录行为的实施情况,发现两个时期生产档案的建立比例都低于50％。由于现代蔬菜销售渠道建设滞后,市场激励不足,生产档案记录严重依赖政府生产档案监管,一旦监管力度下降,蔬菜种植户生产档案记录行为实施比例就会出现下降。

因此,对当前农业面源污染和源头农产品质量安全问题的治理有着共同的关键环节与关键主体:源头是关键环节,农户是关键主体。更重要的是,无论是采纳环境友好型生产技术还是实施严格的质量安全追溯管理,农户都面临着成本收益难题,即高生产成本无法换回更高的收益。

第三节　质量信号与绿色信号的互补性

一、优质优价机制缺失阻碍质量兴农与绿色兴农发展

1. 农业面源污染问题治理难的理论分析

(1)外部性理论

马歇尔1890年《经济学原理》中首次提出了外部经济的概念。按照马歇尔的界定,"我们把任何产品的生产规模的扩大所产生的经济效应划分为两类——第一类经济取决于产业的一般发展,第二类经济取决于从事工商业的单个企业的资源,它们的组织以及它们管理的效率。我们把前者称为外部经济,后者称为内部经济"。其中内部经济是指组织内部资源的配置优化与利用效率提升,其界定更接近于我们现在所定义的规模经济,而外部经济则是指企业外部要素所导致的生产成本降低或效益提升。与外部经济相对应的

就是外部不经济,即由于企业外部因素所导致的成本升高或效率下降。

庇古在马歇尔的基础上,从福利经济学的视角探讨了外部性问题,并正式提出了外部不经济这一概念。庇古用边际社会收益与边际社会成本来解释外部性问题:如果生产者的边际社会净产值大于边际私人净产值,此时生产者的生产就带给了社会有利影响,这种有利影响就是边际社会收益;如果生产者的边际社会净产值小于边际私人净产值,此时生产者的生产就带给了生产者不利影响,这种不利影响就是边际社会成本。虽然仅仅是一种静态的界定,但庇古对外部性的界定,以及存在外部性时就不可能依靠市场机制达到有效状态的推论还是具有重要理论意义。而针对外部性所导致的市场失灵,庇古认为应由政府来承担外部效应的衡量,通过干预实现外部效应内部化,使得企业边际私人成本与边际社会成本一致,边际私人收益与边际社会收益一致。具体来看,就是通过对具有正外部性的企业进行补贴和对具有负外部性的企业征税的方式消除外部性的影响。

直到科斯在其《企业的性质》与《社会成本问题》中提出交易费用概念,并从不同的交易费用假设下讨论庇古税的有效性,才将外部性的解决途径引导到市场上。科斯认为,在不存在交易费用的情况下,交易双方能够通过协商的方式来实现资源的最优配置,无需庇古税这样的外部政策;当存在交易费用时,庇古税之类的政策设计与制度安排才是有必要的(但是否有效取决于不同制度安排下的成本收益比较)。鉴于产权在市场运行与交易费用产生中的重要作用,产权在外部性产生与治理中的作用受到关注,当前盛行的排污权交易等外部性内部化的思路即根源于此。

(2)农业面源污染治理难背后的深层次原因

在当前资源环境体制下,农业生产者的农业面源污染控制和农产品质量安全控制行为都具有显著的正外部性。这就意味着对农业生产者而言,其边际私人成本是超过边际社会成本的,因此一方面需要政府通过明晰产权、建立环境补贴降低生产者的生产成本,提升其收益,另一方面也需要探索依靠市场机制实现外部性内部化的途径。

然而在农产品市场上,农产品优质优价机制的缺失,使得优质安全农产品无法实现溢价,阻碍了环境友好型农业生产的发展,使高投入、高消耗、高排放的生产方式得以延续。李海鹏(2007)认为,市场失灵(由农业生产主体的有限理性、农业环境资源的准公共性、农业面源污染的负外部性、农业环境保护的正外部性、环境利用信息的不对称性所导致)和政府失灵(由农业政策失灵与农业环境管理失灵所导致)导致生产者产生农业环境资源利用行为的"非理性"。

农业面源污染产生还存在要素市场价格扭曲问题。由于城镇化进程中劳动力流出(金书秦等,2013),土地价格上升(李海鹏,2007),农资增支综合补贴(李海鹏,2007)、国家化肥价格管制、农民化肥补贴(葛继红等,2012)等政策都在一定程度上激励农户更多使用化肥、农药等化学投入品来替代劳动力投入,从而加重农业面源污染。土地价格上升会导致农资投入强度、密度增加,加重农业面源污染,农资增支综合补贴政策也会激励农户更多使用化肥、农药等化学投入品,从而加重农业面源污染。葛继红等(2012)的研究指出,国家化肥价格管制政策与农民化肥补贴政策导致化肥要素市场的扭曲,加重了农业面源污染。金书秦等(2013)指出,城镇化进程中非农就业机会增加带动了农业劳动力的转移,在一定程度上促使农业生产更加倚重能够替代劳动力的化肥、农药等化学投入品。赵文等(2014)也认为,由于化肥对生产贡献度高,劳动力的贡献度降低,农户选择以化肥替代劳动力。同时,土地流转制度不完善导致的土地经营权不稳定容易使经营者采取短期化资源利用方式(黄季焜等,2012)。

总结起来,市场激励机制的缺失,即市场无法对绿色优质农产品进行补偿,导致农户采取"重量不重质"的生产策略,大量使用化学投入品来维持高产量。而要素市场价格扭曲,即投入品价格补贴制度和农业劳动力的外流,促使农户选择用化肥农药等化学投入品替代成本日益增加的农业劳动力,从而导致了农业面源污染问题的形成。两方面的因素叠加,也使得现行的以政府管制为主要特征的治理手段效果不佳。

2.农产品质量安全追溯体系建设滞后的理论分析

(1)信息不对称理论

信息不对称理论是信息经济学的一个重要分支,主要研究信息不完全与信息不对称问题的产生及其对市场的影响,还有由此产生的道德风险与激励、逆向选择与市场信号、信息披露原则与机制设计等问题。1961年乔治·斯蒂格勒在其《信息经济学》一文中批判了完全信息的假定。他在分析信息在市场价格确定中的作用时提出,经济主体所掌握的初始信息是有限的,为了实现最优决策必须进行信息搜寻,但信息搜寻是有成本的,因此信息搜寻次数往往是有限的并且难以达到最佳搜寻次数,这就导致经济主体决策时所参考的信息往往是不完全的。1970 年,乔治·阿克洛夫的《"柠檬"市场:质量不确定与市场机制》被认为是信息不对称理论的开山之作。阿克洛夫在文章中指出,当市场买卖双方存在非对称信息,即卖方比买方拥有更多产品质量信息,同时买方又难以直接判断产品质量时,市场价格机制就会失灵,导致劣质产品驱逐高质量产品的现象。利用市场机制解决信息不对称问题的基本思路是加强信息在交易者各方传递的顺畅程度。斯蒂格利茨在 19 世纪七八十年代的一系列研究则更深刻地揭示了不完全信息、不对称信息对经济主体行为选择与市场均衡的影响。斯宾塞主要关注信号传递与信息不对称的解决,在其 1973 年的《劳动市场的信号》一文中以劳动力市场为例首次提出了信号传递模型(signaling model)。劳动力市场上存在有关劳动者能力的信息不对称问题,此时如果雇主无法判断被雇佣者的能力高低,那么劳动力市场将会成为典型的柠檬市场,所有被雇佣者只能得到平均工资。高能力雇工必须寻求一种信号传递方式使得雇主能够通过此信号将其与低能力者区分,而这种信号必须是低能力者无力承担的,受教育程度就是这样一种信号。

(2)我国食品市场上质量安全信息的不完全与不对称

按照 Nelson(1970)搜寻品(消费者在消费之前就可以了解其特征的产品)、经验品(只有在消费之后才可以了解其特征的产品)和信任品(即使在消费之后也无法获取其特征的产品)的划分,质量安全兼具搜寻品、经验品和信任品特征。

食品市场上,在消费者与生产者之间,搜寻品、经验品和信任品的信息不对称存在很大差别。对搜寻品而言,消费者经过信息搜寻之后就能获得产品信息,因此消费者与生产者、销售者之间并不会存在明显的信息不对称,因此市场能够很好地配置此类产品。但对经验品和信任品而言,由于信息搜寻也不能完全消除信息不对称,往往会产生市场失灵。信息不对称程度的差异决定了经验品和信任品市场失灵程度存在差异。经验品可以借助声誉机制来保障质量信号的传递,但信任品由于信息完全掌握在生产者手中,只能通过政府或其他第三方组织来承担市场信息传递的职责,否则信任品市场就会陷入市场失灵,出现质量安全问题。由此得出,食品质量安全问题的根源在于市场上质量安全信息的不充分和不对称。

刘畅等(2011)建立食品质量安全 SC-RC 判别与定位矩阵,对 2001—2010 年 1460 起食品安全事件发生环节与原因进行分析,结果显示深加工环节、农产品种植养殖环节和初加工环节是质量安全事件发生最多的三个环节,生产环节化肥农药等投入品与加工环节添加剂、保鲜剂等要素施用量不当,环境卫生不达标所导致的微生物污染,违禁农药和违禁添加剂等有害投入品,包装不当是四个主要原因。文晓巍等(2012)对 2002—2011 年 1001 个食品安全事件的分析表明,食品深加工与农产品初加工、销售/餐饮、农产品生产是发生频率最高的环节。在加工环节(包括初加工和深加工),滥用添加剂、违法添加其他化学物质、生产环境卫生不合格是主要原因。在生产环节,卫生不合格和食品过期销售是主要问题。厉曙光等(2014)对 2004—2012 年媒体曝光的 2489 件食品安全事件发生环节的分析表明,2/3 的事故发生在生产加工环节、13.4% 发生于初级农产品生产环节、10.5% 发生于流通和销售环节、9.2% 发生于消费环节。添加剂违规使用(32.9%)是最主要原因,农药、兽药残留,重金属等有害化学物超标其次(15.8%),微生物超标、非食品用化学物违规使用和掺杂掺假分别占 11.6%、11.5%、10%。

无论是加工环节的添加剂违规使用、微生物污染还是生产环节的化肥农药使用不规范,都具有信任品的特征,存在着生产者与消费者的信息不对称。因此,市场失灵是当前我国食品安全事件发生的根本原因。

(3)追溯体系建设滞后、认证信号失灵的原因分析

在食品市场中,消费者与生产者间有关产品质量安全的信息是不对称的,这被认为是食品质量安全问题产生的根源。因此有必要从信息不对称和市场失灵的角度去分析食品市场中质量信号的问题。但在当前源头生产环境恶化加剧信息不完全与不对称的情况下,分析信息不对称对生产者、消费者行为选择的影响,对于解释追溯体系建设滞后与认证信号失灵至关重要。

这一结论的得出是基于生产者是食品质量安全信息私有者的假设,即生产者掌握了更多的质量安全信息。在这一假设下,质量安全追溯体系的目标就是将这些私有信息与政府掌握的信息传递给消费者来降低信息不对称。但在我国,由于城镇化进程中优质劳动力流向非农产业,致使当前农业劳动力群体呈现老龄化、低文化的特征。对这类群体而言,要准确把握各类投入品对农产品质量安全的影响本就非常困难。

二、质量信号与绿色信号的有效互补是实现优质优价的关键

当前国内农业面源污染治理效果不佳的原因在于治理严重依赖政府,但

当前政府治理策略未充分考虑生产主体参与,加之当前采取单方面的农业面源污染治理模式,面源污染治理的产出并不明确,其产出既不像无公害农产品、绿色产品那样具有鲜明的安全特色,也不像有机产品那样具有鲜明的环境友好属性,溢价能力不足。这就是说,农业面源污染产出与消费需求对接不力,才是农业面源污染治理市场激励作用发挥不足、生产主体参与不积极的关键。

在当前农业面源污染加剧、农业生产环境破坏严重的背景下,政府与生产者之间的信息不对称开始影响生产者对质量安全信息的把握。但不同于国外研究者所关注的生产者比政府掌握更多的投入品使用、土地利用信息,本研究认为此处的政府与生产者的信息不对称包括两个方面:一方面是生产者比政府掌握更多的投入品使用信息和生产过程信息;另一方面是政府比生产者掌握更多的产地环境信息。缺乏有效的信息沟通使政府和生产者都无法掌握完整的信息。而生产者还是农产品质量安全控制的关键主体,由于难以获取产地环境信息,生产者对产地环境质量、投入品与农产品质量安全的关系就难以把握。这就意味着在我国大部分生产者也并非质量安全信息的私有者,因此也就难以提供准确有效的质量安全信息。加之农产品检测资源有限,检测能力不足,覆盖范围有限,这就造成当前生产者和政府都难以掌握完整的质量安全信息,追溯体系的有效性难以保证,已经无法满足消费者的要求,最终导致消费者对安全农产品的需求无法转化为实际购买行为。

概括起来,农业面源污染与源头农产品质量安全问题背后的两种信息不对称交织,导致当前无论是政府还是生产主体,都难以完整地掌握产地环境信息和质量安全信息。两者都无法提供完整有效的追溯信息,也就无法缓解农产品市场上质量安全信息的不充分,降低生产者与消费者间的质量安全信息不对称程度,使农产品市场成为一个柠檬市场。柠檬市场上优质产品溢价难,因此生产主体在农业面源污染治理上的投入就难以获得市场补偿,难免会出现市场激励不足的问题。也就是说,单方面的农产品质量安全问题治理,势必因为面源污染问题的出现难以实现真正有效的追溯。单方面的农业面源污染治理、环境友好型生产,势必由于"产出"无法直接与质量安全、环境友好等属性挂钩,难以满足消费者需求而不能实现溢价。

因此,必须实现质量兴农与绿色兴农的融合发展,才能真正发挥市场的激励,才能真正改变小农户绿色生产、安全生产缺乏动力的问题。这一思路在国外研究中也得到了验证,他们都关注了政府与生产主体间在投入品使用、土地利用等方面的信息不对称对农业面源污染形成与治理的影响。他们认为这种信息不对称是农业面源污染产生的根源,因此农业面源污染治理策略的制定必须充分考虑降低这种信息不对称,实施多目标多主体的治理策略,而治理中通过政策约束和市场激励发挥生产者的作用至关重要。

第四节　质量信号与绿色信号互补的实证分析

一、信息不完全下的消费者决策理论

1.理性决策理论

理性人是经济学的重要前提假设。在确定性条件下,理性就表现为消费者效用最大化或厂商利润最大化。但在不确定性条件下,由于最大化原则失灵,理性的界定就变得十分复杂。一般认为不确定性条件下,行为决策的原则包括数学期望值最大化原则(期望收益最大化)、期望效用最大化原则、后期望效用最大化原则。但是圣彼得堡悖论(有限的支付意愿与无穷的数学期望收益之间的矛盾)证实数学期望值最大化应用于经济行为是有问题的。冯·诺伊曼和摩根斯顿提出了期望效用最大化原则,后经萨维奇等发展为主观期望效用理论。对决策者而言,如果 $y_1 > y_2$,那当且仅当 $u(y_1) > u(y_2)$ (前者是事件 y_1 的期望效用,后者是事件 y_2 的期望效用)。期望效用函数可以表示为:

$$\bar{\mu}_{(X)} = u(t_1, t_2, \cdots, t_n; x_1, x_2, \cdots, x_n) = \sum_{i=1}^{n} t_i u(x_i) \tag{4-1}$$

其中 $x_1, x_2 \cdots, x_n \in X$ 和 $0 < t_i < 1 (i = 1, 2, \cdots, n)$ 且 $\sum_{i=1}^{n} t_i = 1$ 。

主观期望效用理论用概率分布描述事件的不确定性,用效用函数描述决策者风险偏好。主观期望效用函数可以表示为:

$$u(t_1, t_2, \cdots, t_n; x_1, x_2, \cdots, x_n) = f(t_1)u(x_1) + f(t_2)u_2(x_2) + \cdots$$
$$+ f(t_n)u(x_n) \tag{4-2}$$

其中,$f(t_i)$ 表示决策者对事件 i 发生概率的主观估计,$\sum_{i=1}^{n} f(t_i) = 1$ 。

但阿莱斯悖论的出现证明主观期望效用理论仍存在与现实的背离。西蒙的"有限理性"指出决策者能力是有限的，并非总能满足主观期望效用函数关于偏好的所有假定（完备性、自返性、可传递性、连续性、独立性）。所以后来者试图将风险态度等多种因素用于解释生产、消费、投资以及分配等各种经济活动决策，以建立更一般化的理论。

2. 认知失调理论

费斯廷格（Festinger）提出了认知失调理论（cognitive dissonance）解释个体态度和行为的一致性。该理论认为，人们具有追求一致或平衡的倾向，认知关系上的不协调会产生不愉快、不舒服的心理状态，人们会尽量避免态度、信念和行为上的不一致从而实现这种心理愉悦状态。此外，人们还有行为异质性的社会动机，一旦观点或行为出现了不一致，人们就很有可能因为虚伪而受到他人诟病与社会制裁（Suh，2002）。因此，人们倾向于向他人展示自己一致的形象和统一的道德观。

二、研究方案

1. 研究对象与数据来源

（1）研究对象

研究选择了被约 65% 的中国人作为主食、近年来质量安全事件爆发较为集中的大米为研究对象。在"镉大米"等一系列安全事件影响下，各类认证大米（如绿色大米、有机大米和地理标志认证大米）受到消费者的热捧，成为绿色安全优质农产品的代表。因此，本研究以明确传递绿色、质量安全信号的绿色、有机大米为例，尝试分析此类产品背后的消费者选择机理，论证质量信号与绿色信号的互补性。

（2）数据来源

根据我国大米生产和消费的区域分布，本研究主要对 12 个省份的消费者进行调研。研究分别从中国三大粮食主产区（东北平原、长江流域和东南沿海地区）选择了具有代表性的 10 个省份：黑龙江、山东、安徽、江西、湖南、湖北、浙江、江苏、福建和广东。2017 年这三大主产区的水稻种植面积占全国种植面积的 98%。由于北京和上海等一线城市是亲环境农产品的主要消费区（Yin et al.，2010），本研究也对北京和上海的消费者进行了调研。由于所涉及的省份较多,本研究采取成本较低、时间快速的网络调研方式来收集消费者数据,数据的发放和采集主要由问卷星公司负责,通过微信链接的方式收集一线城市和经济发展较好的省会城市的消费者数据。这是因为绿色或有机食品的消费者大多具有高收入且受过大学以上的高等教育(Janssen et al.,2012;Rousseau et al.,2013;Van Loo et al.,2011)。目前中国认证农产品的消费市场主要局限于一线城市或经济发展水平较高的二线城市(Yin et al.,2010),这些城市的微信普及率较高。根据腾讯的调查,截至2015年9月,一线城市和省会城市的微信普及率分别为93%和69%。这部分微信使用者是主要的潜在生态大米消费者,可以确保样本具有一定的代表性。本次网络调研的时间为2015年的1月到3月,共收集问卷1235份,其中选择实验部分去掉非理性消费者问卷949份。

2. 选择实验设计

(1)属性与水平设定

研究采用选择实验法分析亲环境溢出效应背后质量安全信息与绿色信息的互补关系。由于经过认证的大米具有亲环境属性,消费者对亲环境大米的需求便可以转化为对亲环境认证属性的偏好。因此,本研究将生态标签属性设置为三个水平,分别是无标签、绿色标签和有机标签,表示生产过程环境友好程度由低到高的变化。绿色和有机农业的不同之处主要在于前者允许有限地使用化肥和农药,而后者则完全禁止使用化学投入品。其他三个属性根据消费者在购买大米过程中所关注的因素进行设置,将口感之类在消费前无法获得的属性排除在外,因此最终选择了品牌、地理标志和价格三个属性(Loureiro et al.,2007;Ortega et al.,2011)。其中品牌属性设置为无品牌、本地品牌、全国品牌三个水平。研究表明,全国品牌通常在消费者中享有较高的声誉,但近些年来由于本地食品与当地环境密切相关,本地品牌可能更受青睐(Holloway et al.,2007;Feldmann et al.,2015)。地理标志包括有地理标志和无地理标志两个水平。除此之外,根据2014年大米的零售价格,消费者还面临三种不同的价格水平。本研究对属性及其水平采取效应编码方法,避免"零效用"和"什么都不选"的影响发生混淆(Lusk et al.,2003;Bech et al.,2005)。大米属性与水平设置如表4.1所示。

表 4.1　大米属性及属性水平

属性	属性水平		
生态标签	无标签	绿色标签	有机标签
品牌	无品牌	本地品牌	全国品牌
地理标志	无地理标志		有地理标志
价格	2.5 元/斤	4.4 元/斤	7.5 元/斤

（2）价格设定

价格的设置包括对基价、最高价格和中间等级价格的确定。本研究首先从调研省份的物价局获得了 2014 年的大米价格。由于物价局将所有大米产品归为一类，而生态标签大米的市场份额有限，因此这些数据主要反映了普通大米（无生态标签）的价格水平。数据显示，2014 年普通大米零售的平均价格为 2.57 元/斤，考虑到价格波动，最终将选择实验的基价设置为 2.5 元/斤；此外，本研究还收集了淘宝和京东等主要网购平台销售的绿色大米和有机大米价格[1]，采用有机大米市场价格来确定选择实验的最高价格，计算均价为 7.8 元/斤，考虑市场变化加上网络产品价格变化幅度相对较大，因此将选择实验的最高定价设置为 7.5 元/斤；中间等级价格则根据 2014 年绿色大米的平均价格确定，均价计算为 4.4 元/斤，并以此作为中间价格水平。

（3）实验任务设定

如运用全因子设计法一共可以产生 54（3×3×2）个虚拟产品轮廓，共 2862 个选择集。为了选择集的可行性及科学性，本研究首先运用部分因子设计将存在最优解和现实中不符合常规的选择集剔除，基于 SAS 的 JMP 软件最终确定了 18 组情景，每个选择集都由 2 种不同属性水平组合的大米和"什么都不选"选项组成（Hensher，2010）。之后将确定的 18 组选择分成 2 个版本并随机分配给受访者。由于选择情景的数量对回答的一致性存在边际效应，不断增加的选择情景会让被访者感到疲劳，进而增加误差项方差，因此本研究将 18 个选择集分成两个版本，随机分配给受访者。最后，选择实验也会存在假设偏差，本研究利用强调真实回答重要性的"友情提示"（cheap talk）来尽可能消除选择实验的回答偏差。选择实验样例如表 4.2 所示。

---

[1]　只考虑网络销售的非礼品包装大米。

表 4.2　选择实验示例

大米信息	大米 A	大米 B	C
生态标签	绿色标签	有机标签	
品牌	全国品牌	无品牌	
地理标志	有地理标志	有地理标志	什么都不选
价格(元/斤)	4.4	7.5	
我选择	□	□	

3.样本描述性分析

(1)样本消费者认证大米的购买情况

表 4.3 是消费者的大米购买和消费习惯调查结果。可以看出,61.86%的被访者都为家庭购买过大米(13.36%＋18.54%＋29.96%),即绝大多数受访者都有购买大米的经历;至于购买频率,一个月或者两个月以上购买一次大米的消费者最多,分别占样本总数的 39.51%和 26.72%;从购买途径来看,64.62%的被访者选择到大型超市购买生活所需的大米,其次为社区超市,所占比例为 28.58%。从消费偏好来看,消费者对大米各项特征的重视程度由高到低依次为:口感、生产日期、外观、价格、产地、绿色标签、有机标签。

表 4.3　大米购买和消费习惯

项目	分类	人数	所占比例/%
是否负责购买大米	每次都是我买	165	13.36
	经常我买	229	18.54
	偶尔我买	370	29.96
	几乎不买	471	38.14
购买大米的频率	半个月一次	147	11.90
	一个月一次	488	39.51
	两个月一次	270	21.86
	两个月以上一次	330	26.72

项目		分类	人数	所占比例/%
主要购买途径		社区超市	353	28.58
		大型超市	798	64.62
		农贸市场	282	22.83
		杂货店	132	10.69
		网上超市	90	7.29
		其他	107	8.66
消费偏好	产地 (3.44)	不关注	97	7.85
		不怎么关注	182	14.74
		一般	288	23.32
		比较关注	415	33.60
		非常关注	253	20.49
	价格 (3.56)	不关注	51	4.13
		不怎么关注	104	8.42
		一般	387	31.34
		比较关注	494	40.00
		非常关注	199	16.11
	口感 (4.19)	不关注	42	3.40
		不怎么关注	30	2.43
		一般	102	8.26
		比较关注	533	43.16
		非常关注	528	42.75
	外观 (3.59)	不关注	50	4.05
		不怎么关注	115	9.31
		一般	328	26.56
		比较关注	541	43.81
		非常关注	201	16.28

续表

项目		分类	人数	所占比例/%
消费偏好	生产日期 (4.09)	不关注	48	3.89
		不怎么关注	89	7.21
		一般	142	11.50
		比较关注	380	30.77
		非常关注	576	46.64
	品牌 (3.37)	不关注	74	5.99
		不怎么关注	181	14.66
		一般	393	31.82
		比较关注	393	31.82
		非常关注	194	15.71
	绿色标签 (3.42)	不关注	83	6.72
		不怎么关注	216	17.49
		一般	328	26.56
		比较关注	317	25.67
		非常关注	291	23.56
	有机标签 (3.27)	不关注	96	7.77
		不怎么关注	244	19.76
		一般	370	29.96
		比较关注	282	22.83
		非常关注	243	19.68

(2)自变量设定及其描述性统计分析

表4.4详细阐述了选择实验计量估计模型所涉及变量的定义和取值情况。样本受访者以女性为主;年龄分布上以25—34岁、35—44岁两个年龄段为主体;学历为本科、家庭月收入在5000—8000元之间者居多;绝大多数被访者经常或总是购买大米,是家庭的主要购买者。同时,受访者具有一定的生态标签知识,基本都听说过绿色或有机标签,并对其背后的生产标准具有一定的了解。

最后,消费者对农业环境污染和质量安全问题都表现出了较大程度的担忧。

表 4.4　变量的定义及其说明

变量	变量描述	均值	标准差
质量安全动机	您对大米质量安全问题的关注程度(1—5) 您对市场上大米安全状况的担忧程度(1—5)	3.427	0.906
环保动机	您认为化学农药、肥料的大量使用对环境的污染程度(1—5) 您对当前我国农产品种植过程产生污染的担忧程度(1—5) 您认为我国农业环境污染的总体状况(1—5)	4.123	0.740
主观认知	您对绿色大米的了解程度(1—5)	2.378	0.876
	您对有机大米的了解程度(1—5)	2.474	0.841
客观知识	根据您所了解的情况,判断下列说法是否正确(正确＝1,错误＝0): 绿色大米种植过程中允许限量使用化学肥料 绿色大米种植过程中允许使用化学农药 绿色大米种植过程中允许使用部分高毒、高残农药 有机大米种植遵循环境保护和生态平衡原则 有机大米种植过程允许使用化学农药 有机大米种植过程中允许使用化学肥料	4.207	1.024
性别	男＝1,女＝2	1.617	0.486
婚姻状态	未婚＝1,已婚＝2	1.610	0.488
年龄	18—24 岁＝1,25—34 岁＝2,35—44 岁＝3, 45—54 岁＝4,55—65 岁＝5,65 岁以上＝6	2.361	1.059
户主受教育程度	初中及以下＝1,高中或中专＝2,大专＝3,本科＝4,硕士及以上＝5	3.753	1.031
家庭人口数	1—2 人＝1,3—4 人＝2,5—6 人＝3,7 人以上＝4	2.200	0.611
家庭月收入	5000 元以下＝1,5000—8000 元＝2,8001—11000 元＝3,11001—14000 元＝4,14000 元以上＝5	2.899	1.431

续表

变量	变量描述	均值	标准差
购买大米的频率	半个月一次＝1，一个月一次＝2，两个月一次＝3，两个月以上＝4	2.634	1.002

4. 实证分析结果

(1)变量编码

借鉴 Ouma 等(2007)和 Ortega 等(2011)的研究，本研究对表 4.1 的属性及其水平采取效应编码方法，避免"零效用"和"什么都不选"的影响发生混淆。具体的编码取值如表 4.5 所示。

表 4.5　变量的编码取值

变量	编码
绿色标签	1 表示绿色标签，0 表示有机标签，−1 表示没有认证标签
有机标签	0 表示绿色标签，1 表示有机标签，−1 表示没有认证标签
地理标志	1 表示有地理标志，−1 表示无地理标志
本地品牌	1 表示本地品牌，0 表示全国品牌，−1 表示没有品牌
全国品牌	0 表示本地品牌，1 表示全国品牌，−1 表示没有品牌
价格	表 4.1 中的取值

同时，本研究假定"什么都不选"变量、价格的系数固定[①]，其他属性的系

---

① 文献中对价格系数的分布存在争论。固定价格系数或者假设价格系数随机这两种方法都具有局限性。Hensher 的文章指出，固定价格系数的主要问题在于忽略了可能存在的价格偏好异质性，从而可能导致残差在选择集之间相关，最终降低估计系数的有效性。但如果假设价格系数随机，又可能会导致不收敛、分布选择存在主观性、WTP 可能有极端值(Hensher et al.，2003；Janssen et al.，2012b；Lusk et al.，2004)。在众多的选择文献文章中，设定价格系数固定的居多，固定价格系数的主要优点是使得对支付意愿的计算变得相对容易。因此，除了价格系数固定之外，本研究还考虑了价格系数随机的情况，将价格系数分别设定为对数正态分布和正态分布，比较这三种价格设定方式下的混合 logit 分析结果。就本研究的数据而言，价格系数随机的混合 logit 模型估计结果与价格系数固定时的估计结果相似。

数随机并呈正态分布(Lusk et al.,2004;尹世久等,2015)。固定价格系数可以确保WTP的分布与相关联的属性系数分布相一致,从而解决了WTP分布不易估计的问题。同时,如果假定价格系数呈正态分布,还会违背需求理论框架下价格系数应为负这一基本前提。应用stata进行混合logit模型估计的结果见表4.6。

表 4.6 混合 logit 模型参数估计结果

变量	均值估计(标准误)	标准差估计(标准误)
价格	−0.142*** (0.010)	—
本地品牌	0.172*** (0.028)	—
全国品牌	0.324*** (0.029)	−0.075 (0.109)
地理标志	0.721*** (0.033)	0.299*** (0.064)
绿色标签	0.478*** (0.032)	0.794*** (0.034)
有机标签	0.521*** (0.035)	0.497*** (0.043)
常数	−1.556*** (0.057)	0.624*** (0.044)
样本量	25623	25623
对数似然值	−6777.81	
卡方	738.34	

注:*、**和***分别表示变量在10%、5%和1%的统计水平上显著。

(2)混合 logit 模型分析结果

表 4.6 的混合 logit 模型回归结果显示,价格变量系数显著为负,说明消费者更偏向于选择价格较低的大米,价格的负效用也符合消费者基本需求理论。同时,消费者对绿色标签、有机标签、本地品牌、全国品牌和地理标志属

性的偏好均在 1‰ 的水平上显著,说明消费者对这些属性具有积极的消费偏好。从标准差的随机参数估计系数看,地理标志、绿色标签、有机标签均在 1‰ 水平上显著,说明消费者的偏好存在异质性。从估计系数来看,地理标志分值最高(0.721),其次为有机标签(0.521)、绿色标签(0.478)、全国品牌(0.324)和本地品牌(0.172),绿色和有机标签对提高消费者效用有较为明显的效应。可见,由于兼具质量安全和环境友好特性,消费者对绿色大米和有机大米具有积极的消费偏好,相应的认证显著提高了消费者的效用。

(3)潜在类别模型(LCM)的分析结果

我们采用潜在类别模型来衡量异质性主要基于以下两方面原因:(1)它不需要事先对变量的分布进行假设,可以根据可观察的属性和不可观测变量将受访者潜在地分为 n 类;(2)LCM 可以在进行市场细分的同时,衡量子市场的个人特征和态度等偏好,从而有利于提出针对性的对策和建议。此外,采用 LCM 也利于我们后面分类,考察不同类别消费者对绿色/有机大米偏好和支付意愿的差异。

研究将影响消费者亲环境行为的动机、能力和个人特征作为分类的依据,利用 LCM 进一步分析不同群体的消费偏好。类别数量的选择既要关注 Akaike 信息准则(AIC)和 Bayesian 信息准则(BIC)等量化依据(Ouma et al.,2007),也要考虑研究者的判断、模型的可解释性、模型的整体“简约性”以及与现有理论信息的匹配度。基于此,本研究最终选择了三类偏好分组。最终潜在类别模型的结果见表 4.7,表 4.8 计算了相应类别的支付意愿。可见,消费者愿意为大米各质量安全属性支付溢价,其中对生态标签的支付意愿最高,地理标志次之,品牌属性相对较低。

表 4.7　潜在类别模型结果

变量	Class1 (生态标签偏好型)	Class2 (价格敏感型)	Class3 (信息偏好型)
效用函数系数			
什么也不购买	−1.804*** (0.103)	−5.277*** (0.299)	0.283 (0.244)
价格	−0.0829*** (0.0138)	−1.107*** (0.0693)	−0.201*** (0.0489)

变量	Class1 （生态标签偏好型）	Class2 （价格敏感型）	Class3 （信息偏好型）
绿色标签	0.641*** （0.0324）	1.094*** （0.109）	0.499*** （0.106）
有机标签	0.708*** （0.0360）	1.005*** （0.101）	0.844*** （0.109）
本地品牌	0.247*** （0.0334）	0.208** （0.103）	0.900*** （0.129）
全国品牌	0.358*** （0.0342）	0.124 （0.0965）	0.825*** （0.123）
地理标志	0.274*** （0.0240）	0.475*** （0.0792）	2.209*** （0.120）
类别变量系数			
主观认知	0.0389 （0.0980）	−0.216* （0.130）	
客观认知	0.294*** （0.0749）	−0.163 （0.105）	
性别	0.0421 （0.190）	−0.235 （0.246）	
年龄	−0.00438 （0.0959）	−0.105 （0.137）	
受教育水平	0.101 （0.0827）	0.0894 （0.120）	
家庭月收入	−0.0913 （0.0644）	−0.148* （0.0862）	
需要特殊照顾的 人群	−0.0172 （0.191）	0.446* （0.233）	

续表

变量	Class1 （生态标签偏好型）	Class2 （价格敏感型）	Class3 （信息偏好型）
为家庭购买大米	0.136* (0.0821)	−0.170 (0.122)	
质量安全动机	−0.110 (0.0905)	−0.603*** (0.133)	
环境保护动机	0.220** (0.0868)	0.0314 (0.123)	
常数	1.378*** (0.474)	1.266 (0.814)	
所占比例	56.2%	21.1%	22.7%

　　注：表中括号内为标准差，*、** 和 *** 分别表示变量在 10%、5% 和 1% 的统计水平上显著。

表 4.8　消费者支付意愿的测算

属性	混合 logit 模型	潜在类别模型		
		生态标签偏好型	价格敏感型	信息偏好型
绿色标签	2.725 [2.4001,3.0502]	7.728*** [5.114,10.342]	0.988*** [0.813,1.163]	2.488*** [0.875,4.101]
有机标签	3.116 [2.733,3.500]	8.535*** [5.567,11.504]	0.908*** [0.733,1.083]	4.205*** [2.020,6.390]
本地品牌	1.057 [0.827,1.286]	2.984*** [1.769,4.199]	0.188*** [0.002,0.374]	4.485*** [2.424,6.545]
全国品牌	1.411 [1.146,1.675]	4.322*** [2.690,5.955]	0.112*** [−0.061,0.285]	4.112*** [1.551,6.672]
地理标志	2.787 [2.451,3.122]	3.308*** [−2.060,4.556]	0.430*** [0.285,0.574]	11.008*** [5.836,16.180]

　　注：表中括号内为 95% 的置信区间，*、** 和 *** 分别表示变量在 10%、5% 和 1% 的统计水平上显著。

综合表 4.7 和表 4.8 的数据结果,受访者可以被分为生态标签偏好型、价格敏感型和信息偏好型,分别占样本总数的 56.2％、21.1％和 22.7％。第一类受访者为生态标签偏好型,绿色标签和有机标签的估计系数为正且十分显著,由于价格系数较小导致对绿色标签和有机标签的支付意愿最高(分别为 7.728 元和 8.535 元)。该类消费者是家庭大米的主要购买者,生态标签的知识比较丰富,也认识到生态标签的环保属性,因此对绿色或有机标签具有很高的支付意愿。第二类受访者为价格敏感型,其价格系数绝对值最大且在 1％的水平上显著,同时对各属性的支付意愿也最小。虽然家里有需要特殊照顾的人群(小孩或孕妇),但由于家庭月收入少,生态标签知识缺乏及对大米质量安全的担忧程度较弱,受访者对质量安全属性的支付意愿最低。第三类受访者为信息偏好型,品牌和地理标志的估计系数最大,支付意愿也最高。由于品牌具有去柠檬化的作用,有利于减少买卖双方的信息不对称,而地理标志直接提供了产品的生产信息,因此对品牌和产地的关注意味着消费者对产品信息的偏好。作为参照组,此类消费者的群体特征可以通过 Class1 和 Class2 的比较获得。数据显示,年龄较大受访者的收入较高,对大米的质量安全状况比较担忧,因此愿意为所有的质量安全属性支付较高的价格。但此类消费群体没有意识到环境保护和质量安全之间的紧密联系,也不了解生态标签对环境的积极作用,相对而言对绿色标签和有机标签的支付价格较低。

研究结果表明消费者绿色需求可由质量安全需求激发,证实了质量信号与绿色信号的协同有助于提升消费者安全优质农产品的购买意愿,质量信号与绿色信号之间存在互补性。生态标签是一种有效的需求工具,通过传递农产品环境信息影响消费者行为及支付意愿。LCM 模型的结果也显示,对认证标准知识掌握程度高、环保效果感知强烈的受访者愿意为生态标签支付更高的溢价(Class 1)。这与许多学者的研究结论一致。因此,可以通过宣传农业面源污染、质量安全和生态标签的关系,刺激消费者绿色需求,使生产者的安全生产行为得到经济补偿,从源头保障农产品的质量安全。同时,高收入者具有购买能力,强化这一群体对自身购买行为环保影响的感知,可以进一步提高对生态标签的支付意愿。

对大米质量安全比较担忧且收入较高的消费者,对地理标志的支付价格最高,原产地信息已经成为影响消费者购买决策的重要因素。自然环境会赋予当地农产品特定的质量,如果原产地与较高的食品安全或质量属性相连,地理标志就会成为质量提升的信号从而增加价值（Loureiro et al. ,2007）。在中国,消费者普遍认为东北大米的口感要优于南方,消费者对地理标志的偏好可能是出于对独特口感的追求。同时,湖南"镉大米"事件的爆发也引起消费者对大米地理标志的更多关注。地理标志日益成为影响大米选择最重要的属性之一。

社会人口学特征对偏好异质性的影响一直是学者研究的重点之一。LCM模型结果显示,家庭月收入、购买大米的频率、家庭中需要特殊照顾人群（小孩和孕妇）的数量经过了统计学检验。收入对质量属性的支付意愿具有正向影响,收入越高,对质量安全属性的支付价格越高,这与前人的研究保持一致。经常购买大米的受访者对生态标签比较熟悉,会显著提高对生态标签的支付意愿。家庭中需要特殊照顾人员（小孩和孕妇）的数量对质量属性的支付意愿具有显著负面效应,这可能是受到家庭收入制约的结果。许多学者的研究表明,有孩子的家庭对质量安全问题更加关注。但受制于家庭收入的影响,意愿并不一定转化为消费行为。同时,需要特殊照顾人员的数量越多,这种制约作用越明显,消费者对质量属性的支付意愿反而不高（Van Loo et al. ,2011）。

第五章　质量兴农与绿色兴农融合发展的技术路径

从技术选择来看,质量兴农与绿色兴农融合发展要求在生产源头对农业面源污染治理技术与农产品质量安全管理技术进行集成整合,以质量安全和环境友好为标准规范生产者投入品的选择与使用,同时实施产地环境检测信息、生产过程中投入品使用信息与售前检测信息的公开,从根本上解决政府、生产主体和消费者三者之间的质量安全信息不对称。本章将以蔬菜为例,从蔬菜质量安全风险出发,结合农业面源污染的来源分析,筛选出一套同时满足质量安全管理与绿色生产的蔬菜生产技术(以下称之为安全绿色生产技术),进而借助农户技术采纳意愿及其影响因素分析,揭示上述技术的推广路径。

第一节　安全绿色生产技术的选择

一、蔬菜安全绿色生产技术选择

不同农作物品类对产地环境质量的要求差别很大,产品质量安全控制的关键点也有所差别。为便于受访者准确了解技术的内容,本研究选择以蔬菜为例,根据当前蔬菜质量安全问题的特点,归纳出适用于蔬菜生产的一套安全绿色生产技术。选择蔬菜为研究对象,出于两个方面的考虑:第一,随着居民收入的提高与健康意识的增强,蔬菜在居民消费结构中地位越来越高;第二,蔬菜是近年来质量安全事件爆发较为集中的农产品品类,农残超标、重金属超标等蔬菜产品的主要质量安全问题恰好是由于产地环境污染和化肥农药等投入品的不规范使用(周洁红,2006;刘畅等,2011)。

1.蔬菜质量安全风险来源分析

分析结果(见表 5.1)显示,当前中国蔬菜质量安全问题大多发生在农产品种植、养殖环节(a1)。

表 5.1　蔬菜质量安全问题 SC-RC 判别与定位矩阵

供应链环节		问题																			
		A1	A2	B1	B2	B3	B4	C1	C2	C3	C4	C5	C6	D1	D2	D3	E1	E2	E3	E4	F1
a	a1	174	162	0	0	0	10179	0	9030	0	0	0	0	0	0	0	0	0	0	0	4073
b	b1	0	162	0	0	0	0	0	0	0	0	0	0	0	0	0	0	0	0	0	0
	b2	0	162	0	0	0	0	0	0	0	160	0	0	0	0	0	0	0	0	0	0
	b3	0	0	0	0	0	0	0	0	0	0	0	0	0	0	0	0	0	0	0	0
c	c1	0	0	0	0	0	0	0	178	0	0	0	0	0	0	0	0	0	0	0	0
	c2	0	0	0	0	0	0	0	0	0	0	0	0	0	0	0	0	0	0	0	0
d	d1	0	0	0	0	0	0	0	0	0	0	0	0	0	0	0	0	0	0	0	0
	d2	0	0	0	0	0	0	0	0	0	0	0	0	0	0	0	0	0	0	0	0

从具体问题来看,蔬菜种植环节的主要问题是添加有害投入品(B4)、要素施用量不当(C2)以及认知错误(F1)三类,其次是重金属超标(A2)、包装不当(C4)和自然环境污染(A1)等。在蔬菜种植过程中,农户为了有效防治病虫害常常会施用农药,而由于自身知识欠缺或受利益驱使,可能会过量使用或违规使用农药。比如在我国克百威作为高毒农药,严禁用于蔬菜和果树,但在菠菜、茄子、上海青等蔬菜种植过程中,有不少农户仍然使用克百威。除违禁农药使用之外,要素施用量不当的问题也非常突出。如在韭菜中查出的腐霉利,是一种低毒内吸性杀菌剂,食品安全国家标准《食品中农药最大残留限量》中规定,腐霉利在韭菜中的最大残留值为 0.2mg/kg。重金属超标可能是蔬菜种植过程中受到土壤等环境中重金属元素的污染和含金属的农药、化肥的不合理使用所致。

2.蔬菜行业面源污染成因分析

农业生产过程中农药、化肥、塑料薄膜等化学投入品质量问题与不规范使用同样是农业面源污染问题形成的原因(周洁红,2006)。在土壤重金属污染方面,刘荣乐等(2005)对中国 8 省份商品有机肥的调查显示有机肥中各种重金属均出现了不同程度的超标。卢东等(2005)对华东典型地区农业土壤重金属含量的调查表明,施用鸡粪等有机肥的农业土壤中 Cu、Zn 含量明显高于施用化肥的土壤。李树辉(2011)对山东寿光、河南商丘、吉林四平、甘肃武威四个地区设施菜地的重金属累积情况进行分析发现,虽然四个地区多数土壤重金属含量在国家标准之内,但设施菜地重金属含量随设施年限增加而不断累积的趋势非常明显。程韵韵(2014)对太湖流域农田中重金属元素 Cd、Pb、Hg、As 含量与变化特征进行分析,发现土壤中存在 Cd、Pb、As 三类重金属累积,而人为影响是 Cd 和 Pb 变异性增强的重要原因。刘苹等(2008)对山东寿光设施菜地重金属累积的研究发现,设施菜地 Hg、Cd、Zn 含量明显高于自然背景值,且棚龄越长,Pb、Ni 之外的重金属含量累积越明显,而肥料等农用化学品、有机肥的大量投入是主要来源。此外,农用薄膜生产应用的热稳定剂中往往含有 Cd 和 Pb,在大量使用塑料薄膜的温室大棚和保护地中,如果不及时清除残留在土壤中的薄膜(或农膜),亦可能会使其中的重金属进入土壤并形成累积。

3.蔬菜安全绿色生产技术选择

基于蔬菜主要质量安全问题的成因分析,结合融合发展的要求,本研究认为蔬菜安全绿色生产技术应包括以下几项:产地环境信息披露(如农产品产地安全分级、土壤分级管理)、测土配方施肥、病虫害绿色防控、生产过程信息披露(如生产档案)。

其中农产品产地安全分级与土壤分级管理制度虽已经建立,但主要信息由农业部门掌握,并不提供给农户。因此这两项制度并不满足综合治理的要求,后面我们还将根据综合治理的要求对信息披露形式与内容进行重新设计。

测土配方施肥是以土壤测试和肥料田间试验为基础,根据作物需肥规律、土壤供肥性能和肥料效应,在合理施用有机肥料的基础上,提出氮、磷、钾及中、微量元素等肥料的施用数量、施肥时期和施用方法。

病虫害绿色防控是指以农业防治为基础,优先采用生物防治,协调利用物理防治,科学合理应用化学防治的综合防治措施。

第二节　生产者技术采纳的理论基础与研究方法

一、技术采纳模型及其在农业技术采纳研究中的应用

技术采纳模型(technology acceptance model,简称 TAM)最早是由戴维斯(Davis)在 1989 年提出的,该模型最初从感知有用性和感知易用性两个方面解释人们为何接受或者拒绝信息系统。文凯蒂什(Venkatesh)等对最初的TAM 模型进行了改进,增加了主观规范,使 TAM 能够同时考虑主观规范和感知技术的过程。改进的 TAM 如图 5.1 所示。

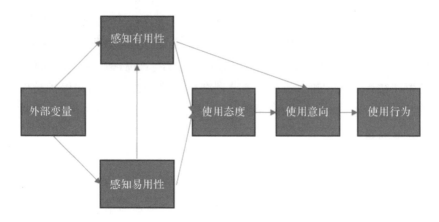

图 5.1　TAM 框架

在改进的 TAM 中,外部变量(external variables)是指系统或技术本身特征、用户特征、组织、外部政策等影响用户行为的内外部因素。感知有用性(perceived usefulness),是指一个人对信息系统提升其工作绩效作用的主观评价。感知易用性(perceived ease of use),是指一个人对信息系统是否容易掌握的主观评价。

TAM 的基本思想是:外部变量决定感知易用性,外部变量和感知易用性决定感知有用性,感知易用性和感知有用性决定使用态度,感知有用性和使用态度决定使用意向,使用意向决定使用行为。

国内已经有学者尝试将 TAM 模型用于农业技术采纳研究。李后建

(2012)基于 TAM 框架,用结构方程模型,证实感知易用性和感知有用性是驱动农户采纳循环农业技术的关键心理因素,技术特征、结果展示和采纳条件是增加农户感知易用性和有用性的外部因素。朱月季等(2014)将 TAM 中的外部变量设定为包括户主特征、农户家庭资源、农户信息资源在内的农户资源禀赋,同时引入农户感知社会规范,采用分层回归方法,证实感知有用性、感知易用性对农户新技术采纳决策具有显著的正向影响。在外部因素方面,技术特征(满明俊等,2011;李后建,2012)、农户资源禀赋(孔祥智等,2004;周洁红,2006;褚彩虹等,2012;蔡书凯,2013;朱月季等,2014)、产业组织(胡定寰等,2006;周洁红,2006;韩杨等,2011;褚彩虹等,2012)、宏观政策(李海鹏,2007;黄季焜等,2008;葛继红等,2010;韩洪云等,2011;罗小娟等,2013)都会影响农户技术采纳。

有鉴于 TAM 框架中感知有用性和感知易用性对技术使用态度、使用行为的影响已经得到了广泛验证,因此本研究选择以 TAM 框架为基础进行选择实验设计,在技术标准之外,重点考察技术感知有用性和感知易用性对农户安全绿色技术采纳意愿的影响。

二、生产者技术采纳意愿测算方法

科学测算源头生产者安全绿色生产技术的实施意愿是推广安全绿色生产的重要前提。因此,本节从当前主流的个人意愿、偏好评价方法及其应用入手,结合安全绿色技术的特征,选择恰当的农户安全绿色技术采纳意愿评价方法。

个人意愿/偏好的研究一直是经济学研究的重要内容,意愿/偏好揭示方法直接影响选择行为模型的构建。当前的意愿/偏好揭示方法可以大致分为显示偏好和陈述偏好两种,两种方法有各自适用的情形,卢维埃(Louviere)等对显示偏好数据与陈述偏好数据的特点进行了简单总结,如表 5.2 所示。

表 5.2　显示偏好数据与陈述偏好数据对比

对比项	显示偏好数据	陈述偏好数据
数据来源	现实市场中可观测的选择	虚拟市场中的选择

续表

对比项	显示偏好数据	陈述偏好数据
数据特征	已存在替代选项的技术关系、品牌与个人特征由于难以分离而很难估计	能显示更多更广范围的特征、水平的作用，数据更稳健；品牌、营销政策可以估计；但个人特征变化的影响还是很难估计
优点	可信度高，具有有效性	能估计更多的要素，而且还可以估计某个要素不同水平的影响（不同水平上消费者的取舍，选择/不选择）
缺点	缺乏弹性	很难将某些类型的市场限制加入模型中，因此不能在设有明确选择限制标度的市场中起作用
应用范围	短期预测、沿着技术前沿曲线上的移动而非曲线的移动	应用更广，不必是现实存在的；可以用于解释由于技术进步、政策改变所导致的市场结构变化，即前沿曲线的移动；长期预测；有标度的短期预测（涉及不同层次的效应）

　　由于本章研究对象，即综合治理框架下的安全绿色生产技术是一系列技术与管理措施组合，这一组合在现实中并不存在，因此本章重点关注虚拟市场下的意愿/偏好揭示方法，即两阶段 CVM 与选择实验方法。

　　1. 虚拟市场评价法及其应用

　　虚拟市场评价法（contingent valuation method，简称 CVM），首先设定某种虚拟市场中物品供应数量或质量水平，然后询问受访者是否愿意在这一物品供应水平下接受某种支付意愿金额（willingness to pay，简称 WTP）或受偿意愿金额（willingness to accept compensation，简称 WTA）。与基于实际市场的评价方法相比，CVM 可以同时评价环境资源的使用价值和非使用价值，因此一经问世便获得了资源环境经济学界的广泛接受。

　　基于支付意愿金额提问形式（elicitation method）的差异，CVM 分为连续型虚拟市场评价（continuous CV）和离散型虚拟市场评价（discrete CV）两大类。连续型主要有开放式（open-end）、投标博弈式（bidding game）和支付卡式（payment card）。离散型主要是二分式选择（dichotomous choice），各类方法的优缺点详见表 5.3。

表 5.3　连续型虚拟市场评价与离散型虚拟市场评价

类型		缺点	优点
连续型虚拟市场评价	开放式	受访者对支付金额难以把握,容易出现缺失回答	支付意愿金额自由回答
	投标博弈式	受访者的支付意愿容易受到初始金额设定的影响	回复率高
	支付卡式	支付卡上的数据范围及其中值可能会影响被调查者的支付意愿	回复率高
离散型虚拟市场评价	二分式选择	需要样本量较大	

资料来源:程漱兰等(2006)。

　　二分式选择的设计与前面方法一致,但在确定支付意愿或接受意愿时不再依据直接观察,而是根据受访者回答"是"的概率和提示金额的关系通过统计推断确定。由于该方法假定提示金额与受访者均服从随机分布,因此需要进行大样本调查。二分式选择的另一个缺点是受访者容易受到初始提供金额的影响,当提示金额显著高于受访者接受意愿或低于受访者接受意愿时,受访者可能拒绝回答。相对于二分式选择,两阶段二分式选择的主要改进是在二分式选择基础上追加一次提问,同时在选项中追加了"不知道"这一项,并在进行统计推断时将该选择项并入"否"选择项。

　　在应用方面,Davis(1963)较早将 CVM 方法运用于环境资源非市场价值的评价中。国内研究者较早将 CVM 方法引入资源环境存在价值、休憩旅游价值、环境质量改善价值等方面的研究。刘光栋等(2004)首次将 CVM 方法运用于农业面源污染治理的支付意愿评估,结果显示 15.7%的受访者(总样本 331)拒绝支付初始金额(30 元),全部样本的平均支付意愿是 22.8 元。郭淑敏等(2005)以 50 元作为初始金额,对北京市顺义区面源污染较为严重的 9 个乡镇农业生产利益相关者地下水改善的支付意愿进行调查,发现全区农民的平均支付意愿为 49.18 元。李海鹏(2007)对枣阳市农民面源污染防治支付意愿的调查显示,41.8%受访者拒绝支付任何金额,受访者平均支付意愿为 6.01 元。唐学玉等(2012)以 200 元作为初始金额,测算了江苏省农民面源污染防控的支付意愿,调查显示 29.91%(总样本 321)的农民拒绝支付,279 个非抗议者安全生产农户的平均支付金额为 271.83 元。而国内 CVM 在食品质量安全/认证/可追溯支付意愿研究方面的运用主要集中在消费者方面(吴林海等,2010;王怀明等,2011;吴林海等,2014)。

2.选择实验法及其应用

选择实验是另一种重要的环境资源价值评估方法,也是揭示受访者政策偏好的重要手段。选择实验法的理论基础是特征价格理论和随机效用理论。兰卡斯特(Lancaster)认为,商品的价格是由商品属性决定的。基于 Lancaster 的理论,我们认为一件商品所能带来的效用可以视为所有属性的效用之和。选择实验正是基于这样的一种假设,个体 N 从 K 个选择集中作出选择,这一选择为其带来的效用表示为 U,用公式表达:

$$U_{nA} = V_{nA} + \varepsilon_{nA} \tag{5-1}$$

V_{nA} 表示各种属性决定的效用,ε_{nA} 表示效用函数中的随机部分。

消费者从 K 个选择集中选出选项 A 的概率:

$$P(A) = \mathrm{Prob}\{V_{nA} + \varepsilon_{nA} \geqslant V_{nj} + \varepsilon_{nj}, A \neq j, \forall j \in k\} \tag{5-2}$$

在进行选择实验时,首先要提供给受访者一个假设情景,受访者要在假设情景下从一个选择集中选出他认为最优的一个方案。选择集是由若干个备选方案和一个对照方案组成,对照方案多是所研究问题的基准情景。选择实验允许受访者在不同属性水平与属性组合之间进行权衡,可以突破一些传统方法的限制并产生符合福利经济学的评估结果。利用该方法不仅可以对各个要素的相对重要性进行排序,还可以得到多个要素同时改变导致的价值变化。

选择实验法在消费者质量安全属性/追溯信息等支付意愿调查中已经非常普遍。国外已经有很多学者将选择实验法应用于环境资源保护、新型农业技术采纳等方面的研究。

Schulz 等(2014)研究了 128 位德国农民对欧盟共同农业政策绿色化的态度。文章首先用二元 logit 模型分析了影响农民选择绿色化的因素,然后采用潜分类回归模型将农户分为支持者和反对者两组,研究结果表明农民的选择是由绿色农业政策特征、农民自身与家庭特征及这两组变量的交互影响驱动的。Otieno 等(2011)通过选择实验法测算了肯尼亚养牛户对 DFZs (disease-free zones,无病区)的偏好,研究结果表明,如果能提供适当的培训、记录保存与疾病监测,提供市场信息并保证销售合同、标签识别、牛因疾病死亡仍能得到一定的补贴,农户会接受 DFZs。除此之外,不同生产体系下养殖户偏好是异质的。Christensen 等(2011)通过选择实验法揭示了 444 位丹麦农民对 AES(agri-environmental subsidy schemes)项目中建立杀虫剂禁用缓冲区的偏好,结果显示,农户对合同条款灵活性的偏好高于实际管理的灵活性,大多数农户愿意用补贴数额换取相对宽松的项目要求,不同农户对 AES 的偏好存在显著差异。Greiner(2015)使用选择实验法研究了澳大利亚西北部牧民自愿参与多样性保护计划的意愿:随机参数 logit 回归结果显示,合同属性、项目要求、管理工作薪酬、合约长度和灵活性都会影响牧民们的选择;但牧民对合同属性的偏好存在明显的异质性,潜分类回归模型显示牧民们的偏好可以大致分为四种。Broch 等(2013)通过选择实验法对丹麦农民参与造林计划的意愿进行了估计,结果显示:人口密度越大农民要求的补偿额度越高;当休养是主要目的时,农民要求的补偿额度比以生物多样性和地下水保护为目的时更高;不同地区农民的偏好差别很大,比如多林地区对造林的支付意愿偏低,狩猎人群多的地区允许狩猎可以显著降低农民要求的补偿。

国内研究中,针对退耕还林,韩洪云和喻永红(2012)设定了水土流失控制、空气质量、景观质量、支付方式 4 个属性,依据部分因子正交设计筛选出 15 个选择集,并将其分为 3 组,结果显示受访者偏好排序为空气质量、景观质量和水土流失控制。马爱慧等(2012)设定了包含耕地面积、耕地质量与肥力、周边景观与生态环境、耕地保护成本的选择实验,测算了武汉市民的耕地生态补偿额度,结果显示居民的属性偏好顺序依次为周边景观与生态环境、耕地质量与肥力、耕地面积。李京梅等(2015)运用选择实验法测算了胶州湾湿地围垦生态效益,研究设定了湿地面积、植被覆盖率、湿地水质、生物多样性、支付额 5 项属性,通过部分因子设计制定了 18 个选择集,随机分成 3 组对胶州湾地区 293 名居民进行调查,结果显示居民对各属性的偏好顺序依次是湿地面积、湿地水质、植被覆盖率和生物多样性,居民平均支付意愿约为 321.78 元/(年/户)。

通过 CVM 与选择实验法结果的对比,研究认为选择实验法具有两方面的优势:第一,选择实验设计更加灵活,不仅可以将技术特征作为属性添加到实验设计中,还可以同时将政策的补贴金额、补助方式等因素加入设计中,更加符合本研究目标设定;第二,可得结果更加多样,不仅可以对各个要素的相对重要性进行排序,还可以得到多个要素同时改变导致的价值变化,亦可通过分组回归分析受访者偏好异质性。

第三节　生产者安全绿色生产技术
采纳意愿测算方案设计

一、选择实验设计思路

在确定了蔬菜安全绿色生产技术的基础上，本节以蔬菜安全绿色生产技术为标的来设计选择实验。选择实验的属性、水平以及接受额度设定都综合了德尔菲法和实地调查法，力求实验设计既具有科学性又尽可能便于蔬菜种植户理解。

1. 属性数量设定原则

考虑到太多属性会导致选择实验设计变得复杂，产生更多选择项，影响受访者理解与选择，尤其是在当前农业生产者普遍年龄较大、文化程度较低的情况下。本研究将标的技术进行了整合，将测土配方和病虫害绿色防控合并为化肥农药管理，产地环境信息披露与生产过程信息合并为追溯管理。

2. 属性确定方法

运用德尔菲法确定实验属性。作者首先走访了浙江省农业农村厅农产品质量安全监管处、浙江省农业技术推广中心、农场管理局、植保局、浙江省农科院蔬菜研究所、资源环境与土壤肥料研究所、农村发展研究所相关专家共 23 人，咨询了蔬菜安全绿色生产技术及其包含的各项子技术在浙江省的实施情况，明确了影响其实施的各种内外部因素。参照选择实验要求和技术采纳模型的基本要求，本研究初步拟定了能代表技术感知有用性和感知易用性的措施，然后再通过邮件的形式邀请 23 位专家对初拟的措施进行排序，经过 3 轮的反复征询与反馈，最终确定以技术培训方式代表技术的易用性，以技术采用风险代表技术有用性。

3. 补贴金额测算方法

依据综合治理中各项子技术的实施情况调查和德尔菲法，确定了各属性水平。为了较为准确地设计补贴金额,本研究对浙江省农科院和农业农村厅专家、龙头企业与合作社技术负责人、蔬菜种植散户进行全方位调查。作者首先咨询了 23 位专家,了解浙江省各项子技术的实施情况与各项技术实施中农户需承担的成本项目,明确成本类型与数目。为了进一步量化成本,本研究先后对杭州 3 家专业合作社等产业化组织技术负责人进行了一对一访谈。考虑到生产规模对实施成本的影响,又对杭州周浦、富阳等采纳了相关技术的小规模蔬菜种植户进行了调查。在此基础上汇总各项技术实施成本后,再通过德尔菲法,邀请此前访问的 23 位专家对各项技术成本统计结果进行评估,经过 5 轮问询确定选择实验的最终补贴金额。

二、选择实验属性与水平设定

在采用德尔菲法确定了化肥农药管理、追溯管理、技术培训方式、技术采用风险四项属性之后,结合当前各属性的实施情况与 23 位专家的咨询情况,确定各属性的水平。

1. 测土配方水平设定

由于我国长期实行以家庭为单位的生产经营制度,分田到户后每家每户施肥习惯与种植习惯的差异必然导致田块间土壤营养状况存在较大差别,这就使得农业农村部测土配方项目效果大打折扣。而市售测土类仪器测土配方施肥虽然能够满足农户差异化的测土需求,但成本偏高[①]。预调研发现,无论是分散生产的小农户还是合作社、龙头企业,虽然测土配方实施比例存在差别,但几乎都是采取农业农村部测土配方项目,只有极少数有机农产品生产企业自行测土。而在配肥环节,当前较少直接提供配方肥,往往只是提供施肥建议卡,要求农户自行配肥。因此本研究以农业农村部测土配方施肥为参照,以农户是否参与农业测土配方施肥项目或者是否主动取土到附近农技站进行检测并获得施肥建议卡作为农户进行测土配方的标准。由于针对蔬菜的病虫害绿色防控当前仍处在试点与推广阶段,本研究将实施测土配方施肥与绿色防控设定为高水平化肥农药管理,将规范使用许可范围内的化肥农

---

① 自行测土需要农户自己出资购置设备,而且测土后无法直接获得施肥指导,仍需求助于农技专家或企业,时间成本与交通成本也较高。

药作为低水平化肥农药管理。低水平化肥农药管理主要体现了质量安全控制的要求,而高水平化肥农药管理不仅体现了质量安全控制的要求,还体现了环境友好的要求。

2. 追溯水平设定

在追溯信息方面,《农产品质量安全法》只要求生产企业与合作社进行追溯管理,对分散农户未作要求。但从综合治理的视角,本研究将建立包括产地环境、投入品、生产过程管理与产品销售等信息在内的生产档案设定为高水平追溯管理,与此相对应,将记录产品销售信息设定为低水平追溯管理。

3. 技术培训水平设定

在技术培训方面,结合浙江省农科院农村发展研究所与浙江省农业农村厅农民培训调查,技术培训方式被分为发放技术手册或标准化模式图、集中培训、电话或农民信箱指导、田间指导四个水平。

4. 技术风险水平设定

在技术采纳风险方面,通过文献整理与专家咨询法确定测土配方施肥不会对产量造成负面影响,而病虫害绿色防控由于减少了化学制剂使用而增加了物理措施与生物制剂施用,在病虫害集中暴发时效果可能稍逊于化学防治。但综合来看,产量波动一般在5%左右。因此本研究将技术采纳风险设定为产量增加5%和降低5%两个水平。

三、补偿额度测算

当前我国农业生态环境保护相关法律法规与政策并未对农户农业生态环境保护职责作出明确要求。在市场方面,由于农产品优质优价机制和资源环境交易市场的缺失,农户也无法从市场中获得相应补偿。这样一来,农户环境友好型生产就具有显著的正外部性。这就意味着,如果不是农户资源环境保护意识高,理性的农户在缺乏明确责任规定与外部市场激励的情况下,肯定很难主动保护农业生态环境,实施源头追溯。因此,要推动农户采取环境友好型安全管理措施,政府就必须对安全绿色生产技术进行补偿。

从选择实验法要求来看,选择实验中补贴额度设计非常关键。虽然选择实验是一种虚拟市场评估,但要使得受访者能够充分理解实验内容,并作出真实的选择,补偿额度设定必须尽可能真实。但当前我国并未针对测土配方施肥、病虫害绿色防控与生产档案建立专门的补贴，也没有类似补贴项目，因此无法依据现行的补贴进行补贴额度设定。为此，本研究在德尔菲法确定实验属性和水平的基础上，通过实地调查对三项技术的实施成本进行了分解测算，加总获得了每项技术的实施成本。最后再通过德尔菲法确定选择试验的补贴金额。

1. 测土配方实施成本核算

由于本研究以农业农村部测土配方施肥项目作为测土配方施肥标准，因此理论上农户实施测土配方并不会产生额外成本。在专家访谈和农户调查中发现，虽然部分蔬菜产地还没有实施测土配方项目，如部分高山蔬菜产区，但走访当地基层农技服务中心时笔者了解到，基本上所有蔬菜和粮食产地基层服务中心都配备了速测仪器，可以提供土壤检测并提供施肥建议卡，而农户需要做的仅仅是按照要求完成取土和送样而已，因此与农户自行购买测土仪器、测纸自行测土相比，成本几乎可以忽略不计。在配方施肥环节，当前几乎没有任何直接购买配方肥的途径，只能由农户购买肥料，然后按照施肥建议卡搭配使用，因此也不会产生额外成本。综合来看，测土配方施肥基本不会带来额外的实施成本。而测土配方施肥的经济效益主要体现在肥料利用效率提高所带来的环境改善。但由于我国资源环境交易市场发展滞后，农业碳汇市场尚未建立，因此环境改善尚不能给农户带来直接的经济收益。

2. 病虫害绿色防控技术实施成本测算

病虫害绿色防控技术是以农业防治为基础，集成"三诱一阻"（灯诱、性诱、色诱、防虫网阻隔）和生物防治技术的综合性病虫害防治技术，其成本包括以下几个方面。

第一，防虫网。蔬菜用防虫网市场平均价格约 1.5 元/平方米，一个面积为 1 亩的大棚需要约 1000 平方米防虫网，成本约为 1500 元/亩，防虫网一般使用年限为 2 年，折合 750 元/(亩/年)，不需要额外的人工成本。

第二，性诱剂。每亩用量一次约 2 小包，每包 10—12 元，约合 20—24 元，有效期一般为 30—35 天，每年需换 3 次，计 60—72 元/(亩/年)，人工成本不计。

第三，粘虫板。粘虫板主要用于黏虫、飞虫类害虫的防治。粘虫板市价约 4 元/块，平均每次每亩地需要 20—30 块（调查中我们发现，虽然粘虫板也有不错的虫害防治效果，但要完全依靠粘虫板进行飞虫防治，所需粘虫板数量巨大,要翻倍甚至更多,因此实际上多数农户和企业是将粘虫板作为一种害虫监测工具,这个数值在最后的德尔菲法实施过程中存在一定争议,原因在于对粘虫板用途的界定不清,在明确其监控为主的用途后专家意见得以统一),折合 80—120 元/(亩/次),使用期限一般为半个月,一季蔬菜需换 3 次左右(将粘虫板重新刷油再次使用虽然可以节约粘虫板,但却产生了更多的人工成本,预调研中三个受访产业化组织技术人员均表示重新刷油与换新板两种方式的成本差别不大),成本为 240—360 元/(亩/季)。人工成本方面,用工折算约 6 小时/(亩/季),按照 1 年 2 季蔬菜计算,人工成本约 8 元/小时,人工成本约 96 元/(亩/年)。

第四,杀虫灯。频振式杀虫灯的主要成本集中在杀虫灯购置与电费。杀虫灯价格一般在 300—500 元,实际使用寿命一般在 3 年左右,每台控制面积为 20—30 亩,折合 3—9 元/亩;一盏杀虫灯的日均耗电量在 0.5 度左右,折合约 0.3—0.5 元/天,109.5—182.5 元/年,成本为 3.65—9.125 元/(亩/年)。两项成本合计 6.65—18.128 元/(亩/年)。

第五,其他生物制剂、生物农药。因为当前生物农药只有各类龙头企业应用较多,因此对这部分成本的调查主要基于产业化组织技术人员。访谈结果显示,绿色防控中生物制剂使用成本基本与化学农药防治成本一致(并非像有机农产品生产那样完全依靠生物制剂防治)。因此,按照《农产品成本收益汇编 2012(浙江)》,结合农户调查中农药价格涨幅折算并经相关专家确认,估计农药成本在 120—250 元/(亩/年)。

加总病虫害绿色防控各项成本,估算总成本约在 1272—1546 元/(亩/年),其中相比传统方式净增加成本约 1072—1486 元/(亩/年)(绿色防控下化学农药的使用量能够降低 50%—80%,节约 60—200 元)。

3. 生产档案实施成本测算

完备的生产档案包含了环境信息、投入品来源、生产过程信息与销售信息,但我们假定环境信息是整合到生产档案中的,因此不需要农户记录,农户只需记录投入品来源、生产过程信息与销售信息。调查显示,这样一份生产档案的成本约合 25 分钟/(亩/天),参照《全国农产品成本收益汇编》中以全国统一劳动日工价计算家庭用工折价的方法,将价格确定为 56 元/天。由于这一价格是 2013 年的价格,本研究根据预调研中雇工工资 20% 增长幅度重新核算,将最终价格确定为 65 元/天。每天的耕种时间约为 8—10

小时,约 2.7—3.4 元/(亩/天),按 10 个月的耕种利用时间计算,约 800—1000 元/亩。虽然调查中发现雇工的成本远远超过了 65 元/天,达到了 80—200 元/天,但由于这只是雇工的劳动力价格,而调查中绝大多数农户生产中的劳动力以家庭劳动力为主,家庭劳动力又往往是不计人工成本的。即使雇工,除了极少数龙头企业采取雇长工的方式,多数农户通常采取雇用短工的方式,一般一茬蔬菜种植期内雇工时间只有 3—5 天。因此如果按照调查中雇工的价格折算,会产生较大的偏差,因此采取了以上折中的处理方式。

综合来看,安全绿色技术的实施会导致成本增加约 1800—2500 元/(亩/年)。消费者对安全、环境友好型农产品支付意愿相关研究与超市、农贸市场中安全优质蔬菜价格调查显示,安全农产品一般高于普通农产品 20% 左右,按照浙江省设施蔬菜的平均成本[约 6000 元/(亩/年)]折算,销售溢价约为 1200 元,扣除市场激励,政府对环境友好型农产品补贴额度应为 600—1300 元/(亩/年)。参照此核算结果,本研究将补贴价格设置为 500、800、1100、1400 元/(亩/年)四个水平。

四、选择实验卡设计

选择实验最终包含四项属性和补贴金额,包括两种水平的化肥农药使用管理、两种水平的追溯管理、四种水平的技术培训、两种水平的技术采纳风险,四种水平的补贴金额,具体设置如表 5.4 所示。

表 5.4　选择实验设计

属性	描述	水平
化肥农药使用管理	生产过程中肥料、农药施用与管理	1.使用许可范围内的肥料与高效低毒农药 2.采取测土配方施肥与病虫害绿色防控
追溯管理	投入品、生产过程管理与产品销售相关信息的登记	1.仅记录产品销售信息 2.依照生产档案范本要求记录

续表

属性	描述	水平
技术培训	通过各种途径接受的针对蔬菜生产过程中投入品使用、病虫害防治与追溯管理等标准技术培训次数	1. 技术手册或标准化模式图 2. 集中培训 3. 电话或农民信箱指导 4. 田间指导
技术采纳风险	采纳技术后产量的可能变化	1. 低于平均产量 5% 2. 高于平均产量 5%
补贴金额	政府补贴金额	1. 500 元/(亩/年) 2. 800 元/(亩/年) 3. 1100 元/(亩/年) 4. 1400 元/(亩/年)

实验设计采取最小正交设计原则。每个选项包含 5 个属性,每个属性包含 2—4 个水平,1 个选择集(profile)包含 2 个选项(option),依据每个属性水平值,计算得出需要最少 32 次试验。通过 JMP 软件按照随机分块的方法,将 32 次试验分为 4 组,每组包含 8 个选择集,每组选择集进行 64 次调查,合计 256 位调查者,每个调查者完成 8 次选择。选择样本如表 5.5 所示。

表 5.5 选择实验样本

	选项 A	选项 B	选项 C
化肥农药使用管理	使用许可范围内的肥料与高效低毒农药	采取测土配方施肥与病虫害绿色防控	
追溯管理	依照生产档案范本要求记录	仅记录产品销售信息	
技术培训	技术手册或标准化模式图	集中培训	都不选
技术采纳风险	低于平均产量 5%	高于平均产量 5%	
补贴金额	500 元/(亩/年)	1100 元/(亩/年)	
您的选择	A	B	C

第四节　生产者安全绿色生产技术采纳意愿分析

一、调查地点选择与样本描述性统计分析

1.调查地点选择

调查地点选择浙江省。无论是文献分析中所提到的环境库兹涅茨曲线，还是上一节折算出来的安全绿色补贴额度，都表明在当前农业生态补偿制度与资源环境交易市场尚不完善的条件下，环境友好型技术的推广离不开政府财政支持。浙江省以其民营经济的发达享誉海内外，而且很早就确立了绿色农业强省的农业发展目标，同时浙江省也是产业化组织起步最早、发展最为先进的省份，具备了安全绿色技术推广条件。在样本地点的选择上，本研究依据全国蔬菜产业发展规划（2011—2020 年）从浙江省选择了杭州、宁波、嘉兴、湖州、台州 5 个城市 8 个县（市、区）（规划名单中县市区总数为 12 个），此外参考浙江省各城市蔬菜产量在规划名单之外选择了 13 个县（市、区），总计 7 个城市 21 个县区，具体地点如表 5.6 所示。

表 5.6　蔬菜种植户调查地点选择

类型	县（市、区）名
全国蔬菜产业发展规划（2011—2020 年）名单内县（市、区）	萧山（杭州） 鄞州、慈溪（宁波） 嘉善、平湖、桐乡（嘉兴） 长兴（湖州） 黄岩（台州）
名单外县（市、区）	富阳、临安、建德、余杭、西湖（杭州） 秀洲、海宁（嘉兴） 德清（湖州） 文成（温州） 柯城、衢江、龙游（衢州） 椒江（台州）

每个县（市、区）随机抽取 1—3 个蔬菜合作社或蔬菜生产基地，然后在合作社所在地随机走访蔬菜种植户。调查时间为 2014 年 3—10 月，主要由作者所在

研究团队成员完成,台州、温州等部分地区问卷由浙江大学管理学院农业经济管理专业本科生、台州科技职业学院学生完成。调查采取一对一问答的形式,其中选择实验问卷每组发放 64 份,合计 256 份,同时每个地点按照 1∶2 的比例发放不含选择实验的问卷,合计发放问卷 768 份。调查收回合格问卷 605 份,有效率 78.78%,其中选择实验问卷 230 份,有效率 89.84%。

2. 样本描述性统计分析

需要说明的是该分析基于 230 份选择实验问卷。

(1)户主个人特征

第一,性别结构。从性别结构来看,230 位受访菜农中女性菜农数量为 28,仅占 12.2%,男性菜农 202 人,占 87.8%。虽然从样本男女比例来看,调查数据结构可能存在一定偏差,但预调研与正式调研中的两点发现表明性别结构并不会对研究结果产生负面影响:一是受访农户基本上采取以家庭为基本单位的生产经营方式,夫妻二人是主要的劳动力,生产经营决策基本上都是夫妻二人或参与劳动的家庭成员共同决定的;二是预调研中我们发现女性受访者对选择实验的理解与作出选择的速度明显慢于男性受访者。在面对选择实验这种虚拟市场评估方法时,很多女性受访者第一反应是“现在并没有这样的补贴/没有田间指导”,即试图通过现实来理解并判断实验属性的有效性。因此,调查女性农户时,我们往往需要花费更多时间解释选择实验的“虚拟”特征。但值得注意的是,一旦女性受访者充分理解了选择实验方法,她们作出的选择与同地区的男性受访者所作出的选择几乎没有差别。

第二,年龄。从受访者年龄来看,230 位受访者最小的 22 岁,最大的 73 岁,平均年龄为 49.07 岁。进一步分析样本菜农群体的年龄结构发现,达到或超过 60 岁的菜农即老龄菜农有 40 位,约占 17.3%,50—60 岁的菜农 66 人,约占 28.6%,这表明当前蔬菜种植劳动力老龄化趋势已经非常明显。35 岁以下的菜农仅有 18 人,仅占 7.8%。这说明,不仅粮食等收益相对较差的农产品面临着劳动力缺乏的困境,收益相对较好的蔬菜种植业同样面临这一问题。

第三,是否本地人。之前许多研究提到了本地菜农与外地菜农在生产经营方式中的差别,因此本研究将菜农是否本地人纳入问卷中。230 份样本中,外地菜农(即户口所在地与当前蔬菜种植所在地不一致)有 66 人,占全部样本的 28.7%,本地菜农 164 人,占 71.3%。而在城市近郊,如本次调研中杭州市周浦镇、嘉兴市秀洲区和嘉善县、宁波市鄞州区等,外来菜农,更准确地说,外省菜农比例非常高。与本地菜农相比,外地菜农在土地来源、生产补贴、产业组织参与等各方面有明显差别,而这些差异可能影响其安全绿色农业接受意愿。

第四,文化程度。从受访者文化程度来看,230 位受访菜农平均受教育程度尚不到初中水平,文化程度偏低。受访者多为小学与初中文化(合计占80.0%),7 人未读过书,仅 27 人上过高中(11.7%),12 人读过大专或本科(5.2%),没有人有研究生学历。较低的文化程度虽未必阻碍菜农接受新生产技术,多数菜农也都对日常使用的投入品、技术十分熟悉,但其对环境与农产品质量的关系却缺乏准确判断。

第五,环境知识。调查问卷设计了 5 个关于生产与农业生态环境、农产品质量安全关系的题目(具体见附录1,问题 6.2、6.3、6.4、6.5、6.7)来测试农户的环境知识。每个题 1 分,答对得 1 分,答错不得分,满分 5 分。其中问题6.2、问题 6.3 是关于农业生产与产地重金属污染、农业面源污染的关系。农业产地重金属污染与面源污染成因的研究一致认定农业生产过程中化肥农药农膜等化学投入品使用是重要原因,因此只有当菜农回答听过重金属污染与面源污染并选中"农业生产中化肥农药使用"选项方才认定菜农对此问题有正确认识。问题 6.4 是关于菜农对产地环境中灌溉用水与土壤质量状况的判断,如果菜农不能判断或者只能依靠直接观察和经验判断,则认为菜农缺乏科学判断途径,不能得分,如果能通过产地环境报告、"三品一标"等相关认证或者其他途径获取准确信息则得 1 分。问题 6.5 是关于更一般意义上的蔬菜种植与产地环境污染,此题正确与否依据访谈以及问卷中生产要素使用情况综合判断。问题 6.7 主要考察菜农是否意识到生产环节投入品使用与产品质量安全的关系。受访菜农能否得分取决于问卷中投入品的使用情况,但对绝大部分菜农而言如果选择中包含了生产环节可得 1 分,不包含生产环节不得分。

从样本统计情况来看,菜农环境知识得分不容乐观,230 位菜农的平均得分仅为 1.08 分,大约只能答对一个问题。101 位受访菜农(43.9%)1 分未得,62 位(27.0%)菜农仅得 1 分,仅有 14 人(6.1%)得到 4 分,没有一个人得满分。环境知识储备不足,菜农对安全绿色技术的意义必然认识不足。

(2)土地来源

从受访菜农土地来源来看,无论是在城郊还是在农村,通过土地流转转包土地进行经营已经变得十分普遍。230 位菜农中,仅有 46 位(20.0%)土地全部是自家所有,142 位菜农(61.7%)土地完全是通过流转获得,42 位菜农(18.3%)土地既有流转来的也有自家所有的,接近 80% 的菜农参与了土地流转。虽然土地流转加速了土地集中,有助于实现规模经营,但在当前农村土地市场尚未建立,农村土地经营制度变化迅速的背景下,各种正式的、非正式的土地流转形式不断出现,也在一定程度上增加了菜农的经营风险。

(3)销售渠道

在外部缺乏明确法律规制,个人环境保护意识不强的条件下,菜农是否愿意实施安全绿色技术在很大程度上取决于市场激励,因此问卷中包含了菜农的主要销售渠道(有多种销售渠道时选销售量最多的渠道)。从统计情况来看,蔬菜批发市场与农贸市场仍是最主要的蔬菜销售渠道,230 位菜农中有 112 位(48.7%)以此作为主要销售渠道。而当前通过农贸市场、农产品批发市场的销售难实现优价。批发市场公益性职能的缺失又使得批发市场的抽检与安全监管浮于形式,倒逼菜农采取安全友好农业生产的能力严重不足。除了批发市场与农贸市场,商贩上门收购也是重要的销售渠道,89 位(38.7%)菜农以此为主要销售渠道。与批发市场相比,商贩上门收购往往价格更低,质量安全监管也更不到位,因此也很难激励菜农。21 位(9.1%)菜农以合作社等产业化组织为主要销售渠道,合作社等产业化组织必须进行售前自检的规定能够在一定程度上起到作用。同时,合作社等产业化组织内部监督与技术培训的开展也有助于菜农提升投入品使用的规范性,因此通过合作社等产业化组织销售有可能激励菜农采取安全绿色生产技术。生鲜超市、企事业单位采购要求更为严格,但价格也更高,是当前农产品优质优价的重要实现途径,但样本中以此为主要销售渠道的菜农仅有 8 位(3.5%)。

(4)政府监管

从菜农对政府监管的反馈来看,100 位受访者完全没有接受过政府农业部门或农技服务中心的质量安全抽检与技术培训。有 130 位(56.5%)菜农表示每年至少接受过一次政府抽检或质量安全相关培训。这反映出当前政府农产品质量安全监管的覆盖仍旧有限。

(5)产业化组织参与

从菜农组织化程度来看,92 位(40%)菜农未加入任何形式的产业化组织,138 位(60%)菜农参加了合作社或者参与龙头企业的订单生产。随着当前农业生产补贴政策逐渐向各类新型农业经营主体倾斜,分散的小规模生产变得越来越困难。各类新型农业生产经营组织也是安全绿色技术推广的有效载体。从是否接受政策监管与是否加入产业化组织的交叉分析来看(如表 5.7 所示),加入的菜农中接受过政府质量安全监管的比重(79.2%)远远高于未参加的

（35.0％）。从是否参加产业化组织与菜农环境知识得分的交叉分析来看（如表5.8所示），0得分菜农中未参加菜农比例显著高于入社菜农，而在1—2分水平上，参加菜农比重反超未入社菜农，到3—4分水平上，90％以上的菜农都是参加菜农，反映出合作社等产业化组织在菜农质量安全培训与相关技术指导方面发挥了积极作用。

表5.7 政府监管与产业化组织参与交叉分析 单位：位

		是否参加产业化组织（占比）		合计（占比）
		否	是	
是否接受政府监管（占比）	否	65 (65.0％)	35 (35.0％)	100 (100.0％)
	是	27 (20.8％)	103 (79.2％)	130 (100.0％)
合计		92 (40.0％)	138 (60.0％)	230 (100.0％)

注："是"取值为1，"否"取值为0。

表5.8 环境知识与产业化组织参与交叉分析 单位：位

		是否参加产业化组织（占比）		合计（占比）
		否	是	
菜农环境知识得分（占比）	得分0	57 (56.4％)	44 (43.6％)	101 (100.0％)
	得分1	23 (37.1％)	39 (62.9％)	62 (100.0％)
	得分2	9 (32.1％)	19 (67.9％)	28 (100.0％)
	得分3	2 (8.0％)	23 (92.0％)	25 (100.0％)
	得分4	1 (7.1％)	13 (92.9％)	14 (100.0％)

续表

	是否参加产业化组织(占比)		合计
	否(取值为 0)	是(取值为 1)	
合计	92 (40.0%)	138 (60.0%)	230 (100.0%)

注:"是"取值为 1,"否"取值为 0。

(6)风险态度

菜农风险态度在很大程度上决定了他们对一项技术的采纳意愿。本研究中关于菜农风险态度的测试采取了简化版的 Holt et al.(2002)风险实验设计。风险实验设定如下:假设你有一次抽奖的机会,现有 A、B 两种抽奖规则,请阅读方案 1—5 中 A、B 规则收益后,选择按照规则 A 还是规则 B 进行抽奖。例如方案 1,你选规则 A,不管你摸到红球还是白球,你得到 200 元,如果你选规则 B,那么你摸到红球得 150 元,摸到白球得 250 元。具体设计如表 5.9 所示。

表 5.9　风险态度测试

方案	规则 A		规则 B	
	红球	白球	红球	白球
方案 1	200	200	150	250
	我的选择:A □		B □	
方案 2	200	200	100	300
	我的选择:A □		B □	
方案 3	200	200	100	400
	我的选择:A □		B □	
方案 4	200	200	50	450
	我的选择:A □		B □	
方案 5	200	200	0	500
	我的选择:A □		B □	

已有部分研究对调查者风险规避指数的测算是基于期望效用函数的,即通过观察每个方案中调查者是否从稳定选项(每个方案中的 A 选项)转向风险选项(每个方案中的 B 选项)建立相应的期望效用不等式来计算风险规避

系数。这一实验假定越具有冒险精神的菜农其转变越早,但在调研中我们发现很多菜农在选择中并非完全遵照这一假设,很多菜农在第一个方案中选 B 选项,但在最后一个方案中却选择了 A 选项。可能的原因在于菜农决策未必完全以最大收益作为标准,反倒是符合卡尼曼前景理论中的风险规避原则。因此本研究的风险规避指数测算不完全依靠以上研究中所提到的方法,而是参考了仇焕广等(2014)所采用的简化计算方法,即风险规避指数=1-(B 选项数量/5)。风险规避指数等于 1,表示菜农是极端的风险规避者;风险规避指数=0,表示菜农是一个极端的风险偏好者。从实验结果来看(见表 5.10),230 位菜农的平均风险指数为 0.775,这表明绝大多数菜农是风险规避者。本研究中 139 位菜农的风险规避指数为 1,60.4% 的菜农是极端的风险规避者,只有 16 人(7%)风险规避指数为 0,是极端的风险偏好者。如果以 0.5 作为分界线,风险规避指数小于 0.5 视为风险偏好者,高于 0.5 视为风险规避者,那么从统计情况来看,风险规避者人数为 178 人,占 77.4%,风险偏好者 52 人,占 22.6%。

表 5.10　样本菜农风险规避指数分布

风险规避指数	人数/人	百分比/%
0	16	7.0
0.2	9	3.9
0.4	27	11.7
0.6	23	10.0
0.8	16	7.0
1.0	139	60.4
合计	230	100.0

二、生产者安全绿色生产技术采纳意愿测算

1. 变量设计

依据选择实验设计中属性与每个属性水平的设计,采用效果编码(effect

coding)对变量进行编码,具体设定如表 5.11 所示。

表 5.11　Mixlogit 回归变量设定

变量	变量赋值
高水平化肥农药管理	高水平化肥农药管理＝1,低水平化肥农药管理＝－1
低水平化肥农药管理	低水平化肥农药管理＝－1,低水平化肥农药管理＝－1
高水平追溯管理	高水平追溯管理＝1,低水平追溯管理＝－1
低水平追溯管理	低水平追溯管理＝－1,低水平追溯管理＝－1
集中培训	技术手册或标准化模式图＝－1,集中培训＝1,电话、邮件指导＝0,田间指导＝0
电话、邮件指导	技术手册或标准化模式图＝－1,集中培训＝0,电话、邮件指导＝1,田间指导＝0
田间指导	技术手册或标准化模式图＝－1,集中培训＝0,电话、邮件指导＝0,田间指导＝1
技术手册或标准化模式图	技术手册或标准化模式图＝－1,集中培训＝－1,电话、邮件指导＝－1,田间指导＝－1
减产 5％	减产 5％＝1,增产 5％＝－1
增产 5％	减产 5％＝－1,增产 5％＝－1
补贴金额	
都不选	包含价格在内所有属性均为 0

在此需要说明的是,选择实验属性变量并没有采用常见的虚拟编码(dummy coding),而是采用了效果编码。在编码结构上,虚拟编码中参照组习惯编码为 0,而在效果编码中参照组习惯编码为－1。而选择编码效果的另一个原因在于,不同版本样本回收率不同导致样本中不同水平的观测值数量并非完全一致,这时编码为 0 的组群(参照组)带来的影响就会出现,而且编码为 0 的组群的影响随着所有编码为 0 的观测值的偏离样本均值的程度增大而增大。

2.生产者安全绿色技术采纳意愿测算

从 STATA WTP[①] 命令的回归结果(见表 5.12)来看,农户对安全绿色生产技术各属性的重要性排序为技术的感知有用性(技术采纳风险)、技术的感知易用性(培训方式)、追溯信息要求(追溯管理)、安全友好生产管理技术标准(化肥农药管理)。

表 5.12　生产者安全绿色技术采纳意愿测算

采纳意愿	高水平化肥农药管理	高水平追溯管理	集中培训	电话、邮件指导	田间指导	低技术风险
支付意愿	253.8646	51.758201	−23.155226	98.627195	−134.7308	−491.62215

具体到每个属性的接受额度上。相对于低水平化肥农药管理(使用许可范围内的肥料与高效低毒农药),菜农高水平化肥农药管理(即测土配方和病虫害绿色防控)的接受额度要高出 253.8646 元。低水平化肥农药管理是能够满足产品质量安全的技术标准,而高水平化肥农药管理除了满足质量安全要求,还满足了环境友好的要求。二者接受程度的差异证明,如果既无环境保护的责任,又缺乏环境友好生产的市场激励,只有给予高额的补贴菜农才愿意采纳具有环境友好特征的生产管理技术。

在追溯信息的要求方面,相对于低水平追溯管理(仅提供销售信息),菜农高水平追溯管理(完整的生产档案)的接受额度仅提高了 51.76 元。这一结果表明,一旦政府能够将产地环境信息通过生产档案的形式传递给菜农,即使补贴远低于实际成本(即我们按照家庭用工价格折算出的生产档案记录成本),菜农也愿意将完整的追溯信息(环境信息、投入品信息、生产管理信息、销售信息)披露给消费者[②]。菜农希望通过发送这种高成本的质量安全信号,使自身优质安全农产品与其他农产品区分开来,实现优质安全农产品的溢价。

---

① 虽然本研究测算的是菜农安全友好型生产管理技术的采纳意愿,但在 STATA 命令集中,WTA 与 WTP 测算公式是一致的,且被命名为 WTP,因此此处采用"WTP 命令"的叫法。

② 另一个可能的原因是,生产档案实施成本是以家庭用工价格折算的成本,而对菜农而言自身劳动力却往往是不计入成本中的,这就导致菜农低估生产档案的记录成本。

在技术的感知易用性方面。将技术手册作为参照,集中培训与田间指导分别可以降低菜农接受额度 23.2 元、134.7 元,而电话或者农民信箱则使接受额度提高了 98.6 元。由于比技术手册和集中指导更加灵活便捷,原本预期电话、邮件也能够降低菜农的补贴接受额度,但调查中我们发现,菜农认为病虫害防治时专家与技术人员现场观察与判断是最重要的。如果由菜农进行判断,然后再进行转述,判断失真或沟通不畅反而影响专家或技术人员判断,进而影响防治效果。除此之外,另一个很重要的原因是,当前菜农普遍年龄较大、文化程度较低,少有人具有通过电话或者邮件进行技术咨询的习惯,因此对电话、邮件指导的认同度偏低。

在技术的感知有用性方面。虽然仅有 10% 的差异,但低技术采纳风险却能够降低菜农 491.6 元的接受额度。这一结果表明,对厌恶风险的大多数农户而言,不会导致产量下降才是新技术最基本的要求。

3. 基于 Mixlogit 的生产者安全绿色生产技术偏好分析

随机效用理论中,不同的消费者效用函数随机项假设,决定了不同的统计模型。当随机项相互独立且服从类型 I 的极值分布(IIA)时:

$$F(\varepsilon_{nit}) = \exp(-e^{-\varepsilon_{nit}}) \tag{5-3}$$

式(5-3)称为条件 Logit 模型(conditional logit model),消费者在某个情形下选择第 i 个选项的概率可以表述为:

$$P_{nit} = \frac{\exp(V_{nit})}{\sum_j \exp(V_{njt})}, \quad j = 1, 2, \cdots\cdots, J \tag{5-4}$$

式(5-4)中,$V_{nit} = \beta X_{nit}$,β 为属性估计系数,X_{nit} 表示第 i 个属性,J 为选择集数量。

条件 Logit 模型遵循随机项 IIA 的假设,认为消费者的偏好是同质的。但是经验观察却显示消费者的偏好并非完全一致。当随机项不满足 IID 假设,消费者的偏好具有异质性时,混合 Logit 模型更加合适。混合 Logit(Mixlogit)模型中每个属性每个水平的系数并不是固定的,而是服从某种特定的分布。在本研究中,系数 c_{nit} 被认为服从 $f(\beta|\theta)$ 的随机变量,θ 为描述分布的参数,由样本个体的一组参数决定。通过式(5-4)可得无条件概率:

$$\overline{P}_{nit} = \int \frac{\exp(V_{nit})}{\sum_j \exp(V_{njt})} f(\beta \mid \theta) \mathrm{d}\beta \tag{5-5}$$

对于式 5-5,利用如下方法进行计算:第一步,从分布 $f(\beta|\theta)$ 中抽取 βm,$m=1,\cdots\cdots,M$;第二步,根据抽取的 β_m 计算 p_{nit};最后,重复第一步和第二步 M 次后,取 p_{nit} 的均值,得到模拟的无条件概率:

$$\bar{P}_{nit} = \frac{1}{M}\sum_{m=1}^{M}\bar{P}_{nit} \tag{5-6}$$

根据无条件概率,可以进一步计算模拟的似然对数函数,通过使该对数似然函数的最大化来估计系数。模拟的似然对数函数为:

$$LL = \sum_{n}\sum_{i}c_{nit}\log(\bar{P}_{nit}) \tag{5-7}$$

式 5-7 中,如果消费者 n 选择第 i 个选择,$c_{nit}=1$,如果消费者 n 选择其他选项,则 $c_{nit}=0$。

回归结果(如表 5.13 所示)包括 3 个部分:第一部分是均值回归系数(mean coefficients),第二部分是方差回归系数(SD coefficients),最后一栏是模型拟合的检验结果。

表 5.13　生产者技术偏好的 Mixlogit 回归结果

	变量	系数	标准误	Z 值	显著性	95% 置信区间	
均值	都不选	0.3505963	0.1493956	2.35	0.019	0.0577862	0.6434064
	补贴额度	0.0010776	0.0001296	8.32	0.000	0.0008237	0.0013315
	高水平化肥农药管理	−0.2751881	0.0652222	4.22	0.000	0.4030212	0.1473551
	高水平追溯管理	−0.0568761	0.0422192	−1.35	0.178	−0.1396242	0.0258719
	集中培训	0.0239449	0.0708447	0.34	0.735	−0.114908	0.1627979
	电话、邮件指导	−0.1074047	0.067952	−1.58	0.114	−0.2405882	0.0257788
	田间指导	0.1444386	0.0971767	1.49	0.137	−0.0460243	0.3349016
	增产 5%	0.5324857	0.0520406	10.23	0.000	0.430488	0.6344833

续表

变量		系数	标准误	Z值	显著性	95%置信区间	
方差	高水平化肥农药管理	0.7482201	0.0664651	11.26	0.000	0.617951	0.8784893
	高水平追溯管理	−0.1333286	0.0962066	−1.39	0.166	−0.32189	0.0552328
	集中培训	0.1569837	0.1434691	1.09	0.274	−0.1242105	0.438178
	电话、邮件指导	−0.0551725	0.1627508	−0.34	0.735	−0.3741581	0.2638132
	田间指导	0.7826341	0.1162123	6.73	0.000	0.5548622	1.010406
	增产5%	0.4477014	0.062267	7.19	0.000	0.3256603	0.5697426
LRchi2(6)=214.69			似然对数值=−1633.4207			Prob>chi2=0.0000	

从回归结果来看,模型似然对数值为−1633.4207,对应的 $P=0.0000$,表明应拒绝系数方差等于 0 的原假设,表明能够估计随机效应的 Mixlogit 模型比只能估计固定效应的条件 Logit 模型能更好地拟合数据。

从均值的回归结果来看,补贴额度、技术的感知有用性、安全友好生产技术标准显著地影响了菜农的选择。

具体来看,在当前农产品优质优价难实现,农业生态环境交易也尚未形成的条件下,要使菜农接受安全绿色生产技术,政府补贴必不可少。技术的感知有用性同样显著影响菜农的采纳意愿,只有在新技术不会导致产量下降时,菜农才愿意尝试。这一结果也证明了多数农户都是风险规避者。安全绿色生产技术的标准也会影响菜农的采纳意愿,从回归结果来看,相对于既符合质量安全要求又符合环境友好要求的高水平化肥农药管理,菜农更愿意接受能够保证产品质量安全的低标准化肥农药管理。之所以出现这一结果,原因有两个方面:一方面是因为高标准的、环境友好的生产管理技术对菜农个人能力和相关设备投入的要求都更高,限制了很大一部分高龄、低文化程度、生产规模小的菜农采纳;另一方面,相对于质量安全控制,菜农很难直接从环境友好型生产中额外获益,因此菜农更偏好只符合质量安全要求的低标准生产管理技术。

而追溯要求与感知易用性的影响并不显著。虽然不显著,但从回归结果来看,菜农更偏好低水平的追溯管理,这与现实中政府并未公开环境信息、追溯管理要求也未落实到农户层面有很大关系。技术的感知易用性方面,虽然影响并不显著,但从系数来看,结果与 WTA 结果一致,集中培训和田间指导都有助于推动菜农采纳安全绿色生产技术。

从标准差的回归结果来看,受访农户对高水平化肥农药管理、田间指导和技术的有用性等属性的偏好存在很大差别。也就是说,受访农户对上述属性的偏好存在明显的异质性。

第五节　生产者安全绿色生产技术采纳意愿异质性分析

Mixlogit 模型中系数的方差估计明确显示,受访菜农对高水平化肥农药管理、田间指导和技术的有用性等属性偏好存在异质性。因此,构建潜在分类模型分析不同类型菜农对安全绿色技术各项属性偏好的差异,对推动安全绿色技术实施具有重要的现实意义。

一、LCM 模型设定

在 Mixlogit 模型中,我们已经假设效用函数中各属性的系数服从 $f(\beta|\theta)$ 分布。如果 $f(\beta|\theta)$ 是离散的,我们就可以将式 5-4 转化为潜在分类模型。通过潜在分类模型我们就可以分析受访菜农偏好的异质性。假设有 S 个潜在分类,受访者 n 落入到第 s 个潜在分类并选择第 i 个选项的概率可以表示为:

$$P_{nit} = \sum_{s=1}^{S} \frac{\exp(\beta_s X_{nit})}{\sum_j \exp(\beta_s X_{njt})} R_{ns} \tag{5-7}$$

式 5-7 中,β_s 是第 s 个分类菜农的变量系数向量,R_{ns} 是菜农 n 落入到第 s 个潜在分类中的概率。此概率可以表示为:

$$R_{ns} = \frac{\exp(\alpha_s Z_n)}{\sum_r \exp(\alpha_s Z_n)} \tag{5-8}$$

式 5-8 中,r 为第 r 个潜在分类,Z_n 是影响菜农 n 落入某一潜在分类的一系列特征向量,α_s 是第 s 个潜在分类中群体菜农的参数向量。

二、基于 LCM 回归的生产者安全绿色生产技术偏好差异性分析

1.分组标准

确定分类数是进行潜在分类回归的关键。CAIC 和 BIC(Bayesian 信息准则)是确定分类数的主要依据。对比类别数为 2、3、4、5,当分类数为 4 时对数似然值为-1316.379,CAIC 值为 3031.919,BIC 值为 2969.919,是最小的,表明 4 是比较合适的分类数。

2.分组结果与说明

从 LCM 回归结果(见表 5.14)可以看出,样本菜农可以被简单地分为"技术有用性偏好者""拒绝采纳者""环境友好标准支持者""技术易用性偏好者"四个组别。

表 5.14　分组回归结果与每组比例

变量	技术有用性偏好者	拒绝采纳者	环境友好标准支持者	技术易用性偏好者
都不选	-1.273	2.814	2.398	1.158
补贴额度	0.008	0.001	0.000	0.002
高水平化肥农药管理	1.428	1.390	0.416	0.594
高水平追溯管理	0.865	-0.725	0.020	0.079
集中培训	1.478	0.675	0.019	0.233
电话、邮件指导	2.721	0.330	0.220	0.077
田间指导	-2.551	-0.147	0.086	1.058
增产 5%	5.729	0.964	0.089	0.375
每组比例	11.7%	30.8%	34.1%	23.4%

第一,技术有用性偏好者,比例约为 11.7%。该组菜农最看重技术的感知有用性(技术采纳风险变量系数绝对值最大),要求技术首先应该是低采纳风险的。同时补贴额度、信息追溯要求、技术的感知易用性也显著影响了该组菜农对安全绿色生产技术的采纳意愿。综合来看,对技术有用性偏好者而

言,只要保证安全绿色生产技术不会导致产量下降,在给予一定补贴并且开展技术指导的情况下,高水平化肥农药管理与追溯管理都能被接受(虽然高水平化肥农药管理一项的结果并不显著但二者仍呈现正向相关关系)。

第二,拒绝采纳者,比例为 30.8%。该组菜农的主要特征是更多选择按照当前的生产方式进行生产,对高水平追溯管理尤其排斥。

第三,环境友好标准支持者,比例约为 34.1%。该组菜农最主要的特征是表现出对环境友好标准,即高水平化肥农药管理的偏好。除此之外,相对于其他组,该组菜农对技术的感知有用性要求最低。环境友好标准支持者,往往是环境保护意识较强或者已经明确意识到环境对产品质量安全影响的一类农户,对他们而言,相对于产量,他们更关注生产的可持续性与产品质量安全。

第四,技术易用性偏好者,比例为 23.4%。对该组菜农而言,技术的易用性最为重要。政府技术培训都有助于该组农户接受安全绿色生产技术,其中田间指导的培训方式对该组菜农的选择影响是最主要的。从其他变量来看,可以认为,只要能够提供田间指导的培训方式,该组菜农愿意尝试高水平化肥农药管理和追溯管理。

从分组的结果来看,样本菜农偏好差异明显。拒绝采纳者(30.8%)、技术的有用性和易用性偏好者(35.1%)、环境友好标准支持者(34.1%)几乎各占 1/3。从分组的结果可以总结出:第一,技术有用性和易用性偏好者两组农户占全部农户的 35.1%,充分证明了技术有用性和易用性对农户安全绿色生产技术采纳意愿的影响;第二,虽然只有 34.1%的菜农属于环境友好生产技术的支持者,但从技术有用性和易用性两组菜农的偏好来看,只要能满足低技术风险和易用两项要求,两组农户都愿意接受高水平化肥农药管理这一具有明显环境友好特征的生产技术;第三,相对于安全绿色生产技术的其他属性,补贴虽然不可或缺,但对所有组菜农采纳意愿的影响都较小。

总结起来,虽然整体上菜农的环境保护意识还比较薄弱,但其环保意识正在逐渐觉醒。政府补贴虽然必不可少,但确保安全绿色生产技术的有用性,通过田间指导等培训提升技术的易用性才是安全绿色生产技术推广的关键。这一结果充分证明了政府农业技术培训在农户绿色生产转型与农产品质量安全管理能力提升中的重要作用。然而《中国农业技术推广体制改革研究》课题组的调查显示,我国农业技术推广体系存在着投入不足、体制不合理、推广方式落后等众多问题,极大制约了农户农业技术需求的实现。同时,这也预示着农户生产的转型更加依赖各类产业化组织的带动与社会化服务。

第六章 质量兴农与绿色兴农融合发展的组织路径

大国小农是我国的基本国情与农情,要使数量庞大、绿色生产能力与农产品质量安全管理能力薄弱的小农户走上现代农业道路,实现质量兴农与绿色兴农的融合发展,就必须充分发挥产业化组织的示范与带动作用。在农产品优质优价市场机制尚不完善的背景下,如何有效平衡产业化组织与农户的利益分配,建立稳定的合作关系,直接影响了质量兴农与绿色兴农融合发展的实现。

第一节 产业化组织与农户生产转型

随着中国食品安全事件频繁发生与农产品消费结构升级,国内消费者对农产品质量安全与品质的要求不断提高,确保产品安全、提高产品品质已成为农业经营主体生存与发展的关键。而随着"碳中和"与"碳达峰"议程加快,推进生产的绿色转型、降低农业生产的碳排放同样成为产业化组织的重要任务。因此,以质量安全为准绳,以环境友好型生产技术为支撑,规范生产过程中产地环境检测、投入品使用、生产档案记录,确保生产源头质量安全信息完整,是迎合消费者质量安全信息需求与产品品质需要,发挥市场激励作用的必然选择。与此同时,充分发挥龙头企业、家庭农场、合作社等产业化组织在生产管理、市场营销等方面的优势,将安全绿色生产管理技术推广到农户群体中,也是产业化组织的重要使命。

一、农业龙头企业的质量安全管理与农户带动

1.食品企业的质量安全管理选择

企业食品质量安全追溯体系得到了最多的关注。杨秋红等(2009)基于四川省61家农产品加工企业的调研数据,发现企业获得的质量认证、产品是否出口、政府政策、风险预期和企业对消费者可追溯性农产品支付意愿的预期对建立农产品可追溯系统的意愿有不同程度的影响。韩杨等(2011)认为蔬菜加工企业实施追溯的主要驱动力来自确保食品原料质量安全、获取政府政策支持和补贴、市场利益及明确食品安全责任。吴林海等(2013)基于隐马尔科夫模型(HMM)的决策意愿模型模拟了食品企业追溯体系投资决策,发现预期收益、市场对可追溯食品的需求、政府支持政策是影响企业投资追溯体系决策意愿的主要因素。吴林海等(2014)对河南省郑州市144家食品生产企业投资追溯的意愿进行调查发现,79.2%的食品生产企业愿意投资追溯体系,企业从业人数、管理者年龄也显著影响企业投资追溯的意愿。张蓓等(2014)的研究表明,农业企业能力、农产品供应链协同程度、农产品供应链信息共享程度、消费需求和政府监管力度显著影响企业质量安全控制。

作为一个高效、安全的食品安全控制工具,HACCP(危害分析和关键控制点)逐渐得到越来越多企业的认可。在影响企业HACCP认证的因素中,市场因素,尤其是出口市场的要求是我国企业实施HACCP认证的最初原因。周洁红等(2007)的研究也证实,业务类型具备外销性特征的企业实施HACCP体系的可能性更大;邹宗森等(2019)也认为开展国际贸易是我国食品企业实施HACCP管理体系的重要激励因素。除了出口市场要求,企业规模、资金实力、业务类型等企业特征,企业管理者食品安全管理意识、企业家精神等领导者个人特征,政府食品安全监管政策与HACCP支持政策等外部政策都是影响企业实施HACCP的重要因素(周洁红等,2007)。

"三品一标"认证发展迅速,但研究表明,认证成本偏高、执行难度大、认证管理不完善仍是企业进行"三品一标"认证的主要阻碍。朱丽莉等(2013)认为农产品生产企业与认证机构的博弈模型存在纳什均衡,虚假认证行为与政府抽查概率、惩罚力度、消费者反应程度、农产品质量标准等因素有关。

从以上研究来看,在市场、政府的双重要求下,国内食品企业、农产品龙头企业质量安全控制能力已经有了长足提升。但控制成本偏高仍是当前企业急需解决的重要问题,龙头企业质量安全控制能力与控制效果仍存在不足。这虽与企业规模、业务类型等内部因素以及外部监管等因素有关,但更重要的原因其实还存在于供应链上游。

2. 龙头企业的质量安全带动

当前我国农产品生产仍以分散的家庭生产为主,通过监管带动农户,保证投入品使用规范、技术达标、生产规范,无疑需要大量的监管成本与检测成本。虽然龙头企业带动作用已经开始发挥,但远未达到人们的期望。张淑云(2012)对河北省597户梨农的调查显示,龙头企业在新品种、测土配方等9种技术的推广中发挥着重要作用。满明俊等(2011)的研究表明,总体上看企业和合作社在西北地区农业技术推广中仍处于辅助地位,但在技术采用阶段企业和合作社的作用明显。

契约这一龙头企业带动作用发挥的关键枢纽之所以经常失效,在于当前农产品优质优价市场尚未形成。优质农产品不能优价,使得龙头企业与受带动农户难以实现真正的共赢,而是形成一种零和博弈关系。在零和博弈下,龙头企业和带动农户站在利益对立面上,契约的稳定自然难以维持。因此,在强化市场准入制度的同时,龙头企业以质量安全标准为依托,强化质量安全控制能力,确保带动农户产品安全、生产技术环保是一种必然选择。

二、合作社的质量安全管理与农户带动

与龙头企业不同,合作社质量安全控制本身基于其带动的社员开展,这意味着合作社的质量安全控制本身就是一种带动行为。胡定寰等(2006)、华红娟等(2011)等从产业链的视角,论证了"合作社＋农户"这一供应链纵向合作模式对保障源头农产品质量安全的积极意义。此外,还有学者以案例的形式对合作组织内部质量安全控制措施与机制进行了总结。如陈新建等(2013)利用广东省50家水果生产类农民专业合作社的调查数据,证明合作社领导人从业经历、专职工作人员数量、是否有销售品牌、是否有销售渠道、是否有政府项目支持等因素对合作社食品安全服务功能强弱有着明显影响。

除此之外,合作社还是推进农业标准化的重要载体,国内研究主要集中

在合作社推行标准化的成效、机理与主要困难等方面。周洁红等(2010)对浙江省 95 家合作社标准化的实施情况进行调查发现,产品标准与质量安全标准的实施比例较高,但环境标准实施比例偏低,标准等级方面国际标准执行比例偏低。社员或非社员的责任感、政府法律法规要求、政府支持及消费者的食品安全意识等是影响农业合作社实施标准化行为的显著因素。王翔(2008)的研究表明,土地规模、首要目标市场、是否注册商标和生产力利用程度等因素对合作社标准化行为有显著影响。田文勇(2012)的研究表明,合作社实施标准化生产受负责人自身因素影响不显著,受市场距离、年利润额、服务范围、拥有社员人数、拥有土地亩数、农产品品牌及政府相关支持与扶持影响较显著。此外,合作社实施标准化的主要困难集中在农户标准化意识不强、管理难度大、合作社资金不足、收益不明显等四个主要方面。

但相对于龙头企业,合作社是一种更加松散的合作。从合作社治理手段来看,在应对质量安全控制实施所带来的成本提升等问题时,民主治理、集体决策的治理手段可能会陷入困境,导致集体行动困境的出现。尤其是在当前强调带动能力建设的今天,如不能解决带动农户异质性问题,急剧提升的治理成本将成为合作社质量安全控制乃至自身发展的瓶颈。

第二节　不同农业产业化组织融合发展带动作用分析

加快农业经营组织创新,推进产业化经营是发展现代农业的必然要求。在家庭农场、龙头企业、农民专业合作社三类新型农业经营主体共存的格局下,如何科学地比较三类经营主体在质量兴农与绿色兴农融合发展中的作用,尤其是在安全绿色生产技术推广中的作用是一个关键问题。

在我国,存在着合作社、龙头企业和家庭农场①三类主要的产业化组织,治理结构的差异可能导致三类产业化组织在综合治理带动作用上存在差异。因此,本章以蔬菜水果产业化组织为例,重点讨论三类产业化组织在融合发展尤其是安全绿色生产技术带动中的作用及组织间作用的差异,并尝试从治

---

① 浙江省的家庭农场多由专业大户成立,虽不直接带动农户,但在技术和销售方面却有明显的辐射作用,因此本研究将家庭农场亦纳入比较范畴。

理结构的视角对这种差异进行解释,揭示各类组织在治理结构与带动能力方面的不足,以便为强化产业化组织带动能力提供建议。

一、不同农业产业化组织带动作用的比较标准选择

1. 比较标准的选择原则

以质量安全控制与绿色生产技术采纳作为各类产业化组织带动质量兴农与绿色兴农融合发展着力点的首要原因在于,各类产业化组织归根到底是经济组织,赢利是各类产业化组织的首要目标(无论是龙头企业、家庭农场利润最大化还是合作社的社员利益最大化,都要以赢利为目标)。而赢利的一个重要前提就是产品要满足市场需求。从当前我国农产品消费结构及先前关于质量安全农产品需求的研究来看,消费者对食品安全的要求越来越高,也愿意为安全农产品支付更高的价格。因此,对各类产业化组织而言,满足消费者质量安全要求,确保产品质量安全已经成为企业生存与发展的基础。同时,鉴于质量安全管理的重点,即投入品的规范管理与绿色生产的要求是一致的,因此在质量安全控制措施选择的基础上,本节还将产地环境控制纳入比较标准。

因此,产业化组织推动质量兴农与绿色兴农融合发展的着力点就是以确保产品质量安全为目标,通过组织层面的质量安全控制措施推动符合质量安全与环境友好双重标准生产技术的落实,并以此约束农户的投入品使用。

综合以上分析,本研究将各类产业化组织的带动作用总结为以确保产品质量安全为目标,以产地环境标准和产品质量标准为准绳,通过组织层面的一系列质量安全控制措施约束农户投入品的使用,确保产品质量安全,再利用质量安全农产品溢价能力进一步激励农户采纳绿色技术与更高水平的追溯管理,最终使安全绿色生产技术得以在农户中推广。

(1)质量安全控制标准

在产品/行业的选择上,选择了蔬菜和水果这两类质量安全风险较高且近年来质量安全事故发生较为频繁的产品作为研究对象。在具体标准的选择上,除参照综合治理的要求与农产品质量安全法外,从当前果蔬源头质量安全问题及其成因分析出发(刘畅等,2011),确定化肥农药使用不当与产地环境污染是质量安全控制的重点,最后将蔬菜水果产业化组织源头质量安全

控制措施锁定为以下几点：

第一，投入品管理与生产过程控制。投入品的规范使用与生产过程信息可追溯是保障农产品安全的关键。目前，多数产业化组织已经建立了销售台账制度，能够保证产品销售后如果出现问题能够追溯到组织。但要实现更高精度、广度、深度的追溯，必须对生产过程进行严格控制，确保危及农产品质量安全的农药、兽药、饲料和饲料添加剂规范使用，同时建立包含投入品使用信息、生产管理信息、销售信息在内的完整的生产档案。此外，严格的投入品管理与生产过程控制也可以在一定程度上降低售前检测能力不足可能导致的安全风险。

第二，售前农残检测。农药残留是蔬菜与水果最突出的问题，也是消费者最关心的质量安全问题。各类产业化组织自检与批发市场抽检是杜绝农残超标产品入市的关键，同时也是倒逼农户规范使用各种投入品的有力举措。2006年颁布的《中华人民共和国食品安全法》明确提出，从事农业生产的各类组织必须在产品上市前进行自检或委托第三方机构进行抽检。

（2）绿色生产标准

主要是产地环境控制。产地环境安全是农产品质量安全的基础，农业生态环境对农产品质量具有直接影响，因此需要对产地环境进行检测以确保产地环境适合农产品生产。产地环境控制是根据农产品品种特性，确保产地大气、土壤、水体中有毒有害物质状况等符合规定标准。但不像西方国家那样拥有专门的环境标签，我国产地环境检测通常包括在无公害、绿色、有机以及地理标志等认证中。因此，本研究选择产品认证代表产地环境控制。

在明确三项控制措施的基础上，本研究进一步筛选出三项衡量指标。由于当前无公害、绿色、有机认证都包含了产地环境检测，因此本研究选择将是否取得上述一种认证作为评价是否实现产地环境控制的主要依据。需要说明的是虽然三种认证对产地环境要求存在很大差别，但本研究仅仅关注环境安全这一基础属性，因此未对三种认证作分级处理。生产档案是农产品质量安全追溯体系建设的重要内容，也是管理者实现对组织成员投入品使用与生产过程管理的重要依据，因此本研究将要求农户建立生产档案作为评价各类产业主体融合发展带动作用的第二个衡量指标。而产品检测（包括送检和自检）作为农产品上市前的最后一步，同样是质量安全控制的重要环节，因此本研究将其作为第三个评价指标。

二、不同农业产业化组织带动作用实证分析

1. 数据来源

本研究选择的样本地区为浙江省,所调查的产业化组织主要从事蔬菜或水果生产、初加工、销售业务。之所以选择浙江省作为调查地区,除第四章所提到的原因之外,还有两方面原因:第一,蔬菜和水果在浙江农业产业结构中占据重要地位,且经济收益相对较高,是提升农民收入的有效途径;第二,浙江省是我国农业产业化与组织化起步较早的省份,也是产业化组织发展水平较高的地区,是国内最早出台农民专业合作社地方性法规的地区。浙江省农业农村厅数据显示,截至 2020 年,累计培育家庭农场 11 万余家,农民专业合作社 4.2 万家,带动农户 500 多万户。

本次调查采取分层抽样与随机抽样相结合的方法。首先对浙江省 11 个城市各县(市、区)蔬菜水果产量进行排序,确定浙江省蔬菜、水果重点县名单并将名单所列县作为调查重点,然后大致按照 3∶1 的比例确立重点县(市、区)(600 份)与非重点县(市、区)调查样本数(200 份)。然后在各县(市、区)水果蔬菜产业化组织名单中随机抽取调查对象,不区分组织类型。调查时间为 2014 年 3 月至 9 月,问卷在线上与线下同步发放:线上主要利用浙江省农民信箱发放;而线下一部分通过浙江省农业农村厅质检处发放,另一部分通过浙江省农科院农村发展研究所产业化组织带头人培训班发放。调查共发放问卷 800 份,收回有效问卷 600 份,问卷有效率 75%。

从样本结构来看,主营水果产品的产业化组织有 343 家(57.2%),主营蔬菜的有 257 家(42.8%)。从产业化组织分类来看,合作社最多,有 383 家(63.8%),龙头企业 141 家(23.5%),家庭农场最少(这与家庭农场起步较迟有关),仅有 76 家(12.7%)。从地区分布来看,样本涵盖了浙江省 11 个城市。

2. 变量设定

在因变量方面,产品入市前检测、生产档案、认证都是保障农产品质量安全与绿色生产的必要条件,因此未能实施上述任一措施、实施其中一方面措施、同时采取了两方面措施、采取全部三方面措施代表了带动作用从弱到强

（分别记为带动作用1、2、3、4[①]）。由于因变量为有序变量,故本研究采用有序概率模型。

在产业主体类型之外的自变量选取上主要借鉴了组织社会责任理论框架。履行社会责任对组织生存与发展的积极作用正得到越来越广泛的认可,食品质量安全与绿色生产都是企业社会责任的重要体现。其中质量安全直接影响消费者身体健康,进行规范的食品质量安全控制并如实提供相关信息是规避食品安全风险、防范食品质量安全事故的必要举措。准确识别利益相关者态度,对利益相关者的要求进行回应,将利益相关者引入组织治理,进而对组织结构、资源配置、管理制度进行调整,成为当前组织履行社会责任的基本范式。

具体到食品安全问题上,消费者和政府是食品产业组织最重要的利益相关者。Caswell(1998)认为,消费者对真实的或感知的食品安全风险的潜在反应是促进食品加工商采取质量安全控制措施的动力。Golan等(2004)也认为消费者严格的食品安全需求是促进美国肉类加工部门质量安全控制措施创新的主要驱动力。食品安全相关法律法规是克服食品市场失灵、规范食品市场运行的必然选择,而其一经确立,势必直接影响各类组织质量安全控制措施的采纳与实施。在组织内部动机方面,维持企业声誉、降低质量安全事故带来的风险与支出(Caswell,1998;Starbird,2000)被认为是企业实施质量安全控制的重要动机。结合上述分析,在产业主体类型之外的自变量选取上,选择了是否拥有自主品牌(体现企业声誉)、降低质量安全风险动机强度、政府压力感知、消费者压力感知、政策支持力度等变量,同时将各类主体经营年限、内部质量安全技术人员数量、组织成员数量、土地经营规模等组织特征作为控制变量纳入模型。具体变量设定如表6.1所示,变量描述如表6.2所示。

---

① 三种食品安全行为中,产品认证虽然要求生产档案和产品检测,但其要求的生产档案是企业层面的记录,其产品检测是产品认证时的检测,而本研究所界定的生产档案是农户层面的记录,产后检测是持续性的日常检测,是完全不同的概念,所以三者之间基本上是独立的,并非互相包含的关系。而且,选择认证是以认证来反映产业化组织是否对产地环境进行了控制,三种行为分别对应产地环境、生产过程记录、产后检测,分别针对"产前、产中、产后"的问题。由于是分别针对三个环节的控制,且基本相互独立,可以认为三项措施是同样重要的,故此处采用了加总的处理方式。

表 6.1 产业化组织带动作用分析模型变量设定

变量名称	定义	赋值
融合发展带动作用水平	各类主体融合发展带动作用强弱	带动作用 1＝1； 带动作用 2＝2； 带动作用 3＝3； 带动作用 4＝4
内部质量安全技术人员数量	组织内部负责质量安全监管与技术指导人员数量(人)	
经营年限	组织成立至今的经营年限(年)	
土地经营规模	蔬菜水果种植面积(亩)	
组织成员数量	龙头企业、家庭农场员工数量，合作社社员数量(人)	
是否拥有自主品牌	组织是否具有登记注册的农产品品牌	有＝1； 没有＝0
降低质量安全风险动机强度	出于降低质量安全风险的目的实施质量安全控制	完全不认同＝1； 不太认同＝2； 一般＝3； 比较认同＝4； 完全认同＝5
政府压力感知	当前政府对农产品质量安全要求非常严格	完全不认同＝1； 不太认同＝2； 一般＝3； 比较认同＝4； 完全认同＝5
消费者压力感知	当前消费者对农产品质量安全非常关注	完全不认同＝1； 不太认同＝2； 一般＝3； 比较认同＝4； 完全认同＝5

变量名称	定义	赋值
政策支持力度	当前政府在资金、基础设施等方面对质量安全控制体系建设进行了补贴	完全不认同＝1； 不太认同＝2； 一般＝3； 比较认同＝4； 完全认同＝5

表 6.2　产业化组织带动作用分析模型变量描述

变量	变量取值	频数	百分比/％	均值	方差
融合发展带动作用水平	1	18	3.0	3.17	0.572
	2	75	12.5		
	3	294	49.0		
	4	213	35.5		
治理结构	1	383	63.8	1.49	0.504
	2	141	23.5		
	3	76	12.7		
是否拥有自主品牌	1	426	71.0	0.71	0.206
	0	174	29.0		
降低质量安全风险动机强度	1	4	0.7	4.55	0.558
	2	5	0.8		
	3	54	9.0		
	4	129	21.5		
	5	408	68.0		
政府压力感知	1	8	1.3	3.86	1.328
	2	101	16.8		
	3	94	15.7		
	4	160	26.7		
	5	237	39.5		

续表

变量	变量取值	频数	百分比/%	均值	方差
政策支持力度	1	4	0.7	4.39	0.647
	2	8	1.3		
	3	74	12.3		
	4	175	29.2		
	5	339	56.5		
消费者压力感知	1	2	0.3	4.57	0.476
	2	6	1.0		
	3	39	6.5		
	4	156	26.0		
	5	397	66.2		
经营年限/年	≤3	109	18.2	6.43	11.992
	4—5	174	29.0		
	6—9	217	36.1		
	≥10	100	16.7		
内部质量安全技术人员数量/人	≤3	513	85.5	2.42	21.265
	4—10	81	13.5		
	>10	6	1.0		
土地经营规模/亩	<100	52	8.7	1015.59	—
	100—299	142	23.6		
	300—499	114	19		
	500—999	116	19.4		
	≥1000	176	29.3		
组织成员数量/人	<10	73	12.2	59.7	—
	10—49	305	50.8		
	50—99	99	16.5		
	100—499	115	19.2		
	≥500	8	1.3		

3.三种管控措施的实施对比

从三种控制措施的实施情况来看,产品入市前检测实施比例最高,达到了 90.5%,其次是认证,比例达到了 76.17%,生产档案实施比例最低,仅有50.33%。随着收入水平的提高与食品消费结构的改变,消费者对食品安全的要求越来越高,加之当前政府对生产经营主体质量安全监管的要求不断提高,质量安全成为各类农产品生产经营主体生存的关键。但在当前农产品优质优价机制尚未建立的背景下,质量安全控制实施成本的高低与扶持政策力度的大小直接决定了不同产业化组织质量安全控制的差异。

产品检测一直是政府农产品监管的重点,《国家食品安全监管体系"十二五"规划》中明确提出将完善检验检测体系建设作为食品安全监管的重要内容。在此监管思路下,浙江省政府在明确了各类经营主体产品检测责任的基础上,为各类经营主体产品检测提供了大量优惠政策(如为各类主体免费配备快速检测设备、基层公共服务中心提供免费检测),极大降低了产品检测的实施成本。而产品入市前检测又恰好处在组织产品流的聚合点,相对于生产档案这类贯穿生产过程全程的控制手段具有较高的实施效率,因而成为各类生产经营主体的最优选择。

相较于产品检测,"三品"认证虽然也有相关扶持政策,但认证费用与认证管理的复杂性决定了其实施比例相对较低。

而生产档案作为一种生产过程控制手段,虽能带来更高的追溯深度与准确度,但由于当前从事果蔬生产的菜农老龄化严重、文化程度较低,要求农户建立规范的生产档案实施成本偏高(除了记录所需花费的时间之外,监督组织内部成员如实规范记录也需要大量人工成本)。生产过程监管近些年才被列入政府农产品安全监管体系,目前缺乏针对生产档案的奖惩政策,外部激励不足。表 6.3 是三种控制措施实施情况的对比。

表 6.3　三种控制措施实施情况对比

主体	产品入市前检测 频数(占比)		生产档案 频数(占比)		认证 频数(占比)	
	否	是	否	是	否	是
合作社	40 (10.44%)	343 (89.56%)	221 (57.7%)	162 (42.3%)	108 (28.2%)	275 (71.8%)

续表

主体	产品入市前检测 频数（占比）		生产档案 频数（占比）		认证 频数（占比）	
	否	是	否	是	否	是
龙头企业	11 (7.8%)	130 (92.2%)	45 (31.91%)	96 (68.09%)	28 (17.02%)	113 (82.98%)
家庭农场	6 (7.89%)	70 (92.11%)	32 (42.1%)	44 (57.9%)	7 (9.46%)	69 (90.54%)
合计	57	543	298	302	143	457

4. 基于有序 logit 的组织间带动作用对比分析

本研究利用 SPAW18 对样本数据进行处理。将产业主体类型作为分类变量纳入回归模型，将家庭农场作为参照标准，对比三类主体带动作用的差异。为了验证是否适合使用有序回归，首先进行了平行线检验，检验结果（见表 6.4）显示 $P=0.165(P>0.05)$，说明各回归方程互相平行，可以使用有序回归进行分析。模型拟合信息检验（见表 6.5）显示 $P<0.001$，说明模型中至少有一个自变量的偏回归系数不为 0，模型是有意义的。参数估计结果如表 6.6 所示。

表 6.4　平行线检验

模型	−2 对数似然值	卡方	df	P
零假设	911.394			
广义	883.068	28.326	22	0.165

表 6.5　模型拟合信息

模型	−2 对数似然值	卡方	df	P
仅截距	1298.784			
最终	911.394	387.390	11	0.000

注：连接函数采用 Logit。

表 6.6　产业化组织带动作用有序 logit 回归结果

变量	系数	标准误	Wald 值	显著性
带动作用＝1	−4.356	0.780	31.227	0.000
带动作用＝2	−2.416	0.760	10.098	0.001
带动作用＝3	1.149	0.756	2.306	0.129
经营年限	−0.023	0.028	0.666	0.414
内部质量安全技术人员数量	0.024	0.023	1.105	0.293
土地经营规模	−4.763E−5	4.960E−5	0.922	0.337
组织成员数量	−0.002**	0.001	5.211	0.022
政府压力感知	−0.193**	0.087	4.966	0.026
政策支持力度	0.255**	0.126	4.098	0.043
消费者压力感知	0.427***	0.161	7.035	0.008
降低质量安全问题风险动机强度	0.032	0.147	0.047	0.829
是否拥有自主品牌＝0	−0.565***	0.208	7.377	0.007
治理结构虚拟变量1①	−3.227***	0.320	101.822	0.000
治理结构虚拟变量2	1.075***	0.367	8.562	0.003

注:连接函数采用 Logit,***、**、* 分别表示在 1%、5% 和 10% 水平上显著。

回归结果验证了三类产业化组织在带动作用上的差异,其中龙头企业带动作用最高、家庭农场其次,合作社最差。

---

① 将治理结构变量以家庭农场为参照,处理为两个虚拟变量,两个虚拟变量(治理结构虚拟变量 1、2)分别表示合作社、龙头企业相对于家庭农场对质量安全控制水平的影响。

农产品市场上,农产品质量安全信息是不充分的,消费者与生产者掌握的信息也往往是不对称的。在这样的柠檬市场上,品牌是生产者向消费者传递信息的重要途径,也是实现优质安全农产品溢价的重要途径。与龙头企业、家庭农场相比,专业合作社品牌拥有率极低,治理结构的差异所导致品牌建设与维护成本的差异是其重要原因。合作社成员异质性与集体决策特征决定了其品牌建设决策的达成往往更加困难,而品牌一旦建立,就成为合作社的公共物品,为避免品牌被社员过度使用(如将合作社品牌用于自己生产的其他产品上)或违规使用(比如使用合作社品牌却未执行生产标准与产品标准),需要花费额外的排他成本与监督成本。同样的问题也会出现在"三品一标"认证的管理上。

与家庭农场及专业合作社相比,龙头企业往往覆盖生产、加工、流通、销售等整个农产品供应链,能够更系统、更严格地实施质量安全控制(张蓓等,2014;汪普庆等,2015),环节对接成本低,同时由于与消费者联结更加紧密,对消费者质量安全需求的感知更加敏锐,开展质量安全控制的动机也更强。

组织成员数量是一个关键变量,组织成员数量与治理结构共同决定了组织质量安全控制的成本。家庭农场与龙头企业往往依靠正式契约连接农户或者直接采取内部控制(雇工管理)的方式开展农产品生产与质量安全控制。专业合作社内部成员关系相对松散,往往通过非正式规则维系,生产过程管理与质量安全监管通常依靠管理层与社员互相监督来实施。但随着社员人数增加,监督的难度大幅增加,实施成本越来越高,同时识别每个社员贡献并进行选择性激励的成本不断提高,导致质量安全控制的困境。通过正式规则与契约进行质量安全控制的成本却不会随着成员人数而急剧增长。

从回归结果来看,合作社虽然起到了显著作用,但与家庭农场、龙头企业相比仍存在很大差距。而正如我们所预期的,治理结构是一个重要的因素。但由于三类组织结构差异,本节并未将具体的组织结构因素纳入回归模型中。因此,下节将在带动作用尤其是质量安全管控上处于劣势的合作社筛选出来,将结构变量与治理规则等变量纳入回归中,从集体行动的视角对合作社质量安全控制上的劣势进行分析。

第三节　合作社带动模式优化路径分析

一、合作社融合发展带动措施

本节所使用的样本是在浙江省初次调查数据上进行的追踪调查。首先采用分层抽样方法选择了调查合作社,但由于无法事先知道合作社的规模,该方法不适用于农民抽样。因此,在进行正式调查之前,我们进行了一次试点调查以估计合作社的平均规模。2017 年 6 月至 9 月,我们在浙江随机选择了 100 个合作社,其中 83 个属于县级及以上示范农民合作社。通过标准问卷对每个合作社中的三到四名农民(包括合作社经理)进行了访谈。本研究获得了 100 个果蔬合作社中 312 名农民组成的有效样本。为了准确调查合作社是否采取了控制措施中的任何一项,我们在合作社经理和农民的问卷中设计了平行的问题。例如,我们问合作社经理"合作社提供统一的农资还是要求农民使用特定的?",然后我们还问了抽样农民同样的问题。合作管理者的答案只有在超过 50％的抽样农民确认(抽样农民的数量设置为奇数)时才有效。

从统计结果(见表 6.7)来看,种植指导的实施率达到 100％,所有样本合作社均能在关键农时点或特殊灾害期进行生产信息的及时传递,具备保证生产顺利进行的能力。除此之外,统一品牌和生产标准是两项实施率最高(83％)的管理措施,这与连续 11 年中央一号文件对农民专业合作社的政策扶持有关,合作社作为新型农业经营主体之一,承担着带动小农户实施标准化生产的责任。同时近年来农业生产经营主体的市场参与意识增强,愈发重视以品牌建设为核心的营销手段。产品分级体现了农产品市场的多样化需求和市场运行效率,是农业现代化过程中的必然趋势,这一措施的实施率高达80％充分说明了样本合作社具备较高的市场需求意识。技术培训的实施率为 76％,这是因为地方农业部门普遍将合作社作为农业技术推广品牌,间接促进了合作社组织内部技术培训。另外,安全检测和农资供应要求合作社具备一定的资金储备和管理资源,因此近 40％的合作社受限于较高的实施门槛而未采取这两类管理措施。档案记录和互助协作的实施门槛虽然较低,但仍有 40％左右的合作社因为缺少管理经验而忽视了组织生产信息的掌控和组织文化的构建。统一加工的实施率最低,为 47％,因为多数果蔬产品无须进行再加工销售,或合作社尚没有纵向整合供应链的能力。

表 6.7　合作社融合发展带动措施的实施情况

带动措施	实施的合作社数量/个	农户覆盖率/％	带动措施	实施的合作社数量/个	农户覆盖率/％	带动措施	实施的合作社数量/个	农户覆盖率/％
A:安全检测	63	62.2	E:统一加工	47	45.5	I:奖惩考核	60	60.3
B:产品分级	80	79.2	F:统一品牌	83	83.3	J:技术培训	76	76.6
C:农资供应	59	61.2	G:统一销售	75	75	K:档案记录	62	63.5
D:生产标准	83	82.4	H:种植指导	100	100	L:互助协作	59	61.2

二、空间视角下的合作社融合发展带动作用分析

1.效果分析标准选择

本节选择农户平均农药安全间隔期作为合作社带动措施效果的衡量标准。前文分析已经指出,过量不规范使用农药不仅是农业绿色生产转型亟须解决的问题,其所导致的农残超标是当前蔬菜水果最主要的质量安全风险来源。

样本合作社农户所涉作物的平均农药安全间隔期S_i,本节以此为中心值对农户 $j(j=1,2,\cdots,312)$ 的农药安全间隔期X_{ij}进行中心化处理,记偏离程度为$Gap_j=X_{ij}-S_i$。若Gap_j大于 0 则说明农户的农药安全间隔期在最低标准线外,农户良好地执行了农药使用标准,安全间隔期执行率取值为 1,反之则认为农户并未实施安全生产行为,安全间隔期执行率取值为 0。使用 logit 模型分析各类措施对农户是否安全用药的影响。

同时,为了分析各类措施的边际效用,我们测算了安全间隔期的绝对距离和相对距离。从实际间隔期与安全间隔期的偏离程度来看,负向偏离程度越大,农户生产行为风险越大;正向偏离程度越大,农户生产行为越安全。除了绝对距离之外,我们还测算了相对距离。所谓相对距离,就是指绝对距离

与安全间隔期之比。这是因为不同农作物、不同农药间隔期存在显著差别。如果比值较大,表示农用农产品更安全,例如,如果农药 A 的安全间隔期为15 天,农药 B 的安全间隔期为 7 天,则农户 a 使用 A 农药的实际间隔期为14 天,农户 b 使用 B 农药的实际间隔期是 6 天。两个农户的间隔期绝对距离都是－1,似乎没有差别。但实际上我们一般认为 a 偏离的程度更低,安全性更高,这种差别恰好可以通过相对距离体现(相对距离分别为－6.7% 和－14.3%)。

2.理论分析与空间模型设定

(1)理论分析

研究之所以选择从空间视角进行新型经营主体控制作用的分析,主要基于两点原因:

首先,化肥农药使用技术,包括使用品种、用量和使用方式,都与特定地区的土壤和气候特征密切相关,因此较其他农业技术更容易产生地理位置上的空间集聚效应。

其次,人际沟通是技术传播的重要渠道。在教育水平普遍偏低的背景下,农户更倾向于通过他人和自己的主观判断来评价一项技术,因而基于地缘、亲缘关系形成的社会网络成为重要的技术学习渠道。此外,社会从众性也是影响农户行为的重要因素(Wollni et al.,2014),在典型的"熟人社会"中,农户希望自己的行为符合邻居的期望。合作社是衔接小农户与现代市场的有效形式,而合作社多是基于地缘关系建立的。就农药使用的间隔期而言,如果合作社内部存在有效的控制与带动,或者合作社内部农户之间存在密切的交流学习,那么合作社带动农户的农药使用行为理应具有空间集聚效应。从这一角度看,合作社等同于空间分析中常用的行政村、乡镇等概念。

(2)空间模型设定

空间计量经济方法是通过个体间的地理位置与空间联系建立计量关系,从而识别和测量造成空间结构特征以及影响空间变化规律的因素(Anselin,1988)。由于考虑了空间上的行为相关性,空间计量模型更加符合农业生产决策的客观事实。

根据空间计量经济学的基本假设,农户农药施用间隔期的空间决策模型假设 Y_i^* 不仅取决于农户自身特征,还取决于同一个合作社内部的空间依赖性,可表达为:

$$Y_i^* = U(X_i, S_i^*) + e \tag{6-1}$$

式中,S_i^* 代表不可观察的空间依赖性对农户 i 农药施用间隔期决策的影响,可表示为:

$$S_i^* = S(Z_t, Y_j(i)) + e \tag{6-2}$$

式中,Z_t 代表农户 i 所在的地区的一系列外生变量,$Y_j(i)$ 代表同合作社农户 i 的间隔期决策(i 不等于 j)。

根据 Anselin(1988)的表示法,空间计量模型基本形式为:

$$Y_i = \rho W \cdot Y_i + \beta X_i + u_i \tag{6-3}$$

$$u_i = \lambda M \cdot u_i + \varepsilon, u_i \sim N(0, \sigma^2 I_n) \tag{6-4}$$

式中,u 为误差项,W 和 M 分别是 Y 与 u 的空间权值矩阵,ρ 为空间自回归系数,λ 为误差项的空间自回归系数。目前主流的空间计量模型包括空间误差模型(SEM)、空间滞后模型(SLM)和空间杜宾模型(SDM)三类,其中空间误差模型与空间滞后模型基本假设分别对应于 $\rho = 0$ 与 $\lambda = 0$,空间杜宾模型的基本假设为系数均不为零且 $\rho \neq 0, \lambda \neq 0$。

由于本章所要分析的是同一个合作社的农户对其他农户农药施用间隔期决策的影响,即具体考察 Y_i 是否对 Y_j 产生影响,因此使用空间滞后模型(SLM)进行分析。空间滞后模型也称为空间自回归模型,可以表示为:

$$Y_i = \rho W \cdot Y_i + \beta X_i + u_i \tag{6-5}$$

$$u_i \sim N(0, \sigma^2 I_n) \tag{6-6}$$

式中,ρ 为空间自回归系数,考察的是空间自回归 $W \cdot Y_i$ 对 Y_i 的影响。若 $\rho \neq 0$ 则表明 Y_i 存在空间依赖性,即同一个合作社农户的农药施用间隔期决策对其他周边农户农药施用间隔期决策产生影响。

(3)空间权值矩阵确定

在进行空间计量分析之前首先需要确定空间权值矩阵 W_{ij},主要有两类方法:一种是基于邻接空间关系(以两个主体是否有相同的边界来判断),一种是基于距离关系(以两个主体之间的空间距离的倒数来表示)。本研究以同一个合作社的农户方式来定义空间邻居,同一个合作社的农户不仅代表着地理距离上相互靠近还代表相互之间迅速而密切的信息传递。因此本节构建的空间权值矩阵 W_{ij} 为零一矩阵,当农户 i 与农户 j 为同一个合作社农户时,$W_{ij} = 1$,当农户 i 与农户 j 不为同一个合作社农户时,$W_{ij} = 0$。

（4）变量选择与描述性分析

本研究构建的空间滞后模型因变量为农户一季农产品的农药施用间隔期天数（Y_i）。自变量包括户主年龄、户主学历、劳动力数量、种植面积等农户个人特征与经营特征，还包括了合作社是否提供农资服务、是否提供防治建议、是否参与技术培训等常用带动措施。变量具体说明见表6.8，具体模型如下：

$$Y = \alpha_0 + \rho_1 W \cdot Y + \alpha_1 age + \alpha_2 edu + \alpha_3 lab + \alpha_4 area + \alpha_5$$
$$mat + \alpha_6 uni + \alpha_7 tra + u_1 \tag{6-7}$$

式中，Y 为农户农药施用间隔期，一系列 α 代表农药施用间隔期为影响因素估计系数。ρ 代表空间自回归系数，W 为空间权值矩阵，u_1、u_2 和 u_3 为随机扰动项，服从独立正态分布。

表 6.8　模型变量说明与描述性分析

变量	变量说明与赋值	单位	平均值	标准差
农药施用间隔期偏离	农药施用的间隔期与标准间隔期的偏离天数	天	1.94	5.29
户主学历	1表示文盲；2表示小学；3表示初中；4表示高中及中专；5表示大专及以上	—	2.75	0.87
户主年龄	家庭决策者务农年限	年	52.34	9.96
劳动力数量	家庭劳动力数量	人	2.82	1.42
种植面积	农产品种植面积	亩	30.81	82.18
是否提供农资服务	1表示提供；0表示不提供	—	0.58	0.5
是否提供防治建议	1表示是；0表示否	—	0.67	0.47
是否参加技术培训	1表示参加；0表示不参加	—	0.76	0.43

从农药施用的间隔期与标准间隔期的偏离天数来看，最大为36天，最小为－23天，417位农户的平均偏离为1.94天。64.7%的农户能够确保农药间隔期等于或者超过标准间隔期（即间隔期偏离大于或者等于0），即能够确保农药规范使用。

从农户个人特征来看，样本农户的平均年龄为52.34岁，年纪最大的农户为74岁，60岁以上农户占27.6%，50岁以上农户占65.7%，农户的老龄化特征明显。样本农户的平均文化程度（户主学历）为 2.75，尚达不到初中水平，总体文化程度偏低。样本农户家庭劳动力数量平均值为 2.82，家庭经营特征明显。平均生产面积为 30.81 亩，这是由于样本中水稻、果树种植户的平均种植面积往往较大。

从合作社质量安全控制来看，58％的合作社提供农资服务，67％的合作社提供防治建议，76％的合作社提供技术培训。

3. 合作社融合发展带动作用分析

(1)空间相关性检验

在进行实证分析前，首先利用全域莫兰指数（Global Moran's I）刻画农户农药施用间隔期的得分值空间分布的自相关情况。Global Moran's I 指数计算公式为：

$$\text{Global Moran's I} = \frac{n\sum\limits_{i}\sum\limits_{i\neq j} w_{ij}(y_i - \bar{y})(y_j - \bar{y})}{\left(\sum\limits_{i}\sum\limits_{j\neq i} w_{ij}\right)\sum\limits_{i}(y_i - \bar{y})^2} \tag{6-8}$$

Global Moran's I 的取值范围为 $[-1,1]$。当 Global Moran's I>0 时，表示农户农药施用间隔期具有空间正相关性，间隔期天数相近的农户在地理位置上相互靠近。数值越大，相关性越强。当 Global Moran's I<0 时，表示农户农药施用间隔期具有空间负相关性，相同农药施用间隔期天数的农户在地理位置上相互远离。数值越小，相关性越强。当 Global Moran's I$=0$ 时，农户的农药施用间隔期呈现空间随机性。

根据式(6-8)计算可得，样本农户农药施用间隔期的 Global Moran's I 为 0.654，且在 1％的水平上显著为正（见表 6.9），表明农户农药施用间隔期天数整体呈现出正向的空间相关性，因此适合运用空间计量模型进行实证分析。

表 6.9 **Global Moran's I 指数检验结果**

检验指标	农药间隔期偏离
Moran's I	0.654***
Moran's I-Probability	0.000

同时，通过拉格朗日乘子（Lagrange Multiplier，以下简称 LM）及其稳健性（robust LM）的检验来考察空间滞后（Spatial lag）模型是否合适。从农药

施用间隔期行为模型检验结果来看(见表 6.10),空间滞后模型的 Spatial lag-LM 与 spatial lag-Robust-LM 均在 1‰水平上拒绝原假设,因此本研究采用空间滞后模型(SLM)进行估计是合适的。

表 6.10　**Lagrange multiplier 检验结果**

检验指标	数据	P 值
spatial error(空间误差)-LM	330.690	0.000
spatial error-Robust LM	1.408	0.235
spatial lag-LM	349.438	0.000
spatial lag-Robust LM	20.157	0.000

(2)回归结果分析

从农户农药间隔期偏离的模型估计结果来看(见表 6.11),ρ 值为正且在 1‰水平上显著,表明在同一个合作社当中的农户农药施用间隔期偏离会对其他农户的间隔期决策行为产生影响。

学历系数为正且在 5‰水平上显著,说明学历越高的农户,施用农药的间隔期偏离越大,间隔期超过标准间隔期的幅度越大,农药使用越规范。而年龄的系数为负,劳动力的系数为正,表明越年轻的农户间隔期偏离越小,家庭劳动力越多的农户间隔期偏离越大,但是年龄和劳动力的影响均不显著。种植面积的系数为正但是也不显著,种植面积对间隔期偏离也没有显著的影响。

与个体和生产因素相比,合作社的质量安全控制对农药施用间隔期偏离的影响更为显著。是否提供农资服务、是否提供防治建议和是否参加技术培训均在 1‰水平上显著影响农药施用间隔期偏离,说明合作社的质量安全控制有助于加大农户农药施用间隔期,可以有效提升农户农药使用的规范性。

表 6.11　**农户农药施用间隔期行为模型估计结果**

变量	系数	标准差	Z 值	P 值
ρ	0.0614***	0.0106	5.7700	0.0000
户主学历	0.3143	0.2825	1.1100	0.2660
户主年龄	−0.0345	0.0245	−1.4100	0.1600

续表

变量	系数	标准差	Z 值	P 值
劳动力数量	0.0451	0.1747	0.2600	0.7960
种植面积	−0.0011	0.0026	−0.4200	0.6740
是否提供农资服务	1.1288**	0.5287	2.1400	0.0330
是否提供防治建议	0.8712	0.5595	1.5600	0.1190
是否参加技术培训	0.9632	1.2573	0.7700	0.4440
σ	3.7933***	0.1915	19.8100	0.0000
Log Likelihood	739.322			

注：***、**、*分别表示在 1%、5%和 10%水平上显著。

综合来看，合作社的带动有助于提升农户农药使用的规范性，这意味着以合作社为主体进行融合发展具有可行性。但值得注意的是，仍有接近四成的农户尚未能规范使用农药，且不同带动措施对农药施用间隔期偏离的影响也存在差别，这预示着进一步分析各类带动措施与间隔期偏离之间的关系，找到最优的带动措施组合对于提升合作社质量安全管理效果至关重要。

三、不同带动措施的效果分析

1. 合作社质量安全管理模式与农户农药安全间隔期的相关性分析

（1）变量选择

本研究选取的变量如表 6.12 所示，被解释变量为安全间隔期执行率、安全间隔期绝对距离和相对距离，用于测度农户是否规范使用农药以及规范程度。主要的解释变量为合作社三大类五项质量安全管理措施，农户个人、家庭及经营特征作为控制变量以提高模型的解释力度。

表 6.12 变量选择、变量含义与赋值

变量类型	变量名称		变量含义与赋值
被解释变量: 农户农药安全间隔期管理	安全间隔期执行率		二元变量,是＝1,否＝0
	安全间隔期绝对距离		连续变量
	安全间隔期相对距离		连续变量
解释变量: 合作社质量安全管理措施	结果控制	农残检测	二元变量,是＝1,否＝0
	过程控制	统一农资	二元变量,是＝1,否＝0
		统一生产标准	二元变量,是＝1,否＝0
	社会控制	内部监督奖惩	二元变量,是＝1,否＝0
		技术培训	二元变量,是＝1,否＝0
控制变量: 农户个人家庭及经营特征	家庭规模		连续整数变量,单位:个
	年龄		连续变量,单位:年
	受教育水平		序次变量,没有受过教育＝1,小学＝2,初中＝3,高中/中专＝4,本科/大专＝5,研究生及以上＝6
	家庭种植面积		连续变量,单位:亩

家庭决策者的平均年龄为 52 岁,而平均教育水平仅为初中。我们的样本决策者主要是中年具有中等文化程度的农业生产者,他们的生产技能和接受新事物的能力有限(Ma et al.,2018)。另外,家庭规模和农场规模是影响农民生产决策的主要因素。在我们的调查中,有 80％的样本家庭成员不高于 5个,只有 6％的样本家庭有 10 个或更多的家庭成员,这是中国农村典型的联合家庭。农场平均面积为 43.8 亩,但由于作物种植的要求不同,差异很大。例如,丘陵地区的果树面积通常较大,而平原地区的蔬菜面积通常相对较小。许多合作社是属于大型农民组织的,导致农场规模差异很大。

(2)实证分析

模型 1 报告了 Logit 模型的估计结果以及均值系数和边际效应(MEM)。值得注意的是,控制变量(二进制变量)从 0 到 1 离散变化的边际效应是代替MEM 计算的。模型 2 和 3 使用稳健 OLS 回归模型来分析控制措施对安全间隔期绝对距离和相对距离的边际效应(见表 6.13)。

从结果来看,受教育水平和家庭种植面积没有显著影响农户农药安全间隔期管理。但是,家庭规模在所有三个模型中均显示出显著的正边际效应。这个结果是因为小农户的农业生产不仅受到农民自身的影响,而且受整个家庭特征的影响很大。在中国农村地区,一个成员较多的家庭的年龄结构更加多样化,年轻成员对农药使用标准比年龄较大的成员了解得更多,这有助于改善质量和安全标准的执行情况。此外,决策者的年龄与安全间隔期的绝对距离和相对距离呈负相关,这与先前研究的发现一致(Asfaw et al.,2009)。

表 6.13　实证分析结果

被解释变量	模型 1:Logit model		模型 2:OLS	模型 3:OLS
	安全间隔期执行率		安全间隔期绝对距离	安全间隔期相对距离
Coefficient	dy/dx		dy/dx	dy/dx
家庭规模	0.225***	0.0543***	0.340***	0.0439***
	(0.0757)	(0.0181)	(0.0984)	(0.0127)
年龄	−0.0250	−0.00604	−0.105***	−0.00996***
	(0.0153)	(0.00370)	(0.0385)	(0.00367)
受教育水平	0.0333	0.00805	0.531	0.0415
	(0.170)	(0.0411)	(0.426)	(0.0404)
家庭种植面积	0.00184	0.000445	−0.00112	−0.000117
	(0.00151)	(0.000366)	(0.00255)	(0.000279)
统一农资	1.124***	0.270***	2.585***	0.267***
	(0.306)	(0.0708)	(0.721)	(0.0682)
统一生产标准	1.850***	0.427***	3.816***	0.453***
	(0.499)	(0.0932)	(0.997)	(0.0822)
农残检测	0.589*	0.143*	1.298*	0.108
	(0.316)	(0.0764)	(0.782)	(0.0747)
技术培训	0.291	0.0711	1.373	0.0970
	(0.398)	(0.0980)	(0.903)	(0.0802)

续表

	模型 1:Logit model		模型 2:OLS	模型 3:OLS
内部监督奖惩	−0.276 (0.323)	−0.0663 (0.0767)	−0.741 (0.821)	−0.0742 (0.0785)
样本量	312		312	312
R^2	/		0.258	0.291

注:* 代表 $P<0.10$,** 代表 $P<0.05$,*** 代表 $P<0.01$。

此外,这五种控制措施在实践中可能相互关联(它们的部分相关系数列在表 6.14 中)。统一生产标准和技术培训具有最高的相关性(0.5388),这是有道理的,因为通常将统一的生产标准与培训计划(如生产标准所需的一些技术技能)一起实施。技术培训与农残检测之间的相关系数为 0.3766,其次为 0.2942(农残检测与内部监督奖惩之间的相关性)。因为,农残检测的标准通常需要培训来传递,违反安全标准的人会受到处罚,遵守标准和生产优质食品可以带来奖励,这些规则以及技术细节会通过培训计划传达给农民。而其他措施间的相关性较低。

表 6.14　控制措施相关性分析

控制措施	统一农资	统一生产标准	农残检测	技术培训	内部监督奖惩
统一农资	1	—	—	—	—
统一生产标准	0.2042 ***	1	—	—	—
农残检测	0.1344 **	0.0520	1	—	—
技术培训	0.1989 ***	0.5388 ***	0.3766 ***	1	—
内部监督奖惩	0.1249 **	0.0882	0.2942 ***	0.0397	1

注:* 代表 $P<0.10$,** 代表 $P<0.05$,*** 代表 $P<0.01$。

由于措施间具有高度相关性,因此需要在回归分析中包括这三类措施之间的相互作用,即统一生产标准与技术培训、技术培训和农残检测、农残检测和内部监督奖惩之间的交互项。在加入这些交互项后,模型的解释能力得以提高(见表 6.15),它们显著影响了社会控制和结果控制的边际效应,但对过程控制却没有影响。无论是否采取其他措施,过程控制都将全面改善食品质量和安全性,因此合作社应首先考虑过程控制。结果控制和社会控制的边际效应依赖于采用其他控制措施。如果合作社忽视技术培训或内部监督奖惩措施的实施,进行农残检测是没有用的。同样,内部监督奖惩措施只能在农残检测方面发挥积极作用,并且有必要将技术培训与统一标准或农残检测结合起来。奖罚激励的前提是透明的评估原则、客观的结果和值得信赖的管理者,而不能满足这些要求就使奖罚激励无效(De Quidt et al.,2017)。总体而言,可以通过实施统一的生产标准来启动适当的管理计划,然后进行培训和安全检查,以及同时采用奖惩措施。

表 6.15　加入管理措施交互项的实证结果

被解释变量	模型 1:Logit model		模型 2:OLS		模型 3:OLS	
	安全间隔期执行率		安全间隔期绝对距离		安全间隔期相对距离	
	dy/dx	dy/dx	dy/dx	dy/dx	dy/dx	dy/dx
统一农资	0.270*** (0.0708)	0.338*** (0.0796)	2.585*** (0.721)	3.028*** (0.784)	0.267*** (0.0682)	0.313*** (0.0700)
统一生产标准	0.427*** (0.0932)	0.462*** (0.165)	3.816*** (0.997)	2.266* (1.368)	0.453*** (0.0822)	0.364*** (0.115)
农残检测	0.143* (0.0764)	−0.461** (0.206)	1.298* (0.782)	−2.747* (1.646)	0.108 (0.0747)	−0.328** (0.151)
技术培训	0.0711 (0.0980)	−0.0412 (0.238)	1.373 (0.903)	−2.319** (0.959)	0.0970 (0.0802)	−0.166** (0.0827)
内部监督奖惩	−0.0663 (0.0767)	−0.236* (0.122)	−0.741 (0.821)	−3.035*** (1.147)	−0.0742 (0.0785)	−0.272*** (0.101)
统一标准与技术培训交互项		−0.0396 (0.247)		4.512*** (1.517)		0.257** (0.127)
技术培训与农残检测交互项		0.455** (0.196)		1.741 (1.295)		0.252** (0.114)
农残检测与内部监督奖惩交互项		0.375** (0.163)		4.214** (1.686)		0.386** (0.154)

续表

被解释变量	模型 1：Logit model		模型 2：OLS		模型 3：OLS	
	安全间隔期执行率		安全间隔期绝对距离		安全间隔期相对距离	
	dy/dx	dy/dx	dy/dx	dy/dx	dy/dx	dy/dx
LR chi2 （Prob >chi2）	11.56 (0.0091)***		12.71 (0.0053)***		11.11 (0.0111)**	
样本	312	312	312	312	312	312
R^2			0.258	0.281	0.291	0.309

注：* 代表 $P<0.10$，** 代表 $P<0.05$，*** 代表 $P<0.01$。

　　样本合作社或多或少地采取了控制措施以引导农民在实践中实施质量和安全标准，但农民在遵循农药使用标准，减少农药残留和控制农产品安全风险方面仍然表现不尽如人意。我们基于安全间隔期引入了三类质量安全控制措施，结果表明，过程控制对合作社农产品质量安全控制绩效产生重要影响，而结果控制和社会控制必须与其他措施结合才能发挥作用。此外，农民未能实施有效的质量安全控制的主要原因可能是合作社经常忽视农民的能力和技能有限这一现实，而没有充分考虑各种控制措施的结合。综合而言，在资金和人员等管理资源有限的情况下，那些容易实施且对质量安全有重大影响的控制措施，例如促进统一生产标准，应被视为优先事项。技术培训虽被多数研究者认为是影响农民安全生产行为的关键举措，但本研究发现此措施实际上是一种补充控制措施，应与统一标准一起实施才能提高农民知识和技能以减少农药残留量。此外，内部监督奖惩和农残检测的结合将进一步提升农民的实施绩效。在管理能力相对较强的情况下，可以考虑提供统一投入品，以全面改善带动作用。政府需要认识到合作社在组织农民方面具有优势，但在提供高质量和高品质农产品方面却缺少足够的激励机制。为了有效地促进合作社强化农产品质量安全控制，政府应积极拓宽农村地区的融资渠道，缓解合作社和小规模农民的资金约束。同时，应该逐步将先进技术和人才引入农业生产，以突破现有合作社的瓶颈。

第七章 质量兴农与绿色兴农融合发展的服务体系构建路径

大国小农是我国农业发展需要长期面对的基本现实。大力发展农业社会化服务，是将小农户引入现代农业发展轨道最现实、最有效的途径。我国农业社会化服务迅速发展，服务范围不断增加，服务模式日趋多样。截至2020年底，全国各类社会化服务主体超过90万个，服务面积超过16亿亩次。然而，当前我国农业社会化服务仍存在产业规模不大、服务能力不强、领域不宽、质量不高等问题。农业绿色高质量发展对资本、技能、装备、信息等现代生产要素水平要求更高，对相应社会化服务的要求也更高（沈兴兴等，2019）。建立满足质量兴农与绿色兴农融合发展要求的社会化服务体系，不仅需要国家加大扶持力度，更应该注重市场机制在社会化服务市场主体培育中的主导作用，从农户的需求出发有针对性地推动社会化服务的发展。本章将以化肥农药减量增效这一充分体现质量兴农与绿色兴农融合发展要求的技术为例，分析融合发展重点与难点群体——小农户的技术服务需求特征，揭示其技术需求背后的影响因素，从而针对性地提出绿色安全农业生产服务体系构建路径。

第一节 小农户安全绿色生产服务需求特征与决定因素

本节以水稻化肥农药减量增效技术为例，分析小农户安全绿色生产技术需求特征及其影响因素，力求精确识别农户对减量增效技术服务的需求，以实现服务供给与需求量上的平衡和结构上的匹配。选择以水稻为例，是因为水稻作为占比最高的口粮作物，生产的化肥农药滥用问题非常突出（周曙东等,2013;朱淀等,2014),同时稻米重金属污染等质量安全问题也时有发生。因而,推进粮食生产绿色转型、增加安全绿色优质粮食供给是新形势下我国粮食安全战略的必然选择,在农户中推广化肥农药减量增效技术迫在眉睫。

然而减量增效类绿色生产技术对生产要素和生产管理的要求普遍较高(赵连阁等,2013),农户需要付出更多的技术跃迁成本,如学习成本、交易成本来满足技术要求(周建华等,2012;黄炎忠等,2018),生产成本和技术采纳风险更高(祝华军等,2012)。生产面积小、生产能力弱的稻农难免会对这些新技术持谨慎态度,从而在很大程度上抑制了技术的推广。鉴于此,有学者提出发展生产性服务是促进减量增效类绿色生产技术采纳的重要方式,通过推进减量增效技术配套服务的建设,为农户创造技术采纳条件,提高技术的易用性。2017年农业部《关于加快发展农业生产性服务业的指导意见》中强调,发展农业生产性服务需要积极拓展服务领域,尤其是要在绿色高效生产技术服务领域有所突破。

一、理论模型与研究综述

1. Kano 模型

Kano 模型是由日本质量管理专家狩野纪昭在赫兹伯格双因素理论基础上提出的,用于考察产品或服务质量属性在提供和不提供两种情境下的个体态度,从而识别对产品或服务的需求类型。相比传统的分类方法,Kano 模型能够通过精确识别个体对产品或服务的态度变化来深入挖掘个体对服务的需求强度与优先顺序(刘蕾,2015)。根据农户在服务"提供"或"不提供"情形下的态度选择,Kano 模型将农户对服务的需求划分为以下 5 类。(1)必备型需求(basic quality)。农户认为提供该项服务是政府应该履行的责任,如果政府不积极提供此项服务会引起农户的不满。(2)期望型需求(performance quality)。如果农户获得该项服务会提高满意度,反之会明显不满。(3)魅力型需求(excitement quality)。如果农户获得该项服务会提高满意度,反之不会明显不满。(4)无差异型需求(indifferent quality)。无论农户是否能够获得该项服务,农户的态度没有明显差别。(5)反向型需求(reverse quality)。如果获得了该项服务反而会导致农户的反感。根据农户对各项配套服务需求的选择比重来确定需求类型。

在识别各项服务需求类型后再根据 Berger et al.(1993)提出的 Better-Worse 系数来评价农户对每项服务的满意度。Better 系数是指农户可以获得某项服务时满意度的提升,通常为正,越接近 1,农户满意度提升越大。Worse 系数是指农户不能获得某项服务时满意度的下降,通常为负,越接近—1,农户满意度下降越大。Better-Worse 系数即为两者之差,计算公式为:

$$C_{Better} = [P_E + P_P]/[P_E + P_P + P_I + P_B] \tag{7-1}$$

$$C_{Worse} = -[P_P + P_I]/[P_E + P_P + P_I + P_B] \tag{7-2}$$

$$C_{B-w} = C_{Better} - C_{Worse} \tag{7-3}$$

式中,P_E、P_P、P_B 和 P_I 分别代表稻农对魅力型、期望型、必备型和无差异型服务的需求数量。

2.农户需求及其影响因素相关研究

国内外学者针对农户服务需求问题展开了大量的研究。如庄丽娟等(2010)利用荔枝产区数据研究发现,农户最偏好技术服务、销售服务和农资购买服务,农户自身特征和服务信息来源对服务需求有显著影响。李荣耀(2015)利用 15 省份调查数据表明,种植业农户对种苗提供、农产品销售等服务的需求最迫切,地区、收入水平、是否是合作社成员、受教育水平和经营类型等因素都会对需求顺序产生影响。总体来看,受到样本、服务内容和识别方法差异的影响,对农户服务需求顺序和需求强度的研究结论各不相同。同时,现有微观层面的考察多针对的是一般性生产过程,缺少在具体生产背景或者生产技术要求下的配套性服务需求分析,仅有张露等(2017)研究了在气候灾害后这一背景下农户对气候灾害响应型生产性公共服务的需求问题。

鉴于此,本章以水稻产业为例,围绕稻农减量增效技术配套服务的需求问题,首先识别稻农在减量增效技术领域迫切需要获得哪些配套服务,其次分析配套服务需求受到哪些因素驱动,以促进农户对化肥农药减量增效技术的采纳。本研究的创新点在于,尝试将产品质量管理领域的 Kano 模型引入农户对减量增效技术配套服务需求的分析,更精确地识别农户对各项服务的需求强度和优先顺序。同时尝试将多层线性模型(HLM)运用于农户对配套服务需求的影响因素分析中,能够结合农户样本的多层结构特征,同时揭示所在村或者乡镇生产性服务发展水平、供给情况和推广政策等地区性因素对农户配套服务需求的影响。

二、农户水稻化肥农药减量增效技术配套服务筛选

本研究基于水稻生产方式绿色转型与水稻质量安全管理的综合要求,利用专家咨询和农户深度访谈法,总结提出了八项水稻化肥农药减量增效技术配套服务项目及其服务内容(见表7.1)。本研究所提出的各项服务包括了实施水稻化肥农药减量增效技术需要的农业信息和技术培训等基础性、普惠性服务,解决了农户"做不到"的难题;也提高了稻农在育秧、植保等环节的生产质量和生产效率,解决了农户"做不好"的问题。鉴于农业信息发布等环节的服务具有强烈的正外部性(张露等,2017),因此需要借助政府的力量,由政府或者准政府部门直接提供公益性服务,或者通过政府订购、定向委托等方式向专业服务公司、农民合作社、专业服务队购买统防统治、植保服务等经营性服务。

表7.1　水稻化肥农药减量增效技术配套服务

服务项目	服务内容与服务方式	服务意义
统一供种供秧	种粮大户、粮食合作社等与农户签订合同,采用统一抗病虫害品种,按照规范化技术要求统一育秧并提供给农户,政府为接受服务的农户以及提供服务的组织提供补贴	有助于推广减药品种,减少育秧成本,提高育秧质量
农业技术培训与技术指导	政府举办减量增效技术培训班、示范区现场学习会等,并由农技人员进行田间和入户指导	有助于转变农户化肥、农药使用观念,为农户提供认识、学习和掌握减量增效技术的渠道
植保信息服务	由农业行政主管部门所属的农作物病虫测报机构来监测、预报和发布水稻病虫害情况	有助于规范农户农药使用行为,减少施药次数,提高减药技术效果
测土信息服务	政府农技推广人员采集和分析所在区域土壤养分,公布土壤养分信息,并发放《配方施肥建议卡》	有助于农户调整肥料配方,减少不必要的化肥投入,提高施肥效果
农资信息服务	政府相关部门为农户提供优质种子、农药和化肥的种类、购买渠道、销售价格等市场信息	有助于推广优质化肥农药物资,减少农户的搜寻成本

续表

服务项目	服务内容与服务方式	服务意义
农资统购服务	政府通过统一招标采购优质的农药和化肥、有机肥,按照各地政府的补贴标准,以差价形式对农户进行直接补贴,也可结合物资的统一标识、统一价格与统一配送服务	有助于争取低于市场价格的优惠价格,且从源头堵塞假冒伪劣农资商品进入市场,保证产品质量
免费物资服务	政府免费向农户发放减量增效技术需要的香根草、向日葵和芝麻的种子等物资	有利于减少农户的技术采纳成本
统防统治服务	种粮大户、合作社或者专业植保组织等与农户签订合同,组建机防队伍,利用高效植保机械为农户提供融合绿色防控技术的承包服务。政府对接受服务的农户和提供服务的主体提供补贴	有助于减少植保成本、提高植保质量和绿色防控技术使用率

三、农户水稻化肥农药减量增效技术配套服务需求特征

1. 数据来源

研究数据来源于 2017 年 7 月至 10 月对浙江省和江苏省水稻种植户进行的调查。调查在浙江省和江苏省内分别选取较早推广水稻化肥农药减量增效技术的 6 个县区和 2 个县区,然后在各个县区抽取 4—5 个村,每村随机抽样调查农户 10—13 户。调查通过一对一的方式进行,共回收问卷 638 份,其中有效问卷 601 份,有效率为 94.20%。

2. 稻农化肥农药减量增效技术配套服务需求识别结果

稻农化肥农药减量增效技术配套服务需求的识别结果(见表 7.2)表明,统一供种供秧、统防统治和提供免费物资属于魅力型服务,农户非常希望获得这些服务,但如果没有得到也是可以接受的。农业技术培训与技术指导和植保信息属于期望型服务,获得这两项服务能够提高农户的满意度,一旦缺少这两项服务则会引起农户的不满。测土信息、农资信息和农资统购属于无差异型服务,获得或者没有获得服务,农户不会表现出明显的满意或者不满的情绪。

表 7.2　稻农减量增效技术配套服务的需求识别结果

服务项目	必备型	魅力型	期望型	无差异型	反向型	最终结果
统一供种供秧	54	233	187	126	1	魅力型
农业技术培训与技术指导	125	157	182	134	3	期望型
植保信息	83	180	209	129	0	期望型
测土信息	52	166	99	281	3	无差异型
农资信息	47	172	108	270	4	无差异型
农资统购	54	205	113	228	1	无差异型
统防统治	41	238	197	125	0	魅力型
免费物资	61	223	152	165	0	魅力型

　　各项配套服务的 Better-Worse 系数排序结果见表 7.3。稻农最需要的前三项服务分别为植保信息、统防统治和统一供种供秧,Better-Worse 系数均超过了 1.100,可见农户在实践减量增效技术的过程中最需要植保和育秧方面的服务。植保环节技术含量高,由于一般农户难以准确把握防治期,防治方法相对落后,难免导致防治效果不佳和人力成本过高,因此农户依赖政府提供的地区病虫害疫情信息服务来调整施药次数和施药结构,并且依赖统防统治服务减少植保投入,提高植保质量。同样情况的还有育秧环节,完整的育秧过程成本可以高过 100 元/亩,掌握不好育秧时间和育秧技术还容易出现稻种冻死、烧死的情况,因此农户希望通过专业化的供种供秧服务来提高秧苗质量和成秧率。相比于植保和育秧服务,农户对农业技术培训与技术指导服务的需求略有降低,由于很多农户将提供技术培训看作是政府的基本义务,因此相比于提供服务带来的满意感,农户对政府不提供技术培训服务的不满更为强烈。稻农对物资服务,包括免费物资服务和农资统购服务的需求要低于对植保、育秧和技术培训服务的需求。农户会对政府不提供香根草种子等物资表示不满,却不会因为没有统一采购服务而不满,主要因为随着农资市场的发展,农资购买渠道逐渐多元化,除了统一采购,农户可以通过厂家直销、连锁店等多种渠道便捷地获得物资。稻农对农资信息服务和测土信息服务的响应并不积极,尤其是对测土信息服务的需求程度最低,一是因为农户对调整施肥结构能够带来的好处感受不深,二是因为测土配方技术本身还存

在配土成本较高、配方肥效果较差的问题。

表 7.3 稻农减量增效技术配套服务需求的 Better-Worse 系数结果

服务项目	Better 系数	Worse 系数	Better-Worse 系数	排序
植保信息	0.647	−0.486	1.133	1
统防统治	0.724	−0.396	1.120	2
统一供种供秧	0.700	−0.402	1.102	3
农业技术培训与技术指导	0.567	−0.513	1.080	4
免费物资	0.624	−0.354	0.978	5
农资统购	0.530	−0.278	0.808	6
农资信息	0.469	−0.260	0.729	7
测土信息	0.443	−0.253	0.696	8

四、基于多层线性模型的农户需求影响因素分析

1. 模型构建

本节采用多层线性模型来分析稻农配套服务需求的影响因素，揭示村庄和农户两个层面因素对农户服务需求的影响。采用多层线性模型的原因是，稻农对配套服务的需求不仅与个体因素相关，还会受所在地区层面生产性服务发展水平的影响，而生产性服务发展水平在村级或者乡镇文化、经济发展背景的影响下呈现明显的地区性差异，但同一地区农户所能获得的服务具有一致性。此外，稻农样本利用多层次抽样方法采集，具有典型的多层结构数据特征。然而一般线性回归模型在处理含有多层影响因素的数据时没有考虑地区性的问题，通常采用"集中"或者"分解"两种方式简化多层问题，遗漏相同环境下个体存在的一种共享经验和情景，违背了线性回归模型残差独立的基本假设。1972 年，林德利（Lindley）和史密斯（Smith）率先提出了多层线性模型概念（hierarchical linear models，HLM），通过将传统线性模型随机变异分解为"组间变异"和"组内变异"的方法，有效区分个体层面和背景层面因素对个体的影响，适用于对具有多层结构的数据进行分析。

多层线性模型可以分为零模型（the null model）和完整模型（the full

model)两部分,在零模型和完整模型中分别将第一层模型(个体层面)的截距和斜率作为第二层模型(地区层面)的因变量,并对第二层模型的自变量进行回归分析。零模型中不加入任何的解释变量,将个体总方差分解为来自同一群体的"组内变异"和来自不同群体的"组间变异",判断各层次是否对因变量产生显著影响,若均有影响则可以构建完整模型。完整模型中包括了第一层和第二层的所有解释变量,分别检测两层解释变量的影响以及跨层级的交互影响。

零模型:

第一层模型:

$$Y_{ij} = \beta_{0j} + r_{ij} \tag{7-4}$$

$$\mathrm{Var}(r_i) = \sigma^2 \tag{7-5}$$

第二层模型:

$$\beta_{0j} = \gamma_{00} + u_{0j} \tag{7-6}$$

$$\mathrm{Var}(u_{0j}) = \tau_{00} \tag{7-7}$$

完整模型:

第一层模型:

$$Y_{ij} = \beta_{0j} + \beta_{1j} X_{1ij} + r_{ij} \tag{7-8}$$

第二层模型:

$$\beta_{0j} = \gamma_{00} + \gamma_{01} W_{1j} + u_{0j} \tag{7-9}$$

$$\beta_{1j} = \gamma_{10} + \gamma_{11} W_{1j} + u_{1j} \tag{7-10}$$

$$\mathrm{Var}(u_{0j}) = \tau_{00} \tag{7-11}$$

$$\mathrm{Var}(u_{1j}) = \tau_{11} \tag{7-12}$$

式中,Y_{ij}代表因变量。β_{0j}是第一层模型的截距项,β_{1j}是第一层模型的斜率,r_{ij}是第一层模型的残差项。γ_{00}为第二层模型式 7-9 的截距项,γ_{01}是第二层模型式 7-9 的斜率,u_{0j}是第二层模型式 7-9 的残差项。γ_{10}为第二层模型式 7-10 的截距项,γ_{11}是第二层模型式 7-10 的斜率,u_{1j}是第二层模型式 7-10 的残差项。X_{1ij}为第一层模型的自变量,W_{1j}为第二层模型的自变量。

参考张露等(2017)的研究,本研究用必备型和期望型服务的总数来代表农户服务需求强度。结合相关研究结论(Kibwika et al.,2009;李俏等,2011;谈存峰等,2017),农户层面自变量包括生产面积、种稻劳动力数量、生产经验、家庭兼业水平、生产成本和农户技术难度认知。村级层面自变量包括经济发展水平和服务可得性,分别利用平均雇工价格和本地提供的服务数量来

表示。实证分析的综合模型可以表示为:

$$Nec = \gamma_0 + \gamma_{01} Pri + \gamma_{02} Avai + \gamma_{10} Year + \gamma_{20} Area + \gamma_{30} Cost +$$
$$\gamma_{40} Lab + \gamma_{50} Bus + \gamma_{60} Reg + \gamma_{61} Avai * Reg + u_0 + r \qquad (7\text{-}13)$$

2. 描述性分析

从描述性分析结果(见表 7.4)来看,样本农户的平均需求强度为 2.93,在 8 类服务中平均有 3 种为必备性或期望型服务。服务需求的整体水平并不高,一方面因为农户对配套服务的内在期望不足,另一方面农户习惯了长期以来自给自足的生产方式。农户生产经验丰富,生产面积较大,并且大部分已经不以种稻作为唯一收入来源。种稻的平均生产成本接近 1000 元/亩,平均雇工价格达到 122.04 元/工日。仅有 23% 的农户认为减量增效技术难以掌握,可见技术掌握难度不是大部分农户不采纳减量增效技术的阻碍。

表 7.4　变量说明与描述性分析

变量		变量说明	单位	平均数	方差
需求强度(Nec)		必备型和期望型服务总数	个	2.93	1.78
农户层面	生产经验(Year)	家庭决策者种植水稻年数	年	25.50	16.13
	生产面积(Area)	水稻种植面积	亩	64.18	112.25
	生产成本(Cost)	水稻生产成本	元/(亩·季)	990.06	461.54
	种稻劳动力数量(Lab)	种稻劳动力数量	人	2.96	1.37
	家庭兼业水平(Bus)	非农收入占家庭总收入比重	%	37.90	32.16
	技术认知(Reg)	减量增效技术是否难以掌握	0=否;1=是	0.23	0.42
村级层面	经济发展水平(Pri)	本地区平均雇工价格	元/工日	122.04	56.87
	服务可得性(Avai)	本地区提供的配套服务项目数量	项	3.36	1.50

3. 模型结果与分析

本研究将农户划分为高技术采纳水平组和低技术采纳水平组分别分析

以考察不同技术采纳水平下农户服务需求的异质性。组别划分标准为样本稻农对化肥农药减量增效技术的采纳得分,采纳得分高于平均得分的为高技术采纳水平组,低于平均得分的为低技术采纳水平组①。在 HLM7.0 软件利用多层线性模型进行估计。首先使用零模型分析农户层面和村级层面对服务需求的影响,然后利用完整模型分析各项自变量对服务需求的影响,同时为进一步明确地区服务可得性的影响,将服务可得性变量放入第二层技术认知的斜率项中进行估计。

(1)零模型估计结果

首先利用村级层面和农户层面的方差变异来计算组内相关系数 ρ (intraclasscorrelation coefficient,ICC),判断村级层面变量是否会对个体行为产生影响。计算可知,低技术采纳水平组 ρ 值为 0.37,高技术采纳水平组 ρ 值为 0.60,表明两组稻农对配套服务需求总变异中分别有 37% 和 60% 来源于村级层面,属于高度相关,且 P 值约为 0.000,拒绝原假设,因此可以认为村级层面变量对农户配套服务需求产生了显著影响。综上,本数据具有层级结构性,适合利用多层线性模型进行估计。

(2)完整模型估计结果

低技术采纳水平组的估计结果如表 7.5 所示。

表 7.5　完整模型估计结果

变量	低技术采纳水平组			高技术采纳水平组		
	系数	标准差	P 值	系数	标准差	P 值
截距	0.8465	0.6308	0.194	1.4803**	0.7015	0.048
村级层面						
经济发展水平	0.0102***	0.0036	0.010	0.0098*	0.0053	0.080
服务可得性	0.0851	0.1078	0.439	0.3695**	0.1748	0.048
农户层面						
技术认知	1.2050**	0.4996	0.017	2.3374*	1.3083	0.075
家庭兼业水平	−0.0034	0.0027	0.204	−0.0024	0.0024	0.315

---

① 样本农户化肥农药减量增效技术的采纳得分是加入技术复杂性权重的单项减量增效技术得分之和。

续表

变量	低技术采纳水平组			高技术采纳水平组		
	系数	标准差	P 值	系数	标准差	P 值
生产经验	0.0019	0.0040	0.641	−0.0008	0.0049	0.875
生产成本	0.0007**	0.0002	0.003	0.0001	0.0002	0.796
种稻劳动力数量	−0.1524**	0.0750	0.043	−0.0295	0.0504	0.558
生产面积	0.0048***	0.0008	0.000	−0.0014**	0.0004	0.002
技术认知 * 服务可得性	0.0427	0.1607	0.791	0.0551	0.2801	0.844
样本数量	353			248		

注：*、**、*** 分别代表在 10％、5％和 1％水平上显著。

从村级层面来看，经济发展水平对服务需求的影响为正且在 1％水平上显著，表明经济发展水平越高的地区农户服务需求强度越大。由于经济发展水平较高地区的土地和劳动力成本往往偏高，因此水稻生产对服务和补贴的依赖性更强。地区服务可得性对需求的影响为正但并不显著，可能因为减量增效技术采纳水平较低的农户不太关注与服务相关的政策。

从农户层面来看，相比于认为技术不难的农户，认为减量增效技术较难的农户服务需求在 5％水平上显著更高，若农户认为自己不太能够掌握相关技术，会倾向于依靠配套服务来帮助自己。生产成本和生产面积均对服务需求有正向影响，且分别在 5％和 1％水平上显著。生产成本和生产面积增加代表农户实践减量增效技术的难度也随之增加，因此更依赖配套服务。同样地，劳动力数量，即劳动力不足造成的生产难度也在 5％水平上显著影响服务需求。技术认知与服务可得性的交互项系数为正，这表明在服务可得性较高的地区，如果农户认为技术比较难，更倾向于向服务寻求帮助，而在服务可得性较低的地区，更倾向于自己解决。

高技术采纳水平组的估计结果见表 7.5。从村级层面来看，经济发展水平对农户服务需求影响的显著性下降到 10％，而地区服务可得性对服务需求的影响在 5％水平上显著为正。如果农户采纳了较多的减量增效技术，会更多关注政府的服务政策和服务方式，一旦服务可获得性比较高，服务带来的满足感也会上升。

从农户层面来看,技术认知仅在10%水平上正向影响服务需求,表明技术难度对高技术采纳水平稻农服务需求的影响较弱。与低技术采纳水平农户相比,生产投入对服务需求的影响较弱,可能因为技术采纳水平较高的农户更多地从技术本身出发考虑服务需求而不是从自家生产禀赋考虑。生产面积对服务需求的影响在5%水平上显著为负。在技术采纳水平高的农户中,生产面积越大,自身实践减量增效的能力越强,表现在自有配套设施越完善,获取各类信息渠道更多,因而对生产性服务需求降低,这也部分解释了为什么生产成本、劳动力数量的影响不显著。而对于技术采纳水平较低的农户而言,由于技术采纳相关配套设施不完善,生产面积越大对外在的服务的需求就越大。技术认知与服务可得性的交互项系数同样为正,在服务可得性较高和认为技术较难的情况下,农户更倾向于通过服务帮助自己实践技术。

研究基于浙江省和江苏省601户稻农数据,利用Kano模型分析了农户减量增效技术服务领域的需求类型和需求强度,并且利用多层线性模型分析了服务需求的影响因素。主要结论有:第一,稻农在实践减量增效技术时首先最需要的前三项服务分别为植保信息、供种供秧和统防统治,其次是技术培训和技术指导服务,再次是免费物资服务和农资统购服务,最后是农资信息服务和测土信息服务。第二,对技术采纳水平较低的农户而言,村级层面的经济发展水平在1%水平上显著提高了农户的服务需求,而地区服务可得性对需求的影响为正但并不显著;个体层面的生产成本、生产面积、劳动力数量以及技术难度认知也显著影响农户的服务需求。对技术采纳水平较高的农户而言,村级层面的服务可得性在5%水平上显著提高了农户服务需求,但经济发展水平对农户服务需求影响的显著性下降到10%。个体层面的技术难度认知对服务需求也有一定提升作用,但与低技术采纳水平农户相比,生产投入对服务需求的影响较弱。生产面积对高技术采纳水平农户服务需求的影响显著为负,因为生产面积越大,自身实践减量增效技术的能力越强,对生产性服务的需求越低,而对于低技术采纳水平农户而言,由于技术采纳相关配套设施不完善,生产面积越大对外在服务的需求就越大。

第二节　技术关联视角下农户安全绿色生产服务需求分析

一、理论基础与研究综述

1.技术关联效应理论

罗杰斯认为技术创新本身是影响扩散的重要因素,在很大程度上决定了技术扩散速率和扩散路径。然而诸如病虫害综合防治技术、保护性耕作技术等农业技术都是多项子技术的集合体,因此子技术的扩散不仅受自身属性影响,也与其他子技术属性相关。Feder(1982)发展了技术包采用的理论模型,将农业技术划分为可分割技术(divisible technology)和不可分割技术(non-divisible technology)两类:在不可分割技术中,生产者需要采纳一整套技术以完整实现技术效果;而可分割技术包含了多项具有关联效应的子技术。关联效应是指采纳了其中某项技术从而对其他技术的采纳产生影响,主要包括互补和替代两种效应。可分割技术产生关联效应的原因首先在于,受限于生产禀赋与个体偏好,农户往往会在多项技术中进行取舍,选择其中一种或者几种技术以实现效益最大化。其次,从技术特征来看,子技术的技术目标相似但是实现路径各有优势,导致技术效果之间相互融合或者相互排斥,造成关联效应。

2.国内外研究综述

国外研究很早就关注了技术采纳之间的关联效应,发现农户通常会在一系列技术当中选择令他们效益最大化的技术组合而并非采纳整个技术集。例如Feder(1982)分析了农户对两种具有互补特征的技术采纳行为,并指出风险态度、规模报酬差异和资金限制是解释农户在"一揽子"技术中只采纳部分技术的原因。Rauniyar et al.(1992)利用英国玉米种植农户数据分析认为,在7种不同的技术中,农户会自动将它们分为3组相关联的技术来采纳。Tsinigo等(2017)探讨了加纳1016名小农户对优质品种、化肥和农药3种技术相互组合的采纳行为,发现农场规模、技术推广、教育、参与实地示范和商业化程度是一致且最显著的影响因素。Tarfa et al.(2019)利用对尼日利亚 160名农户数据的分析表明,农户多项适应气候变化技术采纳行为之间呈现出两两互补的特征。

国内关于农户技术选择行为的研究,或将各项技术视为相互独立的个体,只以单项技术作为对象进行分析,如经营规模和风险态度对实践测土配方的影响(余威震等,2017;张振等,2020)、个体认知对增施有机肥选择的影响(畅华仪等2019)、技术感知对采纳生物农药的影响(何悦等,2020)等。或关注多项生产技术之间可分割的属性,考察农户对生产技术的采纳程度(王思琪等,2018;叶孙红等,2019)。仅有少部分研究深入分析了各项子技术采纳的内在联系。例如,罗小娟等(2013)研究发现鄱阳湖流域种粮大户对测土配方施肥和秸秆还田技术的选择存在显著的互补效应。耿宇宁等(2017)对陕西省357户猕猴桃种植户调研数据分析表明,农户对保护型生物防治技术与增强型生物防治技术的选择存在显著替代效应。陈中督(2017)研究表明,在低碳技术中,免耕栽培技术和肥料优化管理技术之间存在互补关系,同时肥料优化管理技术和冬闲田管理技术之间存在互补关系,农药减量技术和节水灌溉技术与种养结合技术之间都存在替代关系,冬闲田管理技术和种养结合技术之间也存在替代关系。

二、化肥农药减量增效技术需求的关联性分析

化肥农药减量增效不仅是绿色兴农的重要内容,也是确保农产品质量安全的重要举措。化肥农药减量增效可以通过调整化肥农药品种、使用结构和使用方式等多种渠道实现,包含"精、调、改、替"和"控、替、精、统"等多样化的技术路径,因此减量增效技术具有典型的"技术包"特征。忽略"技术包"中的关联效应,不仅会导致农户化肥农药减量增效技术偏好分析失准,更不利于发挥出技术之间的协同效应,妨碍技术集成推广。同时,明确农户技术采纳的内外部约束因素是提升技术推广效率的重要条件,但目前鲜有研究关注到不同类型农户技术偏好差异及其背后的约束因素差异。

本研究中减量增效技术是指在稳定农产品产量、提高综合效益的基础上,通过使用新型农药、化肥和改进施肥施药等方式,来提高化肥农药利用率、减少化肥农药用量的一系列生产技术与管理措施的集合。水稻化肥农药减量增效技术具有典型的"技术包"特征,涉及品种选择、施肥、施药、田间

管理等多个生产环节。本研究认为,在预期收益最大化和资源约束的条件下,稻农对各项化肥农药减量增效技术的选择行为具有关联效应,具体分析如下。

在水稻化肥减量增效技术中,施用有机肥、施用缓释肥、测土配方等三项技术的减量目标是一致的,但对化肥施用的替代效率和替代方式各有优势:施用有机肥技术与秸秆还田技术均是通过增加土壤有机质的方式来改善土壤的物理性质,提高土壤有机质含量和微生物数量,从而减少化肥用量;而缓释肥则通过控制养分的转化速率延长肥效实现化肥减量。然而三类技术的实施条件与成本要求不同。根据课题组在样本地区的调查,稻田施用有机肥约需增加劳动力 0.2 工日/100kg,秸秆还田技术需要投入机械使用成本 80—100 元/亩,而缓释肥的价格则比一般肥料高出 30% 左右。可见,三类技术要求分别侧重于劳动力、机械与资金,一般农户很难同时满足三项技术的需求,因此可能会根据家庭资源禀赋约束以及技术相对优势选择其中某项技术。

据此本研究提出假设 H_1:农户有机肥、秸秆还田与缓释肥的需求是相互替代的关系。

测土配方技术一般包括两个核心环节:首先通过测土来确定土壤养分与供肥能力,结合作物肥料需求情况确定施肥配方;其次由配肥点按照配方进行配方肥加工,并提供配方肥的施肥指导。由于当前配肥点覆盖范围有限,配方肥到位率较低,实践中农户往往需要根据测土配方结果自行调整有机肥、缓释肥等各类肥料的施用结构与用量,导致测土配方施肥技术需要与其他三类技术配合使用。

据此本研究提出假设 H_2:农户测土配方与施用有机肥、缓释肥、秸秆还田技术需求是互补关系。

在农药减量增效技术中,种植显花/诱虫植物和性诱剂诱捕均属于生态防治方式,通过改善稻田生态环境来减少农药用量。种植显花/诱虫植物技术本质上是利用作物—害虫—天敌的相关关系调节和控制病虫害,而性诱剂则是通过性成熟信息素达到诱杀、控制虫害的目的。调查显示,显花/诱虫植物种植和管理成本需要投入大量劳动力,可以减少 1 次农药施用。性诱剂诱捕技术需要投入诱捕器 1 个/亩,平均成本 20 元/个,且管理诱捕器需要增加用工 0.5 工,可以减少打药 1—2 次。可见,种植显花/诱虫植物和性诱剂诱捕技术减量路径一致且均对资金和劳动力投入有一定的要求。

据此本研究提出假设 H_3：农户采纳显花/诱虫植物与性诱剂诱捕技术需求之间是替代的关系。

高效精准施药技术与生态防治的减量途径不同，主要通过购买无人植保机、高效远程喷雾机等精准植保机械服务来提高农药利用率，是一种需要增加资金投入但是可以减少劳动力投入的减药技术。因此，减量需求不同以及要素投入偏好不同的农户可能会在高效精准施药技术与生态防治之间进行决策。

据此本研究提出假设 H_4：农户采纳高效精准施药技术与显花/诱虫植物、性诱剂诱捕技术需求是替代的关系。

三、研究方法与数据来源

1. multivariate（多变量）probit 模型

根据理论分析，农户各项减量增效技术需求具有关联效应，同时会受到各类因素影响，反映在计量模型上需要同时构建多个二元离散且相关的选择模型。multivariate probit 模型是分析多个二元响应变量的有效工具（Ashford et al.，1970；Koen et al.，2018），能够通过组建误差相关的联立方程组捕捉不同二元模型之间的关系，在本研究中既可以识别影响各项减量增效技术需求的因素，同时能够描述各种技术需求之间的关联作用。具体模型可以表示为：

$$Y_{im}^* = X_{im}\beta_m + \mu_{im}, m=1\ldots n \quad \mu_{im} \sim MVN(0,\Psi) \tag{7-14}$$

$$Y_{im} = \begin{cases} 1\ldots if \quad Y_i m^* > 0 \\ 0\ldots otherwise \end{cases} \tag{7-15}$$

其中，$m=1\ldots n$ 为各项化肥农药减量增效技术。潜变量 Y_{im}^* 为农户对第 m 个减量增效技术不可观测的选择，是多个可观测变量 X_{im} 的线性组合。β_m 为待估参数。若各项减量增效技术需求是相互独立、互不影响的，则式 7-14、式 7-15 表示为一般 probit 模型，μ_{im} 服从独立同分布。若农户各项减量增效技术需求之间是相互影响、相互关联的，则 μ_{im} 将遵循零条件均值与变异值的多元正态分布（MVP），即 $\mu_{im} \sim MVN(0,\Psi)$，方差矩阵 Ψ 为：

$$\varPsi = \begin{bmatrix} 1 & \rho_{OM} & \rho_{OS} & \rho_{OG} & \rho_{OR} \\ \rho_{MO} & 1 & \rho_{MS} & \rho_{MG} & \rho_{MR} \\ \rho_{SO} & \rho_{SM} & 1 & \rho_{SG} & \rho_{SR} \\ \rho_{GO} & \rho_{SM} & \rho_{GS} & 1 & \rho_{GR} \\ \rho_{RO} & \rho_{SM} & \rho_{RS} & \rho_{RG} & 1 \end{bmatrix} \tag{7-16}$$

式 7-16 中,非对角线上的元素代表多项减量增效技术随机组成部分之间无法观测的联系,非零值代表各潜变量误差项之间存在关联:若非对角线上的元素值显著大于 0,表明稻农选择不同减量增效技术之间呈现互补关系;若非对角线上的元素值显著小于 0,表明稻农选择不同减量增效技术之间呈现替代关系。

2.变量选择

本研究因变量为农户对各项化肥农药减量增效技术需求的二分变量。根据课题组实地调研,样本地区常见化肥减量增效技术主要为施用有机肥、秸秆还田、施用缓释肥和测土配方四项技术,农药减量增效技术主要为种植显花/诱虫植物、性诱剂诱捕和高效精准施药三项技术。本研究分别考察化肥减量增效技术组合与农药减量增效技术组合各项技术的关联效应。结合技术包采纳理论与已有研究结论,本研究主要从三个方面选取影响技术采纳的自变量。(1)农户资源禀赋特征。资源禀赋是指农户的家庭成员及整个家庭拥有的包括天然所有的及其后天获得的资源和能力(如孔祥智等,2004),包括户主个人特征:年龄、文化程度、风险态度和环境污染认知(如张复宏等,2017;吴雪莲等,2017;黄炎忠等,2018);家庭资源:劳动力数量、兼业程度、家庭收入(如高瑛等,2017;操敏敏等,2020)、种植利润和种植面积(如刘乐等,2017;郑旭媛等,2018)。(2)外部支持因素。农业技术扩散需要社会系统提供支持,这些外部推动因素为农户提供"干中学"等社会学习机会,从而在传统农村社会结构下实现新技术的扩散(姜维等,2019),本研究选择技术培训、周边是否有示范区和是否加入合作社(如郑适等,2018)来考察创新扩散外部支持因素对技术采纳的影响。(3)时间、地点变量。在模型中加入代表样本调查时间与调查地点的虚拟变量以控制样本调研时间与地点差异对决策带来的影响。

3.数据来源与描述性分析

(1)数据来源

数据来源于项目组 2017—2018 年在浙江省开展的水稻种植户化肥、农药减量增效技术采纳情况调查,旨在把握当前化肥农药减量增效技术的采纳现状、采纳规律与推广障碍。选择浙江省农户作为分析对象,首先是因为 2016 年浙江省水稻种植面积占到了全省粮食播种面积的 65.18%,水稻绿色生产技术对于推动浙江省化肥农药减量、确保粮食安全具有重要意义。其次,浙江省作为国家农产品质量安全示范省和农业绿色发展的试点先行区,于 2015 年印发了《浙江省化肥减量增效实施方案》和《浙江省农药减量实施方案》,提出化肥农药减量增效的总体要求、目标任务、技术路线和工作重点,在实现减量增效上也走在了全国前列,能够为其他地区的技术推广提供参考。

调研首先根据浙江省各市县谷物种植面积与产量排序,选择排名靠前的嘉兴市,排名中间的杭州市、湖州市和排名靠后的金华市作为样本地区[①],这样既能较好反映出浙江省水稻生产的总体特征,又能体现地区差异。然后从各市中选择最早开始水稻减量增效技术试点的县(市、区),利用多层抽样法选取样本,每个调研地点抽取 2—3 个乡镇,每个乡镇抽取 1—2 个村庄,每个村庄抽取 15—20 户左右农户。调查分别于 2017 年 7—9 月份和 2018 年 2—3 月进行:2017 年调查地区包括杭州市萧山区、嘉兴市秀洲区和平湖市、金华市婺城区和湖州市德清县,回收样本 329 份;2018 年调查地区包括杭州市富阳区、嘉兴市嘉善县、金华市兰溪市和武义县、湖州市吴兴区,回收样本 305 份。两次调查均以农民口述、调查员填写的形式填写问卷,共回收问卷 655 份,其中有效问卷 634 份,有效率为 96.79%。

(2)描述性分析

在化肥减量增效技术中,秸秆还田普及率最高,达到 84%,其次是测土配方,达到了 51%,而有机肥和缓释肥的采纳比例均在 20%左右。在农药减量增效技术中,种植显花/诱虫植物、性诱剂诱捕技术和高效精准施药技术的采纳比重均较低,都在 20%左右,其中高效精准施药技术的普及率最高,但也不足 25%。

样本农户平均年龄近 54 岁,老龄化特征明显。平均文化程度达到了初

---

①　2018 年四市谷物种植面积与谷物产量分别占全省的 41.76%与 40.58%。

中水平。平均劳动力数量不足 3 人。家庭兼业程度较高,接近一半收入来源于非农就业。平均家庭收入为 11.04 万元/年。亩均种植利润为 486.55 元。平均种植面积较大,但差异明显,其中超过 100 亩(包括 100 亩)的样本占比 27.36%,不足 50 亩(包括 50 亩)的农户占比 67.14%。最大面积为 3714 亩,最小面积为 0.5 亩。有 34% 的农户呈现出风险偏好的特征。大部分农户认为当前稻田环境仅仅受到了轻微污染。农户去年平均参加了 2.41 次与水稻化肥农药使用相关的技术培训,60% 的农户加入了合作社,仅有 31% 的农户知道周边存在相关技术示范区。具体描述性分析结果见表 7.6。

表 7.6　变量定义、说明与描述性分析

	变量名称	变量定义	平均值	标准差
因变量	有机肥	1 表示采纳;0 表示不采纳	0.17	0.38
	秸秆还田	1 表示采纳;0 表示不采纳	0.84	0.37
	缓释肥	1 表示采纳;0 表示不采纳	0.23	0.42
	测土配方	1 表示采纳;0 表示不采纳	0.51	0.50
	种植显花/诱虫植物	1 表示采纳;0 表示不采纳	0.20	0.40
	性诱剂诱捕	1 表示采纳;0 表示不采纳	0.18	0.38
	高效精准施药	1 表示采纳;0 表示不采纳	0.24	0.43
自变量	年龄	户主的年龄(年)	53.82	10.64
	文化程度	1 表示小学及以下学历;2 表示初中学历;3 表示高中学历;4 表示高中以上学历	2.04	0.77
	风险态度	1 表示风险偏好;0 表示风险中立及风险规避	0.34	0.47
	环境污染认知	1 表示没有污染;2 表示轻微污染;3 表示中度污染;4 表示严重污染	2.17	1.08
	劳动力数量	家庭劳动力数量(人)	2.95	1.40
	兼业程度	非农收入占家庭总收入比重(%)	45.34	29.07

续表

变量名称		变量定义	平均值	标准差
自变量	家庭收入	家庭总收入(万元/年)	11.04	9.62
	种植利润	水稻种植利润(元/亩)	486.55	201.06
	种植面积	水稻种植面积(亩)	117.71	240.32
	技术培训	参与水稻化肥农药使用相关的技术培训次数(次/年)	2.41	1.56
	周边是否有示范区	1表示有;0表示没有	0.31	0.46
	是否加入合作社	1表示是;0表示否	0.60	0.49
	调研年份	1表示2017年调查样本;0表示2018年调查样本	0.52	0.50
	调研地点 是否是杭州市调查样本	1表示是;0表示其他	0.22	0.41
	是否是嘉兴市调查样本	1表示是;0表示其他	0.29	0.45
	是否是湖州市调查样本	1表示是;0表示其他	0.26	0.44
	是否是金华市调查样本	1表示是;0表示其他	0.23	0.42

四、农户减量增效技术需求关联性及其影响因素的实证分析

1. 化肥减量增效技术需求的关联效应及其影响因素

(1)化肥减量增效技术需求的关联效应

四项化肥减量增效技术中,施用有机肥、施用缓释肥与秸秆还田三项技术之间呈现两两的替代关系,验证了假设 H_1,并且施用有机肥与秸秆还田、施用有机肥与施用缓释肥之间的替代关系在 1% 水平上是显著的(见表 7.7)。由于这三项技术在减少化肥用量、改善土壤肥力和提高产量方面的作用路径相似,而对生产要素投入的要求不同,因此在资源禀赋

有限的情况下,农户一般只会采纳其中的一种技术。随着农村劳动力转移,人工成本已经成为水稻生产总成本中占比最高的一项①。尤其是施用有机肥需要大量的劳动力投入,因此施用有机肥的农户一般不会再施用缓释肥或者秸秆还田。

表 7.7　化肥减量增效技术需求的关联效用

技术	有机肥	秸秆还田	缓释肥
秸秆还田	-0.2700 *** (0.0895)	—	—
缓释肥	-0.2815 *** (0.0867)	-0.0164 (0.0817)	—
测土配方	0.0169 (0.0772)	0.1875 ** (0.0787)	0.0514 (0.0759)

注:括号内为标准差。*、**、***分别表示在 10%、5%、1%的水平上显著。

　　测土配方技术分别与施用有机肥、施用缓释肥和秸秆还田技术之间呈现出互补关系,验证了假设 H_2,并且测土配方与秸秆还田技术之间的互补关系在 5%水平上显著。测土配方是改善耕地质量、调节作物需肥与土壤供肥矛盾的"方剂",而其他三类技术则相当于"药材",因而测土配方往往需要与其他高效肥料共同使用。测土配方与秸秆还田技术的互补关系之所以显著,主要与浙江省标准农田质量提升项目的实施有关。改良耕作层、因缺补缺一直是浙江省标准农田质量提升工程项目的重点(王月星等,2019),秸秆还田的作用在于提升土壤有机质和改善土壤结构,测土配方则是因缺补缺的基础,因此两项技术都是浙江省提升标准农田质量的重点推广技术,容易出现同时采纳的情况。

　　(2)化肥减量增效技术需求的影响因素

　　资源禀赋特征中,文化程度的提升有利于促进农户采纳各项化肥减量增效技术,尤其是对施用有机肥或缓释肥的影响分别在 5%和 1%水平上显著。年龄对采纳缓释肥的影响为负而对其他三项技术的影响为正,但这种影响并

---

　　①　《全国农产品成本收益资料汇编(2019)》数据显示,2013 年至 2018 年,人工成本平均占比达到了 50.31%。

不显著。风险态度对化肥减量增效技术采纳的影响并不显著。一般来讲,对新技术风险的评价是影响决策关键的认知因素(徐婵娟等,2018),然而浙江省在2015年就印发了《浙江省化肥减量增效实施方案》,单项技术推广时间则更早,农户对各项技术的效果有了较为清晰的认识,因此技术风险对农户决策的影响较小。环境污染认知均对四项技术采纳有促进作用,越是能够意识到环境污染的严重性,农户越有可能产生对绿色农业更加积极的行为响应(张董敏等,2015)。劳动力数量对施用有机肥和采纳秸秆还田的影响为正且对施用有机肥的影响在5%水平上显著,主要因为这两项技术都需要额外投入劳动力。相反,对施用缓释肥与测土配方的影响为负且均在1%水平上显著,因为施用缓释肥与测土配方虽然增加了单次劳动投入量,但却可以减少施肥次数。兼业程度对有机肥、测土配方和秸秆还田的影响为负,表明经济来源更依靠农业的家庭更愿意采纳这些能够增加土壤肥力的技术,也可能是因为一些兼业农户和纯农户从心理上认为绿色环保类技术较为容易掌握。兼业程度对施用缓释肥影响为正但并不显著,说明越是不依靠农业收入的家庭,越倾向于用资本投入来替代劳动投入,但由于水稻种植的净利润有限,这种替代关系可能仅仅存在于非农收入与稻田施肥管理时间冲突的少数农户中。家庭收入对各项技术的影响均为正,且对施用缓释肥的影响在5%水平上显著。随着家庭收入的增加,农户能够投入更多的资本用于购买生产要素或者学习技术,这一点与罗小娟等(2013)的结论一致。种植利润对各项技术的影响均为负且对有机肥、秸秆还田与测土配方的影响显著。由于过量投入化肥成本较高,所以利润低的农户更有动力尝试新技术以降低生产成本。种植面积对施用有机肥和测土配方的影响为负,对施用缓释肥和秸秆还田的影响为正,可见在劳动力有限的条件下,生产规模的扩大会妨碍对施用有机肥等劳动密集型技术的采纳。

　　外部支持因素中,参与技术培训均对四项技术采纳有促进作用,证明在农户自身文化程度不高的情况下,外部信息传递对推动技术采纳不可或缺,尤其是对缓释肥和测土配方的促进作用分别在5%和在1%水平上显著。周边有示范区对农户采纳四项技术均有正向影响但是作用并不显著,可能由于大部分农户知晓示范区的存在却缺少深入示范区中学习与交流的机会。加入合作社对农户采纳四项技术的影响也均为正,对施用缓释肥的带动作用在5%水平上显著是因为有些合作社会为社员统一采购新型缓释肥。对测土配方的影响在1%水平上显著是因为合作社对社员的土地状况比较了解,能够帮助农户选择测土点,从而提高测土配方的技术效果。

时间与地点变量中,年份变量的影响表明相对于 2017 年,2018 年调查的农户在 5% 显著水平上更多采纳缓释肥与测土配方技术。相比于湖州市样本,杭州市农户更多采纳缓释肥与测土配方,较少采纳秸秆还田,而嘉兴市与金华市农户更少采纳缓释肥与测土配方,对其他技术的影响并不显著(见表 7.8)。

表 7.8　化肥减量增效技术需求的影响因素

变量	有机肥		秸秆还田		缓释肥		测土配方	
	系数	Z 值	系数	Z 值	系数	Z 值	系数	Z 值
年龄	0.0060 (0.0062)	0.9800	0.0033 (0.0060)	0.5400	−0.0051 (0.0061)	−0.8300	0.0047 (0.0056)	0.8400
文化程度	0.1896** (0.0849)	2.2300	0.0761 (0.0882)	0.8600	0.2433*** (0.0836)	2.9100	0.1241 (0.0817)	1.5200
风险态度	0.0244 (0.1308)	0.1900	0.2232* (0.1359)	1.6400	0.0645 (0.1296)	0.5000	0.1124 (0.1187)	0.9500
环境污染认知	0.1061* (0.0564)	1.8800	0.0711 (0.0588)	1.2100	0.0643 (0.0564)	1.1400	0.0105 (0.0517)	0.2000
劳动力数量	0.0983** (0.0475)	2.0700	0.0059 (0.0474)	0.1200	−0.2399*** (0.0481)	−4.9900	−0.1533*** (0.0442)	−3.4700
家庭兼业	−0.0006 (0.0025)	−0.2600	−0.0038 (0.0024)	−1.6100	0.0013 (0.0024)	0.5400	−0.0008 (0.0021)	−0.3600
家庭收入	0.0035 (0.0065)	0.5400	0.0096 (0.0075)	1.2700	0.0127** (0.0063)	2.0100	0.0105* (0.0062)	1.7000
种植利润	−0.0011*** (0.0003)	−3.1700	−0.0006** (0.0003)	−1.9800	−0.0005 (0.0003)	−1.6000	−0.0008*** (0.0003)	−2.9000
种植面积	−0.0008** (0.0004)	−1.9700	0.0001 (0.0002)	0.2600	0.0000 (0.0002)	0.0500	−0.0004* (0.0002)	−1.8500
技术培训	0.0327 (0.0404)	0.8100	0.0436 (0.0453)	0.9600	0.1000** (0.0427)	2.3400	0.2128*** (0.0446)	4.7800

续表

变量	有机肥		秸秆还田		缓释肥		测土配方	
	系数	Z值	系数	Z值	系数	Z值	系数	Z值
周边是否有示范区	0.0739 (0.1361)	0.5400	0.1496 (0.1413)	1.0600	0.0404 (0.1335)	0.3000	0.0578 (0.1259)	0.4600
是否加入合作社	0.2248 (0.1436)	1.5700	0.0980 (0.1399)	0.7000	0.3611** (0.1447)	2.5000	0.3969*** (0.1278)	3.1100
年份	−0.1038 (0.3072)	−0.3400	0.5836 (0.3849)	1.5200	−1.3261** (0.5303)	−2.5000	−0.8382** (0.3528)	−2.3800
杭州市	0.3308* (0.1891)	1.7500	−0.4790*** (0.1811)	−2.6400	0.6588*** (0.1664)	3.9600	0.4169** (0.1689)	2.4700
嘉兴市	−0.0875 (0.3560)	−0.2500	0.4006 (0.4214)	0.9500	−1.9088*** (0.5519)	−3.4600	−1.9034*** (0.3973)	−4.7900
金华市	0.0918 (0.3098)	0.3000	0.1699 (0.3860)	0.4400	−2.1615*** (0.5341)	−4.0500	−2.3138*** (0.3586)	−6.4500
常数项	−1.9121*** (0.5584)	−3.4200	0.2852 (0.5922)	0.4800	0.5747 (0.7008)	0.8200	0.9530* (0.5379)	1.7700
Log likelihood	−1133.56		Wald chi2(64)	326.82		Prob>chi2	0.0000	

注：括号内为标准差。*、**、***分别表示在10%、5%、1%的水平上显著。

2. 农药减量增效技术需求的关联效应及其影响因素

（1）农药减量增效技术需求的关联效应

农药减量增效技术中，种植显花/诱虫植物和性诱剂诱捕技术之间呈现互补关系（见表7.9），与假设 H_3 的结果相反，原因可能包括以下两个方面：第一，相对于化学防治技术，种植显花/诱虫植物所代表的生态调控技术和性诱剂诱捕所代表的理化诱控技术防治效果稍弱，为放大生态防治的效果，农户会将这两种生态防治技术配合施用；第二，浙江省很早就制定了水稻病虫害绿色防控技术方案，建立了农业农村高质量发展专项资金为农药减量增效技术推广提供技术支持和资金补贴，有些地区甚至采取免费提供显花/诱虫植物种子的方案，这就使很大一部分样本农户会同时使用两项技术。

高效精准施药技术分别与种植显花/诱虫植物和性诱剂诱捕技术之间存

在替代关系,验证了假设 H_4,表明如果选择了利用高效植保机械进行精准施药的农户便不再愿意进行生态防治。劳动力充足的农户可能会选择物质成本更低、劳动力投入更多的生态防治方式,而劳动力稀缺和雇工经营的农户可能会选择高效植保机械服务以节省劳动力。

表 7.9　农药减量增效技术需求的关联效应

技术	种植显花/诱虫植物	性诱剂诱捕
性诱剂诱捕	0.1218 (0.0805)	
高效精准施药	−0.0918 (0.0778)	−0.0497 (0.0742)

(2)农药减量增效技术需求的影响因素

资源禀赋特征中,年龄对农户采纳农药减量增效技术具有负向影响,而文化程度具有正向影响,尤其对采纳高效精准施药技术的影响显著,表明年纪小、有文化的农户更倾向于采纳农药减量增效技术。偏好风险的农户更倾向于采纳高效精准施药技术,而厌恶风险的农户更有可能选择种植显花/诱虫植物技术和性诱剂诱捕技术。因为从具体实施情况来看,农户更多地将种植显花/诱虫植物技术和性诱剂诱捕技术当成是目前施用农药的补充,以便进一步增强病虫害防控效果;而高效精准施药则完全替代了传统施药方式,因此不确定性和风险更高。提高对环境污染的认知会增加农户采纳减药增效技术的可能性,尤其是对种植显花/诱虫植物的影响显著。劳动力数量对种植显花/诱虫植物、使用性诱剂诱捕技术有正向影响,而对采用高效精准施药技术有负向影响,主要因为生态防治技术需要增加劳动力投入,而高效植保机械的使用则可以缓解劳动力投入压力。同样地,兼业程度对采用种植显花/诱虫植物、性诱剂诱捕技术有负向影响,而对采用高效精准施药技术有正向影响且在 5% 水平上显著,也是因为随着兼业水平的增加,农户投入于施药环节的劳动力与精力比例会降低,从而更倾向于选择高效的施药方式。家庭收入对种植显花/诱虫植物的影响为负,收入高的家庭往往不愿选择这种增加劳动投入的技术,而希望将有限的劳动力投入到收益更高的非农产业中去。家庭收入对使用性诱剂和高效精准施药技术的影响为正但并不显著,因为最终农户是否采纳更取决于农业在家庭收入中所占比例,可能会出现家庭收入低的农户由于农业占比高而选择两项技术,而家庭收入高的农户由于非农收益高而不选择的情况,导致收入的影响并不显著。种植利润对种植显花/诱虫植物和高效精准施药技术的影响为正,对使用性诱剂技术的影响为负,但均不显著。由于显花/诱虫植物种子基本上是免费提供的,并不会增加物资成本,而性诱剂则只是部分补贴,在一定程度上增加了物资成本,降低了种植利润。种植利润之所以对高效精准施药技术的影响为正,主要是高效精准施药技术可以有效降低劳动成本且具有规模效益,规模越大成本越低,这种替代效应越显著。种植面积对种植显花/诱虫植物的影响为负,因为面积的扩大对劳动力投入的要求会增加,而对使用性诱剂和高效精准施药技术的影响为正,因为设置性诱剂和利用高效植保施药机械在更大规模稻田中容易形成规模效益,可以放大防治效果。

外部支持因素中,接受技术培训会增加农户采纳减药增效技术的可能性,尤其是种植显花/诱虫植物技术效果并不立竿见影,更依赖于技术培训提供技术信息。周边有减量增效技术示范区和加入合作社对三种减药增效技术的采纳具有正向影响,其中加入了合作社的农户对种植显花/诱虫植物和高效精准施药技术的采纳率分别在1%和5%水平上显著,高于未加入合作社的农户,但示范区的影响并不显著。相对于示范区的示范,合作社与带动农户的联结更为紧密,有些合作社在技术推广的过程中能够为周边农户提供免费显花/诱虫植物种子,或者提供高效精准施药的机械出租或者施药服务,提升了技术的易用性。

时间与地点变量中,相对于2017年,2018年调查的农户在5%显著水平上更多采纳了种植显花/诱虫植物技术。相比于湖州市样本,杭州市、嘉兴市和金华市农户更少种植了显花/诱虫植物,与其他技术的差异并不显著(见表7.10)。

表 7.10　农药减量增效技术需求的影响因素

变量	种植显花/诱虫植物		性诱剂诱捕		高效精准施药	
	系数	Z 值	系数	Z 值	系数	Z 值
年龄	−0.0070 (0.0059)	−1.1900	−0.0064 (0.0059)	−1.0900	−0.0052 (0.0056)	−0.9200

续表

变量	种植显花/诱虫植物		性诱剂诱捕		高效精准施药	
	系数	Z 值	系数	Z 值	系数	Z 值
文化程度	0.1492* (0.0816)	1.8300	0.0894 (0.0835)	1.0700	0.1543** (0.0787)	1.9600
风险态度	−0.0808 (0.1277)	−0.6300	−0.0722 (0.1284)	−0.5600	0.0140 (0.1211)	0.1200
环境污染认知	0.1159** (0.0551)	2.1000	0.0296 (0.0550)	0.5400	0.0107 (0.0529)	0.2000
劳动力数量	0.0276 (0.0455)	0.6100	0.0247 (0.0455)	0.5400	−0.0745* (0.0437)	−1.7000
家庭兼业	−0.0017 (0.0023)	−0.7200	−0.0016 (0.0024)	−0.6600	0.0050** (0.0022)	2.3100
家庭收入	−0.0036 (0.0067)	−0.5300	0.0031 (0.0064)	0.4800	0.0011 (0.0062)	0.1800
种植利润	0.0003 (0.0003)	1.1200	−0.0001 (0.0003)	−0.3600	0.0004 (0.0003)	1.2800
种植面积	−0.00005 (0.0002)	−0.2100	0.0000 (0.0002)	0.0600	0.0001 (0.0002)	0.5700
技术培训	0.0973** (0.0397)	2.4500	0.0400 (0.0398)	1.0000	0.0290 (0.0386)	0.7500
周边是否有示范区	0.0186 (0.1297)	0.1400	0.1917 (0.1295)	1.4800	0.0103 (0.1255)	0.0800
是否加入合作社	0.4775*** (0.1422)	3.3600	0.0368 (0.1385)	0.2700	0.3310** (0.1322)	2.5000
年份	−0.7388** (0.3173)	−2.3300	0.1924 (0.3129)	0.6100	−0.0746 (0.3139)	−0.2400
杭州市	−0.5174*** (0.1790)	−2.8900	0.1767 (0.1705)	1.0400	0.1080 (0.1633)	0.6600

变量	种植显花/诱虫植物		性诱剂诱捕		高效精准施药	
	系数	Z 值	系数	Z 值	系数	Z 值
嘉兴市	−1.4711*** (0.3588)	−4.1000	−0.0729 (0.3574)	−0.2000	−0.2203 (0.3512)	−0.6300
金华市	−1.0457*** (0.3192)	−3.2800	−0.2130 (0.3063)	−0.7000	−0.5256* (0.3109)	−1.6900
常数项	−0.5495 (0.5473)	−1.0000	−1.0660** (0.5427)	−1.9600	−1.1122** (0.5276)	−2.1100
Log likelihood	−897.5082	Wald chi2(48)		116.15	Prob＞chi2	0.0000

注:括号内为标准差。*、**、***分别表示在10％、5％、1％的水平上显著。

本研究利用浙江省634份稻农调研数据分析了农户化肥减量增效技术和农药减量增效技术需求的关联效应及其影响因素。主要的研究结论包括以下三个方面。第一,农户各项化肥减量增效技术采纳行为具有关联效应,施用有机肥、秸秆还田和施用缓释肥三者之间存在相互替代的关系,尤其是施用有机肥和秸秆还田技术、施用有机肥与施用缓释肥之间的替代关系非常显著。而测土配方分别与施用有机肥、缓释肥和秸秆还田之间呈现互补关系,并且测土配方与秸秆还田技术的互补关系非常显著。第二,农户各项农药减量增效技术采纳行为也具有关联效应,栽种显花植物/诱虫植物和性诱剂诱捕之间呈现出互补关系,高效精准施药技术则分别与种植鲜花/诱虫植物、性诱剂存在替代关系。第三,农户各项减量增效技术采纳偏好的异质性主要来源于文化程度、劳动力数量、种植利润、是否加入合作社与是否参与技术培训等。文化程度高的农户更倾向于采纳有机肥、缓释肥和高效精准施药技术;劳动力少的农户更倾向于采纳测土配方技术和高效精准施药技术;种植利润较低的农户倾向于采纳测土配方和秸秆还田技术;加入合作社或者参加技术培训的农户更容易采纳测土配方、缓释肥、高效精准施药技术和种植显花/诱虫植物技术。

综合来看,受家庭资源禀赋和技术推广方式所限,农户往往倾向于选择与自身资源禀赋相匹配的生产服务内容,这就导致农户的需求差异明显,从而形成了农户分散的需求与生产性服务规模门槛之间的矛盾,极大制约了安全绿色生产服务市场的形成和服务主体的发展。

第八章　质量兴农与绿色兴农融合发展的制度优化路径

　　无论是农产品质量安全控制还是农业绿色发展，在现有的制度框架之下仍然面临着社会成本与个人成本不一致的问题。因此要推动质量兴农与绿色兴农的融合发展，除了加强微观层面的绿色安全生产技术推广，强化各类产业化服务组织的带动，丰富社会化服务组织的服务内容，更应该从顶层设计入手，建立市场激励与政府规制有效结合的制度体系，从根本上解决安全优质绿色农产品的优价问题。本章将详细梳理"十三五"前后我国农产品质量安全管理与农业绿色转型方面的相关法律法规与部门规章，从中总结提炼当前我国促进农业绿色、高质量发展的政策特征，对照质量兴农与绿色兴农融合发展的要求，探讨二者融合发展目标下政策体系的优化思路。

第一节　"十三五"之前质量兴农与绿色兴农相关政策梳理

一、"十三五"之前我国农业绿色发展与生态保护法律法规梳理

　　本节整理了 2015 年以前我国出台的针对农业绿色发展与农业生态环境问题的法律法规和较典型的部门规章规范性文件，主要针对农业面源污染，

同时涉及了部分土壤重金属污染问题①,但并不包括农村生活环境污染问题与矿产资源污染问题。

通过整理发现,当前我国已经形成了以《环境保护法》为基本法,针对污染防治、资源环境保护与专门事项三大类,包含法律、国家行政法规及国务院规范性文件、部门规章及国务院各部门规范性文件、国务院及部委的政策性文件和地方规范性文件在内的一整套农业环境保护法律法规(见表 8.1、表 8.2、表 8.3)。

表 8.1　农业生态环境保护与农业污染治理相关法律

污染防治类	资源环境保护类	专门事项类
水污染防治法(2008 修订)	森林法(2009 修正)	环境影响评价法(2002)
固体废物污染防治法(2015 修正)	土地管理法(2004 修正)	清洁生产促进法(2012 修正)
大气污染防治法(2015 修订)	农业法(2012 修正)	循环经济促进法(2008)
	水法(2009 修正)	
	草原法(2013 修正)	
	水土保持法(2010 修订)	

表 8.2　农业生态环境保护相关行政法规与规范性文件

行政法规	国务院规范性文件
畜禽规模养殖污染防治条例(2014)	关于加强环境保护重点工作的意见
城镇排水与污水处理条例(2014)	关于印发国家环境保护"十二五"规划的通知
国家突发环境事件应急预案	关于全国地下水污染防治规划(2011—2020年)的批复

---

①　农业生产过程中过量化肥农药使用,不仅是农业面源污染的直接来源,也是土壤重金属污染的重要原因。由于土壤重金属污染同样影响产地环境安全,因此也将也列出了土壤重金属污染防治相关法律法规。

续表

行政法规	国务院规范性文件
全国污染源普查条例(2007)	关于加快发展循环经济的若干意见
水污染防治法实施细则	
农药管理条例(2001)	

表8.3 农业生态环境保护相关部门规章与规范性文件

环保部部门规章	环保部门规范性文件	国务院规范性文件	农业部部门规章	国土资源部规范性文件
环境监测管理办法	关于加强土壤污染防治工作的意见	清洁生产审核暂行办法	农药管理条例实施办法	基本农田保护条例
全国环境监测管理条例	关于环保系统进一步推动环保产业发展的指导意见	排污费征收标准管理办法	关于推进农作物病虫害专业化防治的意见	
环境信息公开办法(试行)		关于加强土壤污染防治工作的意见	农产品产地安全管理办法	
畜禽养殖污染防治管理办法			秸秆禁烧和综合利用管理办法	
突发环境事件调查处理办法			中央财政农作物病虫害防治补助资金管理暂行办法	
突发环境事件信息报告办法			保护性耕作工程建设规划(2009—2015年)	
			关于打好农业面源污染防治攻坚战的实施意见	

从梳理结果来看,现有法律法规和政策基本上都只是涉及农业生态保护或农业环境污染防治的某个方面,仅有农业部《关于打好农业面源污染防治攻坚战的实施意见》一个部门规章是专门针对农业面源污染治理。但农业绿色转型与农业生态保护、农业面源污染治理涉及多方主体,是一个综合性的问题。正是由于缺少专门针对农业绿色发展与农业生态环境问题治理的法律,导致部分工作无法可依,成为"十三五"之前农业面源污染等问题日趋严重的重要制度诱因。

二、"十三五"之前源头农产品质量安全相关法律法规

为了解决过去"九龙治水"模式下职责不清、监管缺位等问题,2013 年第十二届全国人民代表大会第一次会议审议通过了《国务院机构改革和职能转变方案》,组建了国家食品药品监督管理总局,将食品安全监管由卫生、工商、质监、农业等部门分段治理改为食品药品监督管理总局统一监督管理。2013年国务院发布《关于地方改革完善食品药品监督管理体制的指导意见》,旨在建立一体化、广覆盖、专业化、高效率的食品药品监管体系,实现全程无缝监管。虽然各个地区在流通、加工、销售等环节的机构设置有所不同,但在源头生产环节,农业部门的职责相对清晰。因此,本节整理了与源头农产品质量安全监管相关的法律法规与部门规章(仅列举部分与源头质量安全控制有关的规定,如表 8.4 所示)。

表 8.4　农产品质量安全控制相关法律法规与政策性文件

法律法规	食药监部门规章 与规范性文件	农业部部门规章 与规范性文件
食品安全法(2015 年修订)	食品召回管理办法	关于加强食用农产品质量安全监督管理工作的意见
食品安全法实施条例(2009)	食品安全抽样检验管理办法	农产品质量安全监测管理办法
农产品质量安全法(2006)	食品药品监督管理统计管理办法	肥料登记管理办法

续表

法律法规	食药监部门规章 与规范性文件	农业部部门规章 与规范性文件
农药管理条例(2001)		无公害农产品管理办法
		农产品质量安全检测机构管理办法
		农产品质量安全信息发布制度
		农药管理条例实施办法
		农产品地理标志管理办法

从表 8.4 可以看出，与农业生态环境保护与污染治理多层次、多方位、多部门的法律法规体系相比，源头农产品质量安全监管法律法规相对明确，即以《食品安全法》和《农产品质量安全法》为基础，辅以食品药品监督管理和农业两部门规章与规范性文件。食品药品监督管理部门的规章仅占较小部分，主要规章与规范性文件都是由农业部门或农业部门联合其他部门共同制定。相对明晰的法律法规和基本出自同一部门的规范性文件，为农产品质量安全监管提供了更加明确的执法标准，更加有利于农产品质量安全监管的开展。总的来看，源头农产品质量安全相关法律法规相对于农业面源污染治理相关法律法规更加明确。

三、"十三五"之前相关法律法规政策特征

1. 生产主体责任界定

(1)《环境保护法》中生产主体责任界定

《环境保护法》(2014 修订)规定，"公众参与"是我国农业生态环境保护与污染治理的基本原则，但《环境保护法》中关于公众与生产经营者的责任说明极其有限，公众的责任主要是参与、监督与举报违法行为。企事业单位和生产者的责任方面除了排污单位需对其造成的环境损害承担责任之外，只有"应当防止、减少环境污染和生态破坏"。农业生产者，仅被要求规范投入品使用，按规定处理各类固态废弃物和畜禽养殖废弃物。

（2）农产品质量安全相关法律中的生产主体责任界定

《食品安全法》（2015 修订）明确规定食品生产经营者是食品安全第一责任人，对其在食品经营企业追溯体系建设、原材料查验与记录、出厂检验等方面的职责进行了详细说明。《农产品质量安全法》（2006）更是对农产品生产者、生产企业与农民专业合作经济组织的职责作出了明确界定：第一，农产品生产者应当规范使用化肥、农药、农膜等化学投入品产品；第二，农产品生产企业和农民专业合作经济组织则应当建立规范的农产品生产记录，自行或者委托检测机构对农产品质量安全状况进行检测；第三，批发市场设立或者委托农产品质量安全检测机构对进场销售的农产品质量安全状况进行抽查检测。

源头质量安全控制中关于农业生产者、生产企业和农民专业合作经济组织等主体职责的界定更加具体详尽，实务性和可操作性更强。尽管分散农户仍是当前农业生产的主体，也是综合治理的关键主体，但当前两方面法律法规主要关注企业和产业化组织，对农户责任都缺乏明确界定。

2. 政府责任界定

（1）农业生态保护相关法律中的政府责任界定

本部分主要依据《环境保护法》（2014 修订）和部分农业面源污染、农业重金属污染防治相关的行政法规、国务院规范性文件，对其中关于政府部门职责进行了梳理。

无论是环境保护法还是其他相关行政法规、规范性文件，都强调了政府在农业生态环境保护与污染防治中的主导地位。从《环境保护法》（2014 修订）的修订与国民经济和社会发展规划、国家环境保护规划来看，政府责任还在不断被强化。具体来看，政府责任主要体现在以下几个方面：第一，国务院环境保护主管部门，对全国环境保护工作实施统一监督管理，县级以上地方人民政府环境保护主管部门，对本行政区域环境保护工作实施统一监督管理；第二，将环境保护工作纳入国民经济和社会发展规划，制定环境标准；第三，支持环保产业发展，促进清洁生产，鼓励和引导公民、法人和其他组织采用环境友好型生产技术、产品；第四，环保宣传与教育；第五，环境质量监测、环境状况调查与信息公开；第六，建立生态补偿制度，征收环境税、排污费，依法处理各类违法违规行为。

具体到农业生态环境方面，政府的责任体现在：第一，推广植物病虫害综合防治；第二，指导农业生产经营者科学种植养殖，规范农业投入品使用，科学处置农用薄膜、农作物秸秆等农业废弃物;第三,防止重金属和其他有毒有害物质污染环境;第四,规范畜禽养殖场、养殖小区、定点屠宰企业等的选址、建设和管理。

(2)源头农产品质量安全控制相关法律中的政府责任界定

本部分主要整理了《食品安全法》(2015 修订)和《农产品质量安全法》(2006)中关于政府责任的界定。《食品安全法》(2015 修订)中源头质量安全控制中政府的责任主要体现在以下几个方面:第一,由县级以上地方人民政府统一负责行政区域内的食品安全监管工作,负责部门职责划分、部门工作协调与监督考核;第二,将质量安全控制纳入本级国民经济和社会发展规划;第三,鼓励支持食品安全有关研究;第四,食品安全的宣传与教育;第五,建立食品安全监测制度与风险评估制度;第六,制定食品安全标准;第七,制定食品生产经营管理规范,实施食品经营许可制度,鼓励实施良好生产规范、危害分析与关键控制点体系;第八,建立全程追溯系统;第九,建立食品召回制度,规范食品广告与宣传;第十,建立统一的食品安全信息平台,实行食品安全信息统一公布制度;第十一,明确生产者责任并依法对生产者进行监督;第十二,食品安全事件应急处理。

《农产品质量安全法》(2006)强调了农业部门的责任,除《食品安全法》(2015 修订)相关要求之外,还特别要求农业部门加强农产品产地环境的检测,要求农业部门根据农产品品种特性和生产区域环境质量划定禁止生产区域(或禁止特定作物生产区域)。

总的来看,由于《食品安全法》(2015 修订)和《农产品质量安全法》(2006)包含专门针对农产品质量安全、源头质量安全控制的条款,因此政府责任界定更加清晰。《环境保护法》(2014 修订)并非针对农业生态环境保护,因此虽然强调了政府的主导地位,但关于政府职责的界定相对宽泛,并非所有职责界定都适用于农业生态环境保护与污染治理。针对某个环境问题的法律法规应用范围又过小。虽然政府在农业面源污染与源头农产品质量安全控制各方面的作用无可替代,但并非政府承担的责任越多越有利于问题的解决。从治理不力的原因分析来看,恰恰是两大问题的治理都过度强调了政府责任,使治理由于过度依赖政府而缺乏可持续性。

3. 治理手段

从《环境保护法》来看,当前政府治理农业面源污染的手段可以概括为以下几个方面：第一，支持和鼓励，即支持环保产业发展，鼓励环境友好型生产技术、产品的采纳；第二，宣传与教育，即针对生产主体、公众的宣传和教育；第三，推广和指导，即推广病虫害综合防治等环境友好型生产技术，指导农户规范生产；第四，规范，即规范畜禽养殖场、养殖小区、定点屠宰企业等的选址、建设和管理。

从《质量安全法》和《农产品质量安全法》对于政府职责的界定来看，当前政府源头农产品质量安全控制的措施可以概括为：第一，鼓励，即鼓励食品安全有关研究，鼓励企业实施良好生产规范、危害分析与关键控制点体系；第二，宣传与教育；第三，确立标准与规范生产，即制定食品安全标准，制定食品生产经营管理规范，明确生产者责任；第四，强制，即实施食品经营许可制度，建立食品召回制度，规范食品广告与宣传。

从以上总结来看，无论是在农业面源污染治理还是在农产品质量安全问题的解决上，当前的治理手段存在三点不足：第一，已有法律法规中更多强调强制规范等行政手段，行政手段明显多于市场手段，管理过多，激励太少；第二，行政手段往往是针对企业、合作社等组织，对分散经营的农户缺乏明确要求，更缺少有效管理；第三，在对环境友好型生产技术、农业生产管理技术的推广上，仅仅是"鼓励"和"指导"，缺乏约束力。对具有经济理性的农业生产者而言，能从环境友好型生产技术采纳中获得切实经济利益才是关键。因此，在市场准入与生态补偿制度缺失的背景下，治理手段单一且以行政手段为主，使政府与农业生产者的利益冲突不可避免，从而极大制约了生产主体参与综合治理的积极性。

第二节　"十三五"时期质量兴农与绿色兴农相关政策梳理

一、"十三五"时期相关法律法规修订与新增情况

鉴于农业生态环境保护与污染治理、农产品质量安全管理相关法律框架已经建立，因此本节主要整理了"十三五"时期（2016年至2020年）两大相关领域新修订（或修正）和新出台的法律法规，并就其中与质量兴农、绿色兴农

相关的条款进行汇总。

表 8.5　"十三五"时期质量兴农与绿色兴农发展相关法律法规

污染防治	资源环境保护	专门事项类	食品安全
土壤污染防治法(2018)	森林法(2019 修正)	环境影响评价法(2018 修正)	食品安全法(2018 修正)
固体废物污染防治法(2020 修正)	土地管理法(2019 修正)	循环经济促进法(2018 修正)	农产品质量安全法(2018 修正)
大气污染防治法(2018 修订)	水法(2016 修正)	农药管理条例(2017 修订)	
海洋环境保护法(2017 修订)	环境保护税法(2018 修正)	兽药管理条例(2020 修订)	
全国污染源普查条例(2019 修订)			
水污染防治法(2017 修正)			

　　《食品安全法》(2018 修正)主要是为了适应 2018 年我国大部制机构改革中食品安全监管部门及其职能的调整。具体修订内容包括将 2015 修订版中"食品药品监督管理"的表述修改为"食品安全监督管理",删掉了部分条款①中的"质量监督",将第四十一条、第一百二十四条第三款、第一百二十六条第三款、第一百五十二条第三款中的"质量监督"修改为"食品安全监督管理",将第一百一十条中的"食品药品监督管理、质量监督部门履行各自食品安全监督管理职责"修改为"食品安全监督管理部门履行食品安全监督管理职责",将第一百二十一条第三款中的"环境保护"修改为"生态环境"。《农产品质量安全法》(2018 修正)的修正亦是出于同样的考虑,其主要是将第十五条中的"环境保护行政主管部门"修改为"生态环境主管部门",将第四十条中的

---

　　①　第十四条、第十九条、第二十一条第二款、第三十二条、第一百零三条第二款、第一百零五条第一款、第一百零九条、第一百一十五条第一款、第一百一十六条、第一百一十八条第二款、第一百一十九条、第一百二十一条、第一百四十四条、第一百四十五条、第一百四十六条。

"食品药品监督管理部门"修改为"市场监督管理部门",以及将第五十二条中的"工商行政管理部门"修改为"市场监督管理部门"。

相较于食品安全领域的法律修订与出台情况,农业生态环境保护与污染防治领域相关法律法规的变化更为显著,其中与农业生态保护和农业面源污染治理关联最为紧密的就是《土壤污染防治法》和《环境保护税法》的出台。《土壤污染防治法》的出台填补了土壤污染防治领域的空白,为开展土壤污染治理和农业面源污染治理提供了一个系统性、综合性的法律文本。《土壤污染防治法》不仅明确了土壤污染防治的基本原则,更明确了土壤污染防治规划,土壤污染风险管控标准,土壤污染状况普查和监测,土壤污染预防、保护、风险管控、修复等具体规则。《土壤污染防治法》也针对农业面源污染出台了专门条款,对农业农村与林草部门的职责,化肥、农药、兽药、农用薄膜等化学投入品的生产、销售与使用进行了说明。而《环境保护税法》作为我国第一部专门体现"绿色税制"的单行税法,是国家运用税收手段治理环境问题的重要尝试。但无论是 2016 年审议通过的版本还是 2018 年修正的版本,都未将规模养殖之外的农业生产污染物纳入征税范围内[第三章"税收减免"第十二条"下列情形,暂予免征环境保护税:(一)农业生产(不包括规模化养殖)排放应税污染物的"],这也充分证明了农业面源污染治理来源复杂、核算难度大等特征给污染治理带来了巨大困难。

二、"十三五"时期质量兴农与绿色兴农相关部门规章与规范性文件

本节主要整理了"十三五"时期两大相关领域(包含面源污染与其他农业污染防治、农业生态环境保护、食品安全、农业发展等四个细分领域)新出台的部门规制与规范性文件(见表 8.6),并对其中与质量兴农与绿色兴农融合发展相关的内容进行汇总。

表 8.6　"十三五"时期质量兴农与绿色兴农相关部门规章与规范性文件

污染防治	生态环境保护	食品安全	农业发展
农业面源污染治理与监督指导实施方案(试行)	农用地土壤环境管理办法(试行)	关于进一步加强农药兽药管理保障食品安全的通知	农业绿色发展先行先试支撑体系建设管理办法(试行)

续表

污染防治	生态环境保护	食品安全	农业发展
关于全面加强生态环境保护依法推动打好污染防治攻坚战的决议	关于加强生态保护监管工作的意见	粮食质量安全监管办法（2016 修订）	关于加快推进水产养殖业绿色发展的若干意见
开展果菜茶有机肥替代化肥行动方案	关于深入推进生态环境保护工作的意见	食用农产品市场销售质量安全监督管理办法	关于拓展农业多种功能促进乡村产业高质量发展的指导意见
关于加快推进农用地膜污染防治的意见	关于健全生态保护补偿机制的意见	绿色食品标志管理办法（2019 修正）	全国农业现代化规划（2016—2020 年）
农药包装废弃物回收处理管理办法	关于加快建立绿色生产和消费法规政策体系的意见	农产品地理标志管理办法（2019 修正）	关于以生态振兴巩固脱贫攻坚成果进一步推进乡村振兴的指导意见（2020—2022 年）
土壤污染防治行动计划	关于加强海水养殖生态环境监管的意见	全国试行食用农产品合格证制度实施方案	

　　随着生态文明建设被纳入社会主义事业总体布局与生态环境法律框架的不断完善，"十三五"时期污染防治尤其是农业污染防治、农业生态环境保护、食品安全和农业发展相关领域的部门规章与规范性文件逐渐向更为具体、更为专业的领域拓展。其中，就农业面源污染防治而言，不仅出台了专门的《农业面源污染治理与监督指导实施方案（试行）》，更分别针对化肥、农药、农用薄膜等面源污染来源出台了《开展果菜茶有机肥替代化肥行动方案》《农药包装废弃物回收处理管理办法》《关于加快推进农用地膜污染防治的意见》，从而建立了更加系统、更具针对性的农业面源污染防治体系。在农产品质量安全管理方面，不仅针对源头风险出台了《关于进一步加强农药兽药管理保障食品安全的通知》，更针对安全优质产品溢价难的痼疾优化了农产品认证制度，出台了《全国试行食用农产品合格证制度实施方案》，修正了《绿色食品标志管理办法》和《农产品地理标志管理办法》。除此之外，还针对农业绿色高质量发展、绿色生产与绿色消费发展、生态补偿机制等问题出台了专门文件。

三、"十三五"时期质量兴农与绿色兴农发展相关政策特征分析

在详细梳理了"十三五"时期质量兴农与绿色兴农发展相关法律法规、部门规章与规范性文件之后,本节综合运用文本分析和典型文件分析两种方法,从主体责任与治理手段两大方面总结这一时期政府推动质量兴农与绿色兴农的主要政策特征。研究首先筛选并汇总了《农产品质量安全法》(2018 修正)、《土壤污染防治法》(2018)、《农药管理条例》(2017 修订)、《兽药管理条例》(2020 修订)、《土地管理法》(2019 修正)、《水污染防治法》(2017 修正)、《海洋环境保护法》(2017 修正)等法律法规中与农业面源污染治理、农产品质量安全问题治理有关的内容(包括法律法规名称在内共计 9487 字),然后利用文本分析的方法,对相关法律法规条文涉及的主体(如政府、农业农村)、主体责任(如主导、负责、承担、制定等)、治理手段(如指导、支持、鼓励、禁止等)等关键词进行频率统计,然后对代表性法律法规(包括《土壤污染防治法》和《农产品质量安全法》)、代表性部门规章和规范性文件(《农业面源污染治理与监督指导实施方案(试行)》《关于进一步加强农药兽药管理保障食品安全的通知》和《关于健全生态保护补偿机制的意见》)所涉及政策的特点进行分析。

1. 主体责任

《土壤污染防治法》(2018)中明确了土壤污染防治的基本原则,即"预防为主、保护优先、分类管理、风险管控、污染担责、公众参与",同时也规定了政府的主导作用(地方各级人民政府应当对本行政区域土壤污染防治和安全利用负责)以及组织、个人对所造成的土壤污染承担责任。《食品安全法》(2018 修正)中提到,食品安全治理应秉承"预防为主、风险管理、全程控制、社会共治"的基本理念,并明确规定了食品生产经营者是食品安全第一责任人。《农产品质量安全法》(2018 修正)具体规定了农产品质量安全监管的职能由农业行政主管部门承担。从两部法律来看,二者都坚持了政府主导、经营主体(造成污染的组织或个人)担责、社会共治的基本治理思路。

从 9487 字的法律法规文本分析来看,"十三五"时期的法律法规很好地贯彻了这一治理思路。从主体来看,监管主体(含监管部门、主管部门、行政部门、人民政府、公安机关等关键词)出现了 178 次(63%),行业主体(含生产环

节、流通销售环节、加工环节和消费环节的相关主体(如生产者、合作社、销售者等)出现了 101 次(36%),第三方(包含科研单位、高校等关键词)仅仅出现了 3 次(1%)。从行业主体所处环节来看,对于源头环节尤其是投入品管理的重视程度不断提高(见图 8.1、图 8.2)。

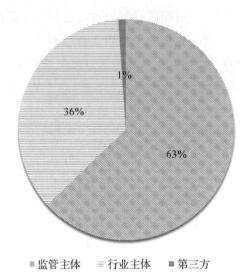

图 8.1　汇总法律法规文本中不同责任主体的出现频次

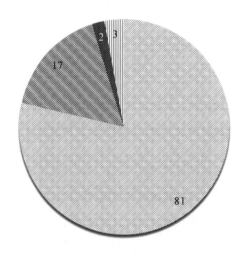

图 8.2　汇总法律法规文本中行业主体所在供应链环节出现频次

从政府责任界定方面,相较于"十三五"之前,由于《土壤污染防治法》的出台,政府在农业面源污染等水土污染治理中的责任得以进一步明确。除了沿袭《环境保护法》中关于国务院与地方政府责任的划分之外,《土壤污染防治法》详细规定了各级政府在土壤污染防治规划,土壤污染风险管控标准,土壤污染状况普查和监测,土壤污染预防、保护、风险管控、修复等方面的具体责任,并着重强调了政府的土壤环境信息共享与土壤污染状况调查、监测职能,这对于有效缓解生产者、政府、消费者之间土壤污染信息的不对称问题具有重要意义。在直接责任主体方面,《土壤污染防治法》根据土壤污染的特殊性将直接责任人划分为了土壤污染责任人和土地使用权人,当土壤污染责任人无法认定时由后者承担,有助于避开土地污染成因的复杂认定,确保责任落实。《农业面源污染治理与监督指导实施方案(试行)》则进一步强化了"政府—市场—农户"多元共管共治的农业面源污染治理体系。

在农产品质量安全监管方面,由于"十三五"时期《食品安全法》和《农产品质量安全法》的修改主要是顺应机构改革,所以关于政府、行业主体责任的划分并未有明显变化,此处不再赘述。

2. 治理手段

在分析了主体责任的基础上,继续利用9487字的汇总法律法规文本分析"十三五"时期政府农业面源污染治理和农产品质量安全监管手段的变化情况。参照胡颖廉(2016)的划分标准,将治理手段分为市场机制(包含市场准入、激励调节和行业惩戒)、政府监管(包括行政审批、日常监管和行政处罚)和社会共治(包括社会认知、社会监督和社会惩处)三大类。从统计结果来看,以禁止(出现频次21)、制定(出现频次14)、罚款(出现频次12)、登记(出现频次2)等关键词为代表的政府监管仍然是目前主流的治理手段(总计出现频次167次),而以标准(出现频次17)、标志(出现频次3)等为关键词的市场机制和以公布(出现频次7)、通报(出现频次3)等为代表的社会共治分别出现21次和15次,表明"十三五"时期我国农业绿色高质量发展所仰赖的治理手段仍然是以传统的行政手段为主(见图8.3)。

进一步分析行政手段则发现,行政处罚手段占比最高,日常监督次之,行政审批最少(见表8.7)。其中从农业面源污染治理来看,针对生产者的指导、支持和鼓励出现频次最多。从农产品质量安全监管来看,针对生产者的强制

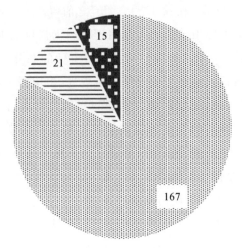

政府监督   — 市场机制   • 社会共治

图 8.3 汇总法律法规文本中治理手段的分类结果

（不得、禁止、必须）手段出现频次最高。

从以上总结来看，虽然多元共治的基本思路早已确立，"十三五"期间市场手段也越来越丰富，但目前治理手段仍以强制、规范等行政手段为主。之前存在的缺乏针对分散经营的农户的治理手段和安全绿色生产技术推广缺乏约束力两大问题也依然存在。

表 8.7 汇总法律法规文本中行政手段的细分情况

行政手段分类	代表关键词	累计出现频次
行政审批	批准、登记	4
日常监管	抽查、检查、评估、指导、推广、支持等	56
行政处罚	禁止、罚款、赔偿、限制、禁用、没收、拘留等	105

第三节　质量兴农与绿色兴农融合发展目标下的政策优化路径

一、质量兴农与绿色兴农融合发展的治理管理框架构建

1. 融合发展的总体思路

从农业面源污染与源头农产品质量安全问题的成因、治理对策及治理效果来看,政府主导的治理理念应转向多元主体共同参与的社会共治治理思路,并依据社会共治的要求对参与综合治理的多元主体责任与义务、治理手段进行界定(尹世久等,2018)。但无论是农业生态环境治理还是农产品质量安全管理,政府主导多元共治的原则虽然已经确立,但真正属于社会共治手段的措施仍然偏少,仍是政府主导的管理模式。

结合质量兴农与绿色兴农融合发展的技术要求与核心问题,立足社会共治的基本理念,融合发展的治理思路尚需如下调整。

第一,在政府责任方面,角色调整与职能整合是重点。一方面,将政府的角色从主导治理转向参与治理,将政府的工作重点转到为市场发挥作用创造条件上,例如加速农业生态补偿制度与碳交易制度完善,落实市场准入制度。另一方面,整合农业生态环境检测资源,建立统一的产地环境采集、整理、发布平台,使产地环境信息能够满足消费者与生产者需求。在生产主体责任方面,明确其直接责任主体的角色定位,详细说明生产主体在融合发展中的权利与义务。

第二,在治理手段方面,由以行政手段为主转向行政手段、市场手段并举,通过落实市场准入制度,建立生态补偿制度,充分发挥市场手段在推动融合发展中的作用。

第三,市场手段方面,需要继续完善优质安全绿色农产品的治理标准,促进质量安全标准与环境标准体系有机融合,实现以质量安全标准规范产品,以质量安全和环境友好双重标准规范生产过程。

第四，在社会共治手段方面，应充分利用数字化转型的契机，着力加强政府信息披露，为社会共治奠定基础。

2.融合发展中政府关键职能的调整与优化思路

(1)信息披露职能的优化

政府不仅是产地环境信息和农产品质量安全信息的提供者和监督者，又是生产主体安全友好型生产管理技术的推广者，因此政府在融合发展推动过程中的作用无可替代。尽管从长远来看，实现从政府主导的治理模式转向社会共治模式才能从根本上提升农业面源污染和源头农产品质量安全问题的治理效率。但由于目前资源环境产权界定不清、治理主体责任界定不清、优质优价农产品市场建设滞后，综合治理的外部性明显。因此，迫切需要以政府职能的优化作为综合治理实施的突破口。政府职能优化，重点有两个：其一是对解决产地环境信息不充分问题至关重要的产地环境信息披露职能；其二是对安全友好型生产管理技术的推广职能。因此，政府职能调整与优化的关键概括起来就是，按照融合发展的技术要求，以信息披露和安全友好型生产管理技术推广职能的优化调整为突破口，通过优化信息传递、优化技术推广、健全生态补偿、落实市场准入制度等措施，实现优质优价，提升各类生产主体参与融合发展的经济效益。

按照融合发展的信息披露要求，首先，需要对当前农业生态环境信息监管职责与资源进行整合，强化产地环境检测能力。其次，明确政府、产业化组织、生产者信息披露的项目与内容。最后，加强信息的整合，提升信息利用效率：一方面，加强信息的整合，提升利用效率，实现政府与生产主体间农业生态环境信息的互通，由农业部门依据作物布局与品种特征将关键环境信息整合到生产档案中，向农业生产者公开；另一方面，整合政府、生产主体质量安全控制相关信息，建立全国统一的专门的信息发布平台向消费者公开，实现治理主体与消费者之间的信息互通。

(2)安全友好型生产管理技术推广职能的优化

当前政府在环境友好型技术的推广中更多地采用劝说和鼓励的手段，缺少强制手段，更缺少经济激励手段。从源头农产品质量安全控制技术的推广来看，虽然在投入品登记、生产档案记录、售前检测等方面作出了明确要求，手段上也包含了认证补贴与区域品牌创建等经济激励措施，但仍存在明显不足：首先，投入品登记、生产档案记录与售前检测仅仅是针对生产企业与农民专业合作经济组织(简称合作社)而非广大农户,农户责任界定仍需明确;其次,虽然明确了生产企业与合作社等主体责任,但监督与激励不足,导致实际运行效果不佳。

按照融合发展的基本要求,推广既符合质量安全标准又符合环境友好标准的安全友好型生产管理技术,需要政府部门做好以下几方面工作。

第一,实现生产技术的环境标准与质量标准整合。任何环境友好型生产技术与质量安全控制技术都是多功能的,兼具环境友好与质量安全属性,但当前环境友好型技术与质量安全控制技术的推广往往只是针对其中一方面,因此即便存在补贴政策,也往往因为只考虑单方面功能导致补贴难以有效激励农户采纳。因此,本研究认为环保、农业部门应根据产地环境、种植结构、品种特性归纳出多个层次的质量安全环境友好型生产管理技术范本(简称安全友好型生产管理技术),并对每种安全友好型生产管理技术的质量安全程度、环境友好程度进行准确衡量。

第二,建立健全生态补偿制度,调整安全友好型生产管理技术的补贴方式。基于安全友好型技术环境友好属性的测算,建立精确的生态补偿制度。然后依据环境友好与质量安全双重标准对传统的补贴项目进行分解,对生产中的投入品、生产管理措施与信息追溯管理制定差异化的补贴项目组合,既发挥补贴对环境友好型技术的激励,同时又改变当前某些补贴政策对化肥、农药等化学投入品使用的激励,避免扭曲要素市场价格。

第三,强化入市检测,落实市场准入制度。严格的市场准入是农产品优质优价的基础,是发挥市场激励的关键。虽然当前《农产品质量安全法》已经明确要求生产企业和合作社进行售前检测,但从现实来看,无论是检测频次还是检测项目都难以满足综合治理的要求。因此,需要农业部门进一步提高要求,以环境质量检测和农产品质量安全风险评估为基础,针对性地强化环境质量检测(如在重金属污染严重的地区强化重金属检测)和质量安全检测(如增加裸皮农产品农药品类检测)。

第四节　融合发展视角下食用农产品合格证有效性分析

虽然近年来食品安全形势稳定向好,但我国仍处于食品安全风险隐患凸显和食品安全事件集中爆发期。其中,农药兽药残留和添加剂滥用是现阶段食品安全的最大风险来源,而数量庞大、质量安全管理意识和责任意识淡薄的源头生产经营主体则是当前食品安全监管的重点与难点。为落实生产经营主体第一责任,推进产地准出管理与市场准入管理的衔接机制建设,农业部开始在河北、黑龙江、浙江、山东、湖南、陕西等六省先行开展食用农产品合格证(下文简称合格证)管理试点工作。2016 年 7 月,农业部发布《关于开展食用农产品合格证管理试点工作的通知》,出台《食用农产品合格证管理办法(试行)》,进一步明确食用农产品合格证的管理办法。2017 年 9月,中共中央办公厅、国务院办公厅印发《关于创新体制机制推进农业绿色发展的意见》,明确提出"改革无公害农产品认证制度,加快建立统一的绿色农产品市场准入标准,⋯⋯健全与市场准入相衔接的食用农产品合格证制度"。2018 年 11 月,农业农村部农产品质量安全监管司在无公害农产品认证制度改革座谈会上提出停止无公害农产品认证工作,实现无公害农产品认证制度与合格证制度的平稳对接。2019 年,农业农村部印发《全国试行食用农产品合格证制度实施方案》的通知,在全国试行农产品合格证。

　　加速安全认证与绿色认证的分离,大力发展合格证制度,通过宣传引导与监督管理使之成为广覆盖的安全农产品标准,已经成为不可逆转的趋势。研究在梳理无公害认证到合格证制度的演化逻辑的基础上,结合无公害认证制度推行过程中存在的诸多问题,分析社会信任缺失背景下合格证制度推行可能面临的阻碍,提出合格证制度优化的对策建议。研究对实现无公害认证与合格证制度的有机衔接,加速合格证制度的推广与普及,具有重要的参考意义。

一、市场失灵与食品质量安全认证

　　质量安全信息不对称被认为是食品市场失灵的根本原因(Caswell,1998)。阿克洛夫在《"柠檬"市场:质量不确定与市场机制》中指出,当市场买卖双方存在非对称信息,即卖方比买方拥有更多产品质量信息,同时买方又难以直接判断产品质量时,市场价格机制就会失灵,导致劣质产品驱逐高质量产品的现象。根据 Nelson(1970)搜寻品、经验品和信任品三类商品属性的划分,质量安全兼具搜寻品特征、经验品特征和信任品特征。其中食品安全属性"信任"特征最为突出,信息不对称程度也最高。如农药残留、转基因成分、添加剂、生产加工的卫生条件等信任品特征对消费者身体健康的影响最为直接，而消费者无论是在购买前还是在消费后都无法及时准确地识别它们对健康的影响，因此生产者或经营者通常拥有更多的信息，由此产生信息高度不对称。

信息不对称程度的差异导致信任品市场的失灵纠正最为复杂，信任品市场失灵需要第三方的质量信号（王秀清等，2002）。搜寻品市场上消费者经过信息搜寻之后就能获得产品信息，因此消费者与生产者、经营者之间并不会存在明显的信息不对称，因此市场能够很好地配置此类产品。但对经验品和信任品而言，由于信息搜寻也不能完全消除信息不对称，因此此类产品市场上往往会产生市场失灵。但信息不对称程度的差异决定了经验品和信任品市场失灵程度存在差异。经验品可以借助声誉机制来保障质量信号的传递，但信任品由于信息完全掌握在生产者手中，只能通过政府或其他第三方组织来承担市场信息传递的职责，否则信任品市场就会陷入市场失灵，出现质量安全问题。Feddersen et al.（2001）进一步指出，在不完全信息与不对称信息背景下，消费者和供给者的非合作博弈中必须引入第三方来提供质量信号，才能有效提升市场效率。

通过质量信号发送，使食品安全由信任品转化为搜寻品，是解决市场上质量安全信息不对称的关键（Caswell et al.，1996；王秀清等，2002；周洁红，2006）。斯宾塞在其《劳动市场的信号》一文中以劳动力市场为例首次提出了信号传递模型（signaling model），高能力雇工必须寻求一种信号传递方式使得雇主能够通过此信号将其与低能力者区分，而这种信号必须是低能力者无力承担的，受教育程度就是这样一种信号。在不完全信息条件下多阶段重复博弈可以导致参与人采取合作行为从而建立良好声誉。王秀清等（2002）认为信息不对称程度影响企业声誉机制的建立，对经验品来说，企业能够产生创建声誉的激励，但对信任品市场来说，由于信息的极度不对称，需要第三方来提供信号传递机制。

以"三品一标"为代表的食品质量安全认证就是这样的一种质量安全信号。认证作为一种质量安全信号，是生产者为了避免柠檬市场的悲剧，实现优质优价而向消费者发送的一种保证（陈默等，2019），而这种信号能否成功，取决于消费者对于质量安全信号本身或者质量安全信号发送者个人的信任程度。然而在我国安全认证农产品供给不断增加，且消费者安全农产品支付意愿不断提高的条件下，国内安全农产品市场规模没有相应扩大。换句讲,消费者安全农产品的质量安全需求并没有有效转化为购买行为,生产者的质量安全信号传递并未有效解决信息不对称问题。

二、从无公害认证到食用农产品合格证的演化逻辑

2001年,在中央提出发展高产、优质、高效、生态、安全农业的背景下,农业部提出了无公害农产品的概念,并组织实施"无公害食品行动计划"。无公害农产品认证采取产地认定与产品认证相结合的模式,以生产过程控制为重点,以产品管理为主线,以市场准入为切入点,以保证最终产品消费安全为基本目标。产地认定主要解决生产环节的质量安全控制问题,产品认证主要解决产品安全和市场准入问题,无公害农产品认证的过程是一个自上而下的农产品质量安全监督管理行为。

食用农产品合格证是指食用农产品生产经营者对所生产经营食用的农产品自行开具的质量安全合格标识。自检合格、委托检测合格、内部质量控制合格、自我承诺合格都可以作为开具合格证的依据,合格证应至少包括产品名称和重量、食用农产品生产经营者信息(名称、地址、联系方式)、确保合格的方式、食用农产品生产经营者盖章或签名、开具日期等信息。与无公害农产品认证不同,合格证是一个自下而上的农产品质量安全自我管理行为。

虽然同为质量安全信号,但无公害认证与合格证在信息内容、责任主体等方面还是存在显著差别。

合格证所包含的信息大大简化,实现了安全与绿色标准的分离,有助于其更大范围地普及。无公害认证本身包括了产地环境与产品两方面的认证,产品质量又是产地环境、投入品使用(过程)的综合结果,因而可以认为无公害认证还是能够较为完整地反映从产地环境到过程管理再到产品的全程安全。而合格证则不然,不再包括产地环境信息,更多是一种产品(结果)合格的承诺,合格的保证则来自检测(自检或者委托检测)或者承诺,因而就信息内容的完整程度而言,合格证相对于无公害极大简化。这种内容的简化极大降低了使用门槛,有助于其更迅速地推广。无公害认证的程序相对繁琐,认证成本相对较高,对小农户甚至一部分规模农户都不够友好,因而普及度并不高,而合格证保证了小农户也能以较低成本采用,无疑有助于实现更大范围的覆盖,从而实现替代无公害农产品认证成为最基本的质量安全认证,避

免无公害认证覆盖有限导致现实中"公害"食品广泛存在的悖论。

从无公害认证到合格证,生产经营主体的第一责任得以强化。无论是无公害认证还是合格证,生产经营主体都是第一责任人,但两种质量信号背后的责任主体还是发生了明显的变化。无公害认证的颁证由原农业部农产品质量安全中心负责,农产品质量安全中心对材料审核、现场检查和产品检测结果符合要求的,颁发无公害农产品认证证书。虽然生产经营主体是第一责任人,但无公害认证的实施和管理都由政府承担,这意味着政府是无公害认证的背书者。而合格证出具的原则是谁出具,谁担责,生产主体第一责任人的角色得到了强化,而政府的背书角色得以淡化。这种趋势是必然的,是政府收缩权力、向市场放权使生产者真正成为第一责任主体的必然选择。

通过简化信息要求降低生产经营主体履责要求,实现主体与产业链各环节全覆盖的追溯体系,是从无公害认证到合格证转变的根本目的,而实现安全标准与绿色标准的有效分离则是简化信息要求的重要前提。无公害认证包含了产地环境、投入品管理与产品检测等多方面信息,因而认证的要求相对较高。对生产者而言,这意味着较高的认证成本。而对消费者而言,意味着消费者很难准确了解无公害认证的内容与流程,也难以有效区分无公害认证与绿色有机认证的区别。这就导致了食品市场上不同质量安全信号的混同。与此同时,由于无公害认证标准远远超过了正常的安全标准,导致无公害产品标准之下存在着低质量和不安全两类产品,加之源头环节食品安全监管资源配置不足、监管能力有限,政府只能将低质量产品与不安全产品一并打击,形成监管力度的信号混同(谢康等,2012)。消费者难以甄别监管力度的信号混同程度,将政府的监管力度视为食品不安全平均水平的一个参照标准,形成接收信号混同,导致消费者从政府加大监管力度中解读出市场更不安全的信号预期。由此在政府与生产经营主体、政府与消费者两种信息结构之间出现信号扭曲。这种信号扭曲的不利影响主要体现在损害行业的规模发展,如政府加大监管力度后使消费者降低消费支付,也使生产低质量但安全的食品企业被一并打击,反而提高了违规企业获取超额违规收益的概率。而无公害认证的有关负面新闻都在一定程度上成了政府食品安全监管不力的证据,在一定程度上损害了政府的信用,导致消费者不仅不信任生产者,对政府的信任也在下降。

三、社会信任缺失与食用农产品合格证的有效性分析

食品安全是管出来的,更是产出来的,强化生产经营主体的第一责任无可厚非,食品安全的责任理应由生产者首先承担。但质量安全信号是否有效,不仅取决于信号本身是否真实有效,信号的传递是否有效率、不失真,更取决于消费者是否能有效分辨并信任这些质量信号。

信任是个体或组织对另一方口头或书面的言语、承诺等可靠性的一种期望(Rotter,1967),是建立在对另一方意图和行为的正向估计基础之上的不设防的心理状态(Rousseau et al. ,1998)。食品市场上质量信号的信任,可以大致分为主体信任和制度信任两大类。主体信任,即消费者对生产经营主体的信任,又可以细分为个人为基础的信任、认知为基础的信任、知识为基础的信任和计算为基础的信任等四类(Gefen et al. ,2003)。信任建立初期,个人为基础的信任和认知为基础的信任对消费者是否愿意与特定对象进行交易的影响最大。随着双方交易次数的增加,消费者也逐渐掌握了交易对象的相关信息与过去信用状况,消费者能利用这些信息与经验,使用理性的方式评估对方是否值得信任,计算和知识为基础的信任也在这阶段开始逐渐发挥作用。制度信任,即消费者对食品市场交易制度的信任,这类信任可以增加个人在特定环境下的安全感,消费者相信完善的制度能保障消费者的权益。无论是无公害认证还是合格证,甚至是食品可追溯体系,都兼具主体信任和制度信任特征,前者的存在确保了责任主体能够被有效识别,问题食品被及时有效地召回,而后者是指无公害认证和合格证以"标准化"标签形式展现了食品的质量安全等信任属性,相当于把食品安全的信任属性转变为搜寻属性,减少了消费者的搜寻成本且锁定了更可靠的供应商。

即使是在信息爆炸时代,消费者对于食品质量信息的需求也是宁多勿少。当前食用农产品的质量安全风险来源多样,源头面源污染、重金属污染、农药兽药残留等都是潜在的风险因素,质量安全信号所包含的信息内容也需要是完整的。不完整不充分的信息披露恰恰是目前食品安全认证受阻的重要原因。认证的不规范与信息不完整会使信号的质量与禀赋鉴别功能失灵。从三聚氰胺到现在,消费者的质量安全知识和意识已经不同往日(尹世久等,2019)。而移动互联网的普及也极大降低了消费者食品安全信息检索成本,进一步提升了消费者对完整的食品安全信息的需求。吴林海等(2014)以可

追溯猪肉为案例的研究表明,参与者对包含完整可追溯信息的猪后腿肉具有更高支付意愿。杨智等(2016)基于389个消费者的调查显示,论据强度,也就是认证背后的信息越多,越能提升消费者的绿色食品品牌信任。因此,只有完整地传递从源头到产品的质量信息才能有效地提升消费者的信任,但从无公害到合格证,质量信号所包含的信息内容却大大减少。

尽管消费者对食品安全整体信任程度较低,但相较于生产主体的信任,消费者更愿意相信政府。从无公害到合格证,背书主体的转移,意味着主体信任从政府信任转变为生产主体个人信任。相较于政府信任,个人信任的建立更加困难,成本更高,对社会信用制度的要求更高,而从目前的社会信用制度建设情况来看,个人信任尤其是合格证个人信任的实现存在难度。大量的中小规模经营者仍是食用农产品的主要生产经营主体,行业的进入门槛仍比较低,食品产业链仍较长,环节多,参与主体多,食品产业"低小散多"的基本特征没有改变。数量庞大的中小规模经营主体与有限的监管资源矛盾突出,行业信任危机仍然存在。虽然政府监管制度一直在改革,但是针对低小散多主体的监管短时间内难以有效提升,这就容易导致行业信任危机,即在竞争对手出事后,高质量企业并不会得到消费者的完全认同,其产品质量仍然被低估,因而在面对低质量竞争者时,本来有能力提供高质量产品的机会主义者也宁愿"近墨者黑",同样提供低质量产品。不仅会提供低质量的产品,生产者的道德风险还会影响食品质量信号发送的真实性。在柠檬市场中,生产经营主体的背德行为表现在认证过程不规范与认证的不规范使用两方面。一是通过如弄虚作假、行贿等行为获得认证,二是在获得认证后的不按标准要求进行生产,或是以普通农产品冒充绿色食品等。认证标识管理不规范,各类假冒认证标签甚至能够直接买到,生产者或经营者不经过认证而直接购买标签冒充绿色食品的事例在我国也较为普遍,这在一定程度上使消费者对认证这一信号发送机制产生了质疑。认证的不规范与监管的有限性,造成了认证并没有完全真实反映出农产品的质量安全信号,从而使这一信号发送机制的效能打了折扣。与此同时,在目前的市场环境下,消费者想要准确获取生产主体的个人信息几乎是无法实现的,即使能够实现,实现的成本也是非常高昂的,这就意味着消费者建立对个体的信任十分困难。更糟糕的是,由于进入门槛低,当前中小农产品生产主体的质量安全管理意识与管理能力往往也较低,出现问题产品后即使追溯到生产主体,生产主体可能也会因为缺乏履责能力而难以补偿消费者的损失。对政府强化蔬菜质量安全管理效果认可的消费者,也会倾向信任认证蔬菜。当前,我国蔬菜质量安全认证机构是政府机构,对政府强化蔬菜质量安全管理效果评价认可的消费者相信政府食品安全管理制度,因此也相信政府蔬菜质量安全认证机构。张彩萍等(2014)认为认证机构也会影响消费者信任,不同认证机构所认证产品之间存在显著差异。吴林海等(2014)研究表明,消费者更偏好于政府认证信息。

综合来看,考虑到社会信用制度的建设也是一个相对漫长的过程,第三方的检验检测机构发展滞后,在这样的产业环境与监管下,基于主体信任的合格证要取得消费者信任还存在较大难度,若不加过渡直接从政府转到生产者,可能会产生信任空缺。

四、我国食用农产品合格证的优化方向

提升合格证的标准化程度,使合格证内容更加聚焦安全属性。从试点的情况来看,各个地区合格证的信息内容五花八门。因此首先需要提高合格证信息内容的标准化,使合格证内容更加聚焦安全属性,以便消费者能够迅速提升对合格证的认知。因此,要通过合格证本身的标准化促进对质量信号的分析,使合格证的信息更加聚焦安全信息,使合格证真正成为不安全产品与低质量产品的界线,这样政府监管的时候也可以实现只打击不安全食品,不打击低质量产品,生产经营者只要不生产不安全产品即可,生产高质量还是低质量产品是企业自身的选择的问题。

在简化信息内容的前提下,增加由政府或者第三方检测机构出具证明的产地环境、投入品管理等关键信息。利用消费者对政府的信任以及政府检测的权威性、专业性,为单个生产经营主体无力解决也无法证明的信息提供背书。一是表现在合格证要跟政府追溯码结合,二是表现在合格证的出具依据上,就是在合格证推广的初期,尽量采用委托检测的方式作为出具依据。同时,扩大政府监管覆盖面,提升行业整体信任度。政府监管覆盖面的扩大对危机的化解尤为关键。特别地,当继续加大惩罚的措施因为受制于现阶段制度资源的约束而难以有效执行时,与其在单一方案上啃硬骨头,不如在扩大监管覆盖面、提升检测技术和加大惩罚力度三方面多管齐下,形成政策合力,以求更有效地化解行业信任危机。

扩大合格证覆盖面,实现生产经营主体的全覆盖。合格证理应取代无公害成为一种门槛更低、覆盖更宽的兜底性制度;但从目前试点的情况来看,合

格证制度的主要对象还是规模经营主体。如果仅仅聚焦规模经营主体,合格证就变成了低配版的无公害认证,甚至内容与主体的可信度还不如无公害认证,遑论在消费者中的认知度。如不提升覆盖范围,行业信任度就无法有效提升。而要实现有效覆盖,就需要形式的多样性。如根据不同体量、不同档次的规模农产品生产主体,设计机打式、名片式、手写式等不同形式的合格证式样,三种式样具有同等效力,规模主体根据自身需要,自主选择。

健全社会信用体系,强化联合惩戒,提升信用的约束能力。完善诚信制度体系,建立完善个人的信用记录制度、信用信息通报与共享制度,健全诚信甄别机制、诚信激励机制、信用预警机制及失信惩戒机制等食品安全诚信体系。加快各级诚信信息平台建设,搭建食品安全信用数据库,扩大信用信息应用。健全诚信奖惩机制,完善食品安全"黑名单""红名单"制度,形成失信联合惩戒、守信联合激励机制。

第九章 质量兴农与绿色兴农融合 发展的对策建议与保障体系

第一节 打造绿色优质农产品供应链

以质量兴农与绿色兴农融合发展为导向,以产业提质增效和农民增收为目标,延伸农业产业链条,打造绿色安全优质农产品产业链,实现主导产业、特色产业和优势产业做大做强,着力壮大新型农业经营主体,强化小农户带动,推进农业生产的绿色转型。

一、强化源头绿色优质农产品供给能力建设

1. 强化源头环境治理

使农业外源性污染得到有效控制,内生性污染得到有效治理。健全耕地质量、土壤环境、水体生态的保护体系,持续改善生产条件,积累绿色资源。加强绿色优质农产品品种引进、选育和推广。完善绿色农产品生产标准体系,探索融合质量安全标准与环境友好双重标准的"绿色优质农产品"标准。扩大绿色农产品生产基地建设。

2. 实施农业品牌建设工程

以区域公共农业品牌建设为抓手,深入实施农业品牌振兴行动,带动农业标准化与良好农业规范实施。加强农产品质量安全追溯体系建设,加大规模生产主体合格证推广力度,推动涉农县农产品追溯体系全覆盖。

3.加快发展智慧农业

加快发展智慧农业、定制农业、体验农业等新业态,建设农村电商、云农场、冷链物流等支撑体系。大力实施"互联网＋"现代农业战略,应用物联网、云计算、大数据、移动互联等现代信息技术,推动农业全产业链改造升级。加快智慧农业公共服务平台建设,建立完善农业大数据采集、共享、分析、使用机制。以农业物联网技术为核心,实施智慧农业应用示范工程。鼓励农产品生产基地、农产品加工企业依托网络平台开发定制农产品,为消费者提供个性化定制服务。

二、建设高标准绿色优质农产品加工与物流体系

1.建设扎根县域的现代农业产业园

加强农产品加工技术集成基地建设,组织开展关键技术装备研发和推广。深入实施农村产业融合发展试点示范工程,开展农业产业化示范基地提质行动,建设一批农村产业融合发展示范园和先导区,充分利用各种农业科技资源,搭建农业科教创新平台,加强前瞻性现代高效农业科技研发。建设现代农业产业园。以规模化种养基地为基础,依托农业产业化龙头企业带动,聚集现代生产要素,建设"生产＋加工＋科技",一、二、三产业融合的现代农业产业园,发挥技术集成、产业融合、创业平台、核心辐射等功能作用。

2.加快推进传统农产品流通渠道的转型升级

加大批发市场、农贸市场等传统流通渠道的追溯体系与电子交易系统推广力度,促进向现代流通体系转型升级。建设高标准冷链物流基地。构建"全链条、网络化、严标准、可追溯、新模式、高效率"的现代化冷链物流体系。提供融资与税费支持,鼓励社会资本参与到冷库、配送中心等冷链物流的基础设施建设中,打造区域性冷链物流节点基地。鼓励第三方大型冷链物流企业发展,提高基础设施与物流线路的共用性,发展绿色物流,降低企业成本。

三、完善绿色优质农产品标准体系

1.完善强制性安全标准

在逐步实现食品安全标准与国际标准基本接轨的同时,倡导地方政府、行业协会、企业积极参与绿色优质农产品地方标准、团体标准和企业标准制修订工作中。规范标准制定流程,使生产主体、消费者、科研院所等更多主体参与到标准制定过程中。加快制修订标准,修订产业发展和监管急需的食品安全基础标准、产品标准、配套检验方法标准。加强食品安全标准专业技术机构能力建设,强化标准比较研究与基础研究。建立企业标准公开承诺制度,完善配套管理制度,鼓励企业制定实施严于国家标准或地方标准的企业标准。加大食品安全标准解释、宣传贯彻和培训力度。

2.探索建立多层次品质标准体系

规范非强制性品质标准的制修订主体资质要求、制修订流程,强化对地方标准、团体标准、企业标准制修订的指导与规划,强化对各类品质标准的审核与标准制修订过程的监督。以行业协会和龙头企业为依托,针对优势、重点、特色产品制定"绿色优质农产品"专属标准。加大对行业协会行业性团体标准建设的扶持力度,支持龙头企业制定更高级别的质量、品质标准。

四、优化农产品认证制度

1.改革认证制度

完善食用农产品合格证制度设计,推动合格证与追溯管理挂钩,统一信息规范,强化产销对接。强化认证标识管理,加大标识不规范使用惩处力度。强化认证主体信用信息与产品信息的披露,支持和引导新闻媒体开展舆论监督,为消费者提供真实、可信、权威的认证信息。将认证推介纳入农产品品牌建设行动,提高公众认知。一方面,重点针对投入品、产地环境等关键环节,丰富认证信息的呈现形式,以视频、可视化农业等方式加强与消费者互通与互动。更加完整更加直观地呈现质量安全信息,是提升消费者信任的首要举措。另一方面,探索追溯与认证管理的有效融合,建立更为严格的认证标识管理制度,净化市场环境,提升消费者对认证标识本身的信任程度。此外,严格落实生产经营主体信息披露第一责任主体的要求,加强农户和企业的质量安全信息披露,使产品信息、主体信用信息、认证信息有效融合,提升消费者对产业主体的信任程度。

2. 强化社会监督

发挥行业协会自我教育、自我管理、自我服务、自我约束功能,支持行业协会制订行规行约、自律规范和职业道德准则,建立健全行业规范和奖惩机制,推行质量安全承诺书制度,引导督促食品生产经营者依法依规、诚信自律。发挥行业协会与政府、消费者或消费者组织之间的协调功能,积极参与风险交流和各项政策标准的制定,逐步完善消费争端和纠纷解决机制。规范媒体舆论监督,鼓励新闻媒体准确客观报道食品安全问题,有序开展食品安全舆论监督。

五、加快绿色消费示范区建设

1. 提升采购比重与强化信息披露同步推进,增强政府绿色采购示范作用

一方面,明确政府绿色采购认定标准,建立绿色采购目录,规范绿色采购流程,逐步扩大绿色采购比重,以此向生产端企业释放信号,引导企业向绿色生产转型。另一方面,完善绿色采购监督机制,实现政府绿色采购信息的主动披露,建立绿色产品供应商信用数据库,定期公布绿色产品供应商的红名单与黑名单,通过绿色采购信息开放形成对居民消费的示范与引导。

2. 打造"品字标"与实施创新认证管理双管齐下,解决绿色产品信任难题

一方面,在消费者关注度高、市场潜力大的重点行业中,优先出台强制性标准,鼓励地方政府、行业协会、专家学者、消费者积极参与绿色产品标准的制定,构建多层次的绿色产品认证标准体系。另一方面,加速区块链技术、分布式记账技术在认证管理中的运用,借助其实时同步、不可篡改等特性提高绿色认证的溯源效率,确保绿色产品源头可追溯、流向可跟踪、信息可查询、责任可追究,同时继续加强产品认证的跨区域协作,推动认证的跨区域乃至跨国互认。

3.改革消费税与创建体验式消费场景有效协同，强化绿色产品供需互动

一方面，强化绿色消费引导政策创新，探索绿色产品消费税改革，将消费税绿色税目征税方式由价内税改为价外税，明确告知消费者购买污染生态环境商品时要承担的具体消费税额，增强消费税对消费者消费行为的引导作用，针对高学历高收入人群、青年群体等绿色消费主力军发放绿色产品消费券。另一方面，创新消费业态，依托经济平台优势推动线下绿色商场与线上绿色电商的融合发展，通过社区团购等形式引导绿色产品向社区生活服务圈下沉，扶持建设社区支持农业、菜团、云种养等生产者与消费者直接对接的绿色产品产销共同体。

第二节　以产业链发展需求为导向
强化高素质农民培育

乡村振兴，人才是基石。培养爱农业、懂技术、善经营的新型职业农民，是强化乡村振兴人才支撑的重中之重。但在乡村振兴对农业农村人才的迫切需求下，缺人局面尚未根本扭转，青壮年劳动力留农务农内生动力不足的问题突出。以绿色安全优质农产品产业链打造为先导，推动产业振兴与人才振兴有效协同成为促进城乡人才要素双向流动的关键。

一、打造绿色安全优质农产品产业链的人才需求分析

新时代农业发展已经从数量导向转为质量导向，满足人民群众安全、绿色、营养、健康食物需求成为农业发展的新任务。推动质量兴农、绿色兴农、品牌强农，发展高效生态现代农业已经成为农业供给侧结构性改革的方向。要实现这一转变，需要一批拥有安全高品质农产品生产能力、田园生态系统维护能力、产业要素聚合管理能力、跨产业发展能力的新型职业农民作为主力军。

1.绿色安全优质农产品生产能力

生产绿色安全优质农产品，既需要农产品质量安全管理意识，又需要各

环节质量安全管理能力。首先需要生产经营者熟悉相关产品质量安全风险的主要来源,形成良好的质量安全风险防范意识。其次需要具备投入品规范使用的能力,农产品标准化生产与良好农业规范实施能力,建立规范生产档案、进行内部追溯的能力,质量安全认证管理能力,农产品质量安全问题的处理与危机公关能力。

2.田园生态系统维护能力

需要学习掌握生态循环农业模式,具备清洁绿色生产能力,掌握资源利用节约化、生产过程清洁化、产业链条生态化、废弃物利用资源化技术。需要掌握环境友好型生态种养技术,保持农业物种的多样性,具备田间生物群落和生态链维护能力。需要加强农业生态基础设施建设,保护和改善田园生态景观,优化乡村种植、养殖、居住等功能布局,打造生态田园、美丽田园。

3.产业要素的有效整合与管理能力

高效生态现代农业,是各类要素被充分聚合、高效利用的农业。在土地、资本、技术、管理等众多要素中,起到启动、协调、推动作用的就是管理能力。不仅要求生产经营者关注农业产业政策发展的趋势,更要求生产者能够把握市场风向,寻找市场热点,高效利用各种生产资源,熟悉农产品流通渠道,学习各类营销新模式与农产品线上线下营销技巧,管理运营农产品品牌。

4.跨产业发展能力

具备以农业为依托,且向产业链前端、后端进行拓展的能力,具备大力发展农产品精深加工及综合利用资源的能力,具备发展种养加综合发展的能力,具备发展创意农业与乡村旅游能力。掌握利用物联网、互联网、智能控制、远程诊断、产品标识等现代信息技术,推进智慧农业,提供农业现代化服务的能力。

二、产业链打造所需高素质农民的培育策略

1.以产业链打造为先导,增强职业农民培育内生动力

聚合产业发展资源,调结构、转方式、建品牌,打破农产品同质竞争和增产不增收困境,真正提升高效生态农业的经济效益,提升农业的人才吸引力。

2. 以满足多元需求为目标，增强培训内容的吸引力

首先，普查建档，明确农民多元化需求。把开展新型职业农民培育纳入各地乡村振兴总体规划，因地制宜、因时制宜，制定特色产业发展人才需求计划，对区域范围内农业龙头企业、家庭农场、农民专业合作社、种养大户等新型农业经营主体进行普查，建档立卡，制定职业农民培育长期计划与年度计划。其次，丰富培训内容，在满足特色产业发展所必需的生产技能培训基础之上，增加质量安全管理、生态安全管理、市场风险管理等内容，逐步实现因人、因岗设课。最后，优化培育形式，以产业链不同环节、不同类型职业农民差异化的培育需求为出发点，建立多元化、多层次的培育和再教育体系，开展职业培训、学历教育、技能培训和终身学习等多种培训形式，拓展短视频课程等培训方式，满足不同层次职业农民的学习需求。

3. 以智慧培育为抓手，提升职业农民培育资源配置效率

首先，以互联网加大培训内容和资源整合力度。以"互联网＋新型职业农民培育"的实施为抓手，加速各级政府、政府各部门、企业以及其他社会相关主体培训内容与扶持资源的整合，尤其是各地产业特色发展所需要的针对性更强、更具深度、更加先进的特色培训内容与扶持资源，切实提升培训内容与扶持资源供给质量。其次，以大数据分析提升培训内容和资源配置效率。借助各级职业农民培育大数据的整理分析，进一步明确不同类型职业农民发展需求特征，提升职业农民培育内容设置与配套资源供给的"智慧水平"，实现培育需求与配置资源的高效衔接。

4. 以制度改革为动力，全方位加大新型职业农民扶持力度

首先，改革职业农民认定制度。进一步优化新型职业农民评估标准，确保标准既能体现业绩导向，又能兼顾群体差异，同时规范评估认定流程，构建职业认定体系，建立新型职业农民信息档案，建立新型职业农民责任清单和负面清单。其次，改革职业农民扶持制度，推动新型职业农民认定与农业扶持政策挂钩，重点加大土地流转、设施建设、融资保险等方面的扶持力度。最后，改革职业农民社会保障制度，推动将新型职业农民纳入城镇职工养老、医疗等社会保障体系，探索新型职业农民职业支持保护和职业救济制度。

第三节　促进规模经营主体与小农户的协调发展

一、以土地规模化和服务规模化双轮驱动小农户生产转型

1. 以土地规模化经营提升新型农业经营主体的引领作用

新型农业经营主体是农业产业体系发展的基础，也是引领者。发挥好新型农业经营主体的引领作用，完善与农民的利益联结机制，促进小农户与现代农业发展相衔接。加强专业大户与家庭农场的发展，引导、鼓励承包农户依法、自愿、有序流转土地经营权，重点培育大规模经营、示范带动能力强的专业大户与家庭农场。不断发展与规范农民专业合作社，提升合作社的服务能力与其在各主体间的纽带作用。同时还要吸引农业龙头企业下乡，强化龙头企业在农业产业体系发展中的引领作用。

2. 以农业服务规模化降低小农户融入现代农业门槛

建立完善公益性服务和经营性服务相结合，专项服务和综合服务相协调，贯穿农业产前、产中、产后全过程的综合配套服务体系。大力发展农业生产性服务业。大力发展多元化多层次多类型的农业生产性服务业，加快培育各类服务组织，积极拓展服务领域。支持服务组织积极开展农业市场信息、农业投入品供应、绿色生产技术、废弃物资源化利用、农机作业及维修、农产品初加工、农产品营销等服务，鼓励提高其专业化、产业化和社会化水平。推进病虫害统防统治与全程绿色防控有机融合。推进农机服务环节向农业生产全过程、全方位延伸。

3. 完善针对小农户的技术推广体系

政府应重视技术采纳行为中的关联效应与农户技术需求的差异性以进一步完善减量增效技术多元推广体系。第一，以关联技术为切入点提升减量增效技术推广效率，尝试将互补的技术"打包"推广，并构建起相应的配套服务体系与补贴机制。例如，在推广测土配方技术的同时向农户提供优质有机肥与缓释肥的供应途径，在推广性诱剂诱捕技术的同时向农户提供显花/诱

虫植物种子,力争降低互补技术的采纳门槛。第二,制定差异化的技术推广策略,提高减量增效技术推广体系的灵活性和地区农技推广组织的自主性,在归纳与提炼不同替代技术的适用范围基础上,结合当地生产习惯,因地制宜推广特定的减量增效技术。

二、以提升政策覆盖范围和协同性为导向完善支农政策体系

1.加大农业支持保护力度,扩大政策覆盖范围

以提高农业质量、效益与竞争力为目标,强化绿色生态导向,创新完善政策工具和手段,深化农产品收储制度和价格形成机制改革,完善农业补贴制度,健全金融保险支农机制,加快建立新型农业支持保护政策体系。要注重农业补贴与生态保护挂钩、农业开放与收入保护相结合、充实发展绿箱补贴政策等政策手段的设计与施行。补贴向主产区和生产保护区倾斜,在产品种类上有选择性地加大补贴力度,确保国家粮食安全。建立健全生产质量补贴制度,提高农产品质量安全水平。将农业补贴与生产主体投资相结合,对特定生产资料予以补贴。强化农业科技补贴,实现生产降本增效,在科研源头加大科研创新和成果转化补贴力度,设置以投入产出比率为衡量标准的逐级递增的补贴等级。在农业生产实践中强化农技推广补贴。要建立农技推广补贴机制,对于积极采纳高产品种和先进生产技术的农业生产经营主体进行科技补贴,对采用高质、高产品种进行种植的生产者给予更高的种植补贴。

2.完善政策创新机制,构建统一协调机制。

以内外围相结合的双层治理模式推动新型农业政策体系转型。内围主要包括产业政策、收入政策和市场调控政策等农业支持保护政策体系,作为实现目标效果的政策支撑;外围则应构建相应公共基础设施建设、社会化服务体系和农地整备建设等协同配套体系,以服务和强化内围政策执行效果。建立负面清单与交叉遵守机制,加强生态环境保护,农业生产补贴要增加自然环境保护条件,补贴与生产行为挂钩。对于未能通过检验的生产者适当削减补贴比例,予以相应的通报提醒,并与基层政府干部的行政绩效挂钩。构建政策实施统一协调机制,各部门密切配合,商讨反馈,准确落实,不断调整,以期达到理想的政策效果。设立中央各相关部委参加的部级联席会议机制,

协调政策执行和落实反馈工作,确保农业政策体系的统筹性。新型农业支持保护政策体系的构建应兼顾数量、质量、效益、竞争力与绿色生态五大政策目标,推进农业统一协调发展。利用目标价格和保险金融政策工具,提高农业经营收益。加快建立推广目标价格制度,加强农业保险制度建设,完善农业生产金融服务。加大对农民资金贷款的财政支持力度,为农民中小额度贷款配套一定的财政资金。加强农村金融体系建设,发展农民资金互助机构,强化农村金融机构的网点覆盖,鼓励商业金融机构进入农村。降低资金贷款的可抵押物门槛,发展联保、互保的资金担保形式,简化贷款申请和发放程序,提高金融服务效率。

第四节　推动乡村治理现代化

一、深化农业农村制度改革

1. 完善承包地"三权分置"制度,构建最严格的耕地保护制度体系

完善承包地"三权分置"制度,落实好第二轮土地承包到期后再延长30年的政策,推进农村土地征收、集体经营性建设用地入市和宅基地制度改革,激活农村土地资源要素活力。稳步推进集体产权制度改革,探索集体经济新的实现形式和运行机制。加快建立城乡融合发展的体制机制和政策体系,推动城乡要素自由流动、平等交换和公共资源均衡配置,实现城乡互补、共同繁荣,加快构建城乡一体化发展新格局。充分利用全国各级政府编制国土空间规划的战略机遇,严格保护划定的农业生产空间和永久性基本农田保护红线,加强对耕地保有量约束性指标的考核,筑牢耕地和基本农田保护的空间框架结构。严格履行耕地和基本农田征用的法律审批程序,高标准实施耕地占补平衡,坚决杜绝先占后补、占优补劣、快占慢补等变相耕地占用,加大高科技手段应用和高成本惩治并举,扎牢违法违规乱占耕地的制度笼子。

2. 完善农村土地流转制度,为土地流转提供制度保障

坚持土地流转规范化方式、土地流转市场化取向,完善土地流转的制度

结构。尊重农户意愿,制定差异化流转政策,保护农民正当权益。积极探索多种形式的土地经营方式。除土地经营权流转之外,还应充分探索入股、托管等土地经营方式,切实维护农民主体地位,保障农户合理权益,让流转农户分享产权制度改革的红利。坚持因地制宜、分类指导原则,稳妥推动农地流转,合理引导土地有序流转,促进农业生产要素自由流动和优化配置。规范工商资本下乡,引导土地有序流转。建立土地流转价格形成机制,完善农地流转治理体系。发挥市场在资源配置中的决定性作用。

3. 稳妥推进村集体资产确权和股份制改革,确保资产增值与农民增收

在股权分配、股权流转和退出制度安排等重要问题上设置最基本的底线,在避免村集体资产流失和受部分有势力群体影响的同时,使基层政府和村集体组织有法可依。同时关注村集体资源性资产的改革,让农民从农村改革中获得更多的利益。要显著提高农民的财产性收入,需要深化包括集体建设用地、宅基地和资源性资产的改革。推进村集体资产产权改革的同时,要关注区域间农民收入差距扩大的现象,及时出台其他相关配套政策。另外针对宅基地制度改革,要明确村集体在宅基地监管中的主体性作用;以有偿使用为抓手优化宅基地资源配置,在宅基地退出补偿中引入收益分享机制,以宅基地"三权分置"为指导合理利用结余宅基地和农房。

4. 激活农村要素,引导城市资本、技术、人员合理有序进入农业农村

注重发挥政府资本进入农业农村的杠杆撬动功能,扩大本地农民存款投入本地的规模,加快提升资本投入规模和使用效益。积极吸引城市各类社会资本进入农业农村建设领域,保障合法权益,给予配套政策支持,杜绝一些企业变相圈地、"炒房炒地"。着重防范一些地方政府受"土地财政"利益驱使,打着加快城镇化和乡村振兴的旗号,盲目攀比引进城市各类资本、技术,不顾农民意愿和合法权益,暗地里改变土地性质和用途,侵占农业用地,造成农民"无地可耕",激化社会矛盾的情况。因地制宜选择合适的技术和业态引入农业生产经营,加大对农村农业生产经营、市场营销等各类人才的技能培训力度,广泛吸引本地农民工返乡创业,吸引城市外来人员特别是青壮年劳动力的回流。

二、打造共建共治共享的乡村治理新格局

以党建为统领,以"共商共信、共建共享"为原则,通过搭建村级民主协商新平台,实现多元主体共同参与乡村建设,共同参与乡村治理,共同享有治理成果。健全农村矛盾预防化解机制,积极构建多元化多层次的调解体系;推行网格化管理、组团式服务,打造集成社会治理各项功能的全科网格,进一步优化矛盾排查预警机制、重大决策社会稳定风险评估机制、矛盾纠纷多元化解机制。完善乡村公共安全体系,建立健全安全生产责任体系,健全预警应急机制,加大监管执法力度,及时排查化解安全隐患,完善立体化社会治安防控体系。完善农村社会治安综合治理体系,整合政法、人社、民政等各部门资源力量,有效实现矛盾纠纷联调,社会治安联防,重点工作联动,治安突出问题联治,服务管理联抓,基层平安联创,真正提高乡村社会控制力。

三、建立健全"三治合一"的乡村善治新体系

坚持自治为本,以自治增活力。着重从健全村民自治的有效实现形式入手,尊重民意、因地制宜,不断提升基层民主实践的效率效能,突出完善议事决策主体和程序,落实群众知情权、参与权、表达权和监督权。坚持法治为纲,以法治强保障。把乡村各项工作纳入法治化轨道,坚持在法治化轨道上统筹社会力量、平衡社会权益、调节社会关系、规范社会行为,确保乡村既生机勃勃又井然有序,推进综合行政执法改革向基层延伸,创新普法工作方式方法。坚持德治为先,以德治扬正气。建立完善农村基层德治工作体系,形成德治的群众性组织;以中华优秀传统文化为基础,挖掘优秀传统农耕文化蕴含的思想观念、人文精神、道德规范,拓宽德治发挥作用的空间;地方政府或基层组织要加强德治建设的人财物保障,让德治工作能够常态化、长效化推行。

参考文献

[1] Aertsens J, Mondelaers K, Verbeke W, et al. The influence of subjective and objective knowledge on attitude, motivations and consumption of organic food. British Food Journal,2011,113(10-11):1353-1378.

[2] Afriat S N. The construction of utility functions from expenditure date. International Economic Review,1967,8(1):67-77.

[3] Anselin L. Model validation in spatial econometrics:a review and evaluation of alternative approaches. International Regional Science Review,1988, 11(3):279-316.

[4] Antle J M. Benefits and costs of food safety regulation. Food policy, 1999,24(6):605-623.

[5] Antle J M. Efficient food safety regulation in the food manufacturing sector. American Journal of Agricultural Economics, 1996, 78 (5): 1242-1247.

[6] Antle J M. Efficient food safety regulation in the food manufacturing sector. American Journal of Agricultural Economics,1996:1242-1247.

[7] Antle J M. No such thing as a free safe lunch:the cost of food safety regulation in the meat industry. American Journal of Agricultural Economics, 2000,82(2):310-322.

[8] Asfaw S,Mithoefer D,Waibel H. EU food safety standards,pesticide use and farm-level productivity: the case of high-value crops in Kenya. Journal of Agricultural Economics,2009,60(3):645-667.

[9] Ashford J R,Snowde R R. Multi-variate probit analysis. Biometrics, 1970,26(3):535-546.

[10] Athey S. Beyond prediction:using big data for policy problems. Science,

2017,355(6324):483-485.

[11] Baker G P, Gibbons R, Murphy K J. Strategic alliances: bridges between "islands of conscious power". Journal of the Japanese and International Economies, 2008, 22(2):146-163.

[12] Bech M, Gyrd-Hansen D. Effects coding in discrete choice experiments. Health Economics, 2005, 14(10):1079-1083.

[13] Berekaa M M. Nanotechnology in food industry; advances in food processing, packaging and food safety. International Journal of Current Microbiology and Applied Sciences, 2015, 4(5):345-357.

[14] Berger C, Blauth R, Boger D, et al. Kano's methods for understanding customer-defined quality. Center for Quality Management Journal, 1993 (4):3-36.

[15] Berg L. Trust in food in the age of mad cow disease: a comparative study of consumers' evaluation of food safety in Belgium, Britain and Norway. Appetite, 2004, 42(1):21-32.

[16] Beske P, Land A, Seuring S. Sustainable supply chain management practices and dynamic capabilities in the food industry: a critical analysis of the literature. International Journal of Production Economics, 2014, 152: 131-143.

[17] Bies R J, Tripp T M, Kramer R M, et al. Beyond distrust. Trust in organizations: Frontiers of theory and research. 1996.

[18] Birol E, Karandikar B, Roy D, et al. Information, certification and demand for food safety: evidence from an in-store experiment in Mumbai. Journal of Agricultural Economics, 2015, 66(2):470-491.

[19] Bi X, House L, Gao Z, et al. Sensory evaluation and experimental auctions: measuring willingness to pay for specific sensory attributes. American Journal of Agricultural Economics, 2012, 94(2):562-568.

[20] Bosona T, Gebresenbet G. Food traceability as an integral part of logistics management in food and agricultural supply chain. Food control, 2013, 33 (1):32-48.

[21] Botan C H, Frey L R. Do workers trust labor unions and their messages?. Communications Monographs. 1983, 50(3):233-244.

[22] Botan C H, Taylor M. The role of trust in channels of strategic communication for building civil society. Journal of Communication. 2005,55(4):685-702.

[23] Bouchet F,Orden D,Norton G W. Sources of growth in French agriculture. American Journal of Agricultural Economics,1989,71(2):280-293.

[24] BridertC,Hansler M,Reutterer T. A review of methods for measuring willingness to pay. Innovative Marketing,2006,2 (4):8-31.

[25] Broch S W, Strange N, Jacobsen J B, et al. Farmers' willingness to provide ecosystem services and effects of their spatial distribution. Ecological Economics,2013,92:78-86.

[26] Bryła P. Organic food consumption in Poland: motives and barriers. Appetite,2016,105:737-746.

[27] Bumbudsanpharoke N, Ko S. Nano-food packaging: an overview of market, migration research, and safety regulations. Journal of food science,2015,80(5):R910-R923.

[28] Byerlee D, Polanco E. Farmers' stepwise adoption of technological packages:evidence from the Mexican Altiplano. American Journal of Agricultural Economics,1986,68(3):519-527.

[29] Cameron T A, Quiggin J. Estimation using contingent valuation data from a "Dichotomous choice with followup" questionnaire. Journal of Environmental Economics and Management,1994,27(3):218-234.

[30] Carpenter S R. ,Caraco N F,Correll D L. Nonpoint pollution of surface waters with phosphorus and nitrogen. Ecological applications,1998,8 (3):559-568.

[31] Carree M,Lokshin B,Belderbos R. A note on testing for complementarity and substitutability in the case of multiple practices. Journal of Productivity Analysis,2011,35(3):263-269.

[32] Carvalho F P. Agriculture,pesticides,food security and food safety. Environmental science & policy,2006,9(7-8):685-692.

[33] Caswell J. How labeling of safety and process attributes affects markets for food. Agricultural and Resource Economics Review,1998,27(2):151-158.

[34] Chalak A, Balcombe K, Bailey A, et al. Pesticides, preference heterogeneity and environmental taxes. Journal of Agricultural Economics, 2008, 59(3): 537-554.

[35] Chen J, Wang X, Steemers K. A statistical analysis of a residential energy consumption survey study in Hangzhou, China. Energy and Buildings, 2013, 66: 193-202.

[36] Chen X, Peterson M N, Hull V, et al. Effects of attitudinal and sociodemographic factors on pro-environmental behaviour in urban China. Environmental Conservation, 2011, 38(1): 45-52.

[37] Christensen T, Pedersen A B, Nielsen H O, et al. Determinants of farmers' willingness to participate in subsidy schemes for pesticide-free buffer zones—A choice experiment study. Ecological Economics, 2011, 70(8): 1558-1564.

[38] Conner M, Armkage J. Extending the theory of planned behavior: a review and avenues for further research. Journal of Applied Social Psychology, 1998, 28 (15): 1429-1464.

[39] Dabbene F, Gay P, Tortia C. Traceability issues in food supply chain management: a review. Biosystems Engineering, 2014, 120: 65-80.

[40] Damalas C A, Eleftherohorinos I G. Pesticide exposure, safety issues, and risk assessment indicators. International Journal of Environmental Research and Public Health, 2011, 8(5): 1402-1419.

[41] Damalas C A, Koutroubas S D. Farmers' training on pesticide use is associated with elevated safety behavior. Toxics, 2017, 5(3): 19.

[42] Darby M R, Karni E. Free competition and the optimal amount of fraud. Journal of Law & Economics, 1973, 16(1): 67-88.

[43] Davis R K. Recreation planning as an economic problem. Natural Resources Journal, 1963, 3(3): 239-249.

[44] Denver S, Jensen J D. Consumer preferences for organically and locally produced apples. Food Quality and Preference, 2014, 31: 129-134.

[45] De Groote H, Kimenju S C, Morawetz U B. Estimating consumer willingness to pay for food quality with experimental auctions: the case of yellow versus fortified maize meal in Kenya. Agricultural Economics,

2011,42(1):1-16.

[46] De Jonge J, van Trijp JCM, van der Lans IA, et al. How trust in institutions and organizations builds general consumer confidence in the safety of food: a decomposition of effects. Appetite, 2008, 51 (2): 311-317.

[47] De Quidt J, Fallucchi F, Koelle F, et al. Bonus versus penalty: how robust are the effects of contract framing? Journal of the Economic Science Association,2017,3(2):174-182.

[48] Dorfman J H. Modeling multiple adoption decisions in a joint framework. American Journal of Agricultural Economics,1996,78(3):547-557.

[49] Dou L, Yanagishima K, Li X, et al. Food safety regulation and its implication on Chinese vegetable exports. Food Policy, 2015, 57: 128-134.

[50] Duncan T V. Applications of nanotechnology in food packaging and food safety: barrier materials, antimicrobials and sensors. Journal of colloid and interface science,2011,363(1):1-24.

[51] Elbakidze L, Nayga Jr R M, Li H. Willingness to pay for multiple quantities of animal welfare dairy products:results from random Nth-, second-price, and incremental second-price auctions. Canadian Journal of Agricultural Economics/Revue canadienne d'agroeconomie,2013,61 (3):417-438.

[52] Ellram L M,Cooper M C. Supply chain management,partnership,and the shipper-third party relationship. The International Journal of Logistics Management,1990,1(2):1-10

[53] Emmanuel D,Owusu-Sekyere E,Owusu V,et al. Impact of agricultural extension service on adoption of chemical fertilizer:implications for rice productivity and development in Ghana. Njas-Wageningen Journal of Life Sciences,2016,79:41-49.

[54] Faruk A K. Price fairness, satisfaction, and trust as antecedents of purchase intentions towards organic food. Journal of Consumer Behaviour, 2018,17(2):141-148.

[55] Feder G. Adoption of interrelated agricultural innovations:complementarily

and the impact of risk,scale and credit. American Journal of Agricultural Economies,1982,64:94-101.

[56] Feldmann C, Hamm U. Consumers' perceptions and preferences for local food:a review. Food Quality and Preference,2015,40:152-164.

[57] Fortin N D. Food Regulation: Law, Science, Policy, and Practice. Hoboken, New Jersey:John Wiley & Sons,2016.

[58] Friedman D,Sunder S. Experimental Methods:a Primer for Economists. Cambridge:Cambridge University Press,1994.

[59] Fudenberg D,Levine D K. Maintaining a reputation when strategies are imperfectly observed. The Review of Economic Studies. 1992,59(3): 561-579.

[60] Fujii S. Environmental concern,attitude toward frugality,and ease of behavior as determinants of pro-environmental behavior intentions. Journal of Environmental Psychology,2006,26(4):262-268.

[61] Gao Z,House L,Bi X. Impact of satisficing behavior in online surveys on consumer preference and welfare estimates. Food Policy,2016,64: 26-36.

[62] Gao Z,House L A,Xie J. Online survey data quality and its implication for willingness-to-pay: a cross-country comparison. Canadian Journal of Agricultural Economics/Revue canadienne d'agroeconomie, 2016, 64 (2):199-221.

[63] Gao Z, Schroeder T C. Effects of label information on consumer willingness-to-pay for food attributes. American Journal of Agricultural Economics,2009,91(3):795-809.

[64] Garcia Martinez M,Verbruggen P,Fearne A. Risk-based approaches to food safety regulation: what role for co-regulation? Journal of Risk Research,2013,16(9):1101-1121.

[65] Gefen D,Karahanna E,Straub D W. Trust and TAM in online shopping:an integrated model. MIS Quarterly,2003,27(1):51-90.

[66] George A. Review of Japanese and American Agriculture:Tradition and Progress in Conflict. ,by L Tweeten ,C L Dishon,W S Chern,N Imamura & M Morishima. Pacific Affairs,1994,67(1),117-119.

[67] Georgiadis P, Vlachos D, Iakovou E. A system dynamics modeling framework for the strategic supply chain management of food chains. Journal of Food Engineering,2005,70(3):351-364.

[68] Ghimire R,Huang W. Adoption pattern and welfare impact of agricultural technology. Journal of South Asian Development,2016,11(1):113-137.

[69] Ghimire R, Wen-Chi H, Shrestha R B. Factors affecting adoption of improved rice varieties among rural farm households in Central Nepal. Rice Science,2015,22(1):35-43.

[70] Golan E H, Roberts T, Salay E, et al. Food safety innovation in the United States:evidence from the meat industry. 2004.

[71] Gold S,Seuring S,Beske P. Sustainable supply chain management and inter-organizational resources: a literature review. Corporate Social Responsibility and Environmental Management,2010,17(4):230-245.

[72] Gracia A,de Magistris T. The demand for organic foods in the South of Italy:a discrete choice model. Food Policy,2007,33(5):386-396.

[73] Gracia A,De Magistris T. The demand for organic foods in the South of Italy:a discrete choice model. Food policy. 2008,33(5):386-396.

[74] Greiner R. Motivations and attitudes influence farmers' willingness to participate in biodiversity conservation contracts. Agricultural Systems, 2015,137:154-165.

[75] Grunert K G. Food quality and safety:consumer perception and demand. European Review of Agricultural Economics,2005,32(3):369-391.

[76] Grunert K G, Bredahl L, Brunsø K. Consumer perception of meat quality and implications for product development in the meat sector—a review. Meat Science,2004,66(2)259-72.

[77] Guilian C,Yang T. Study on supervision system of Chinese specialized farmers cooperatives:experience of the Korean NongHyup. Journal of Distribution Science,2015,13(4):21-28.

[78] Handschuch C, Wollni M, Villalobos P. Adoption of food safety and quality standards among Chilean raspberry producers—do smallholders benefit? Food Policy,2013,40:64-73.

[79] Hardin R. Do we want trust in government. Democracy and Trust. 1999

(28):22-41.

[80] Hardin R. The street-level epistemology of trust. Politics & Society. 1993 (21):505-529.

[81] Harrison G W. Experimental evidence on alternative environmental valuation methods. Environmental & Resource Economics, 2006, 34 (1):125-162.

[82] Hawkins D M, Olwell D H. Cumulative sum charts and charting for quality improvement. Springer Science & Business Media, 1998.

[83] Hayes D J, Shogren J F, Shin S Y, et al. Valuing food safety in experimental auction markets. American Journal of Agricultural Economics, 1995, 77:40-53.

[84] Hendrikse G, Veerman C P. Marketing co-operatives: an incomplete contracting perspective. Journal of Agricultural Economics, 2001, 52: 53-64.

[85] Hendrikse G. On the co-existence of spot and contract markets: the delivery requirement as contract externality. European Review of Agricultural Economics, 2007, 34(2):257-282.

[86] Hendrikse G. Pooling, access, and countervailing power in channel governance. Management Science, 2011, 57(9):1692-1702.

[87] Hensher D A. Hypothetical bias, choice experiments and willingness to pay. Transportation Research Part B: Methodological, 2010, 44 (6): 735-752.

[88] Hensher D A, Greene W H. The Mixed Logit model: the state of practice. Transportation. 2003, 30(2), 133-176.

[89] Henson S, Reardon T. Private agri-food standards: implications for food policy and the agri-food system. Food Policy, 2005, 30(3):241-253.

[90] Henson S, Caswell J. Food safety regulation: an overview of contemporary issues. Food Policy, 1999, 24(6):589-603.

[91] Herath D, Hassan Z, Henson S. Adoption of food safety and quality controls: do firm characteristics matter? Evidence from the Canadian food processing sector. Canadian Journal of Agricultural Economics/ Revue canadienne d'agroeconomie, 2007, 55(3):299-314.

[92] Hjelmar U. Consumers' purchase of organic food products. A matter of convenience and reflexive practices. Appetite,2011,56(2):336-344.

[93] Holbert R L,Kwak N,Shah D V. Environmental concern,patterns of television viewing,and pro-environmental behaviors:Integrating models of media consumption and effects. Journal of Broadcasting & Electronic Media. 2003,47(2):177-96.

[94] Holloway L,Kneafsey M,Venn L,et al. Possible food economies:a methodological framework for exploring food production-consumption relationships. Sociologia Ruralis,2007,47(1):1-19.

[95] Hooker N H. Food safety regulation and trade in food products. Food Policy,1999,24(6):653-668.

[96] Hoque M S,Jacxsens L,De Meulenaer B,et al. Quantitative risk assessment for formalin treatment in fish preservation:food safety concern in local market of Bangladesh. Procedia Food Science,2016,6:151-158.

[97] Hornibrook,Sue,et al. Identifying best practice in relationships between buyers and suppliers along food supply chains in Australia and the United Kingdom. 2006.

[98] Horowitz J K. The Becker-DeGroot-Marschak mechanism is not necessarily incentive compatible,even for non-random goods. Economics Letters,2006,93(1):6-11.

[99] Huang P. China's new-age small farms and their vertical integration:agribusiness or co-ops? Modern China,2011,37(2):107-134.

[100] Huang T,Lan L,Fang X,et al. Promises and challenges of big data computing in health sciences. Big Data Research,2015,2(1):2-11.

[101] Hurt R D. American and Chinese gricultural policy since 1949:an overview. Procedia-Social and Behavioral Sciences,2010,2(5):6692-6701.

[102] Jaeger S R,Lusk J L,House L O,et al. The use of nonhypothetical experimental markets for measuring the acceptance of genetically modified foods. Food Quality and Preference,2004,15(7):701-714.

[103] Janssen M,Hamm U. Product labelling in the market for organic food:consumer preferences and willingness-to-pay for different organic

certification logos. Food Quality and Preference,2012,25(1):9-22.

[104] Janssen M, Hamm U. Product labelling in the market for organic food: consumer preferences and willingness-to-pay for different organic certification logos. Food Quality and Preference. 2012b,25(1),9-22.

[105] Jayasinghe-Mudalige U, Henson S. Identifying economic incentives for Canadian red meat and poultry processing enterprises to adopt enhanced food safety controls. Food Control,2007,18(11):1363-1371.

[106] Jia C, Jukes D. The national food safety control system of China—a systematic review. Food Control,2013,32(1):236-245.

[107] Jia X, Huang J, Xu Z. Marketing of farmer professional cooperatives in the wave of transformed agrofood market in China. China Economic Review,2012,23(3):665-674.

[108] Jin S, Bluemling B, Mol APJ. Information, trust and pesticide overuse: interactions between retailers and cotton farmers in China. Njas-Wageningen Journal of Life Sciences,2015,72:23-32.

[109] Jin S, Zhou J, Ye J. Adoption of HACCP system in the Chinese food industry: a comparative analysis. Food Control,2008,19(8):823-828.

[110] Jin S, Zhou J. Adoption of food safety and quality standards by China's agricultural cooperatives. Food Control,2011,22(2):204-208.

[111] Jones M S, House L A, Gao Z. Respondent screening and revealed preference axioms testing quarantining methods for enhanced data quality in web panel surveys. Public Opinion Quarterly,2015,79(3): 687-709.

[112] Kabir M H, Rainis R. Adoption and intensity of integrated pest management (IPM) vegetable farming in Bangladesh: an approach to sustainable agricultural development. Environment, Development and Sustainability,2015,17(6):1413-1429.

[113] Kalaitzandonakes N, Marks L A, Vickner S S. Media coverage of biotech foods and influence on consumer choice. American Journal of Agricultural Economics. 2004,86(5):1238-1246.

[114] Kamilaris A, Kartakoullis A, Prenafeta-Boldú F X. A review on the practice of big data analysis in agriculture. Computers and Electronics

in Agriculture,2017,143:23-37.

[115] Kanninen B J. Optimal experimental design for double-bounded dichotomous choice contingent valuation. Land Economics, 1993, 69 (2):138-146.

[116] Karipidis P,Athanassiadis K,Aggelopoulos S,et al. Factors affecting the adoption of quality assurance systems in small food enterprises. Food Control,2009,20(2):93-98.

[117] Kendall H, Kaptan G, Stewart G, et al. Drivers of existing and emerging food safety risks:expert opinion regarding multiple impacts. Food control,2018,90:440-458.

[118] King T, Cole M, Farber J M, et al. Food safety for food security: relationship between global megatrends and developments in food safety. Trends in Food Science & Technology,2017,68:160-175.

[119] Kirezieva K,Bijman J,Jacxsens L,et al. The role of cooperatives in food safety management of fresh produce chains:case studies in four strawberry cooperatives. Food Control,2016,62:299-308.

[120] Kirezieva K, Luning P. The influence of context on food safety governance:bridging the gap between policy and quality management// Verbruggen P,Havinga T. Hybridization of Food Governance. Cheltenham, UK:Edward Elgar Publishing,2017:156-180.

[121] Koen B, Dennis F, Richard P. Parameter estimation in multivariate logit modelswith many binary choices. Econometric Reviews,2018,37 (5):534-550.

[122] Korada S K,Yarla N S,Putta S,et al. A critical appraisal of different food safety and quality management tools to accomplish food safety// Grumezescu A M,Holban A M. Food Safety and Preservation. London: Academic Press,2018:1-12.

[123] Koutsoumanis K P, Aspridou Z. Moving towards a risk-based food safety management. Current Opinion in Food Science,2016,12:36-41.

[124] Kristrom B. A non-parametric approach to the estimation of welfare measures in discrete response valuation studies. Land Economics, 1990,66(2):135-139.

[125] Kuang X, Tang D, Zhou Z. Applying big data to food safety risk monitoring//Software engineering and information technology: proceedings of the 2015 International Conference on Software Engineering and Information Technology (SEIT2015). 2016:181-184.

[126] Kunkel D L, Castonguay J S, Filer C R. Evaluating industry self-regulation of food marketing to children. American Journal of Preventive Medicine,2015,49(2):181-187.

[127] La Scalia G, Nasca A, Corona O, et al. An innovative shelf life model based on smart logistic unit for an efficient management of the perishable food supply chain. Journal of Food Process Engineering, 2017,40(1):e12311.

[128] Lambert D M, Sullivan P, Claassen R, et al. Profiles of US farm households adopting conservation-compatible practices. Land Use Policy, 2007,24(1):72-88.

[129] Lammerding A M,Fazil A. Hazard identification and exposure assessment for microbial food safety risk assessment. International Journal of Food Microbiology,2000,58(3):147-157.

[130] Lancsar E,Louviere J. Deleting "irrational" responses from discrete choice experiments: a case of investigating or imposing preferences? Health Economics,2006,15(8):797-811.

[131] Lane J. Big data:the role of education and training. Journal of Policy Analysis and Management,2016,35(3):722-724.

[132] Lee J Y,Han D B,Nayga R M,et al. Valuing traceability of imported beef in Korea:an experimental auction approach. Australian Journal of Agricultural and Resource Economics,2011,55(3):360-373.

[133] Lee S I. Non-Point source pollution. Fisheries,1979,2:50-52.

[134] Lewis J D,Weigert A. Trust as a social reality. Social Forces,1985,63 (4):967-985.

[135] Lewis K A,Tzilivakis J,Warner D J,et al. An international database for pesticide risk assessments and management. Human and Ecological Risk Assessment:An International Journal,2016,22(4):1050-1064.

[136] Lindenberg S,Steg L. Normative,gain and hedonic goal frames guiding

environmental behavior. Journal of Social Issues, 2007, 63(1): 117-137.

[137] List J A. Using random nth price auctions to value non-market goods and services. Journal of Regulatory Economics, 2003, 23(2): 193-205.

[138] Liu S, Huang, Brown G L. Information and risk perception: a dynamic adjustment process. Risk Analysis, 1998, 18(6): 689-699.

[139] Liu R, Pieniak Z, Verbeke W. Consumers' attitudes and behaviour towards safe food in China: a review. Food Control, 2013, 33(1): 93-104.

[140] Li Q, Li K. Rice farmers' demands for productive services: evidence from Chinese farmers. International Food and Agribusiness Management Review, 2020, 23(3): 1-16.

[141] Lobb B. Trespassing on the tracks: A review of railway pedestrian safety research. Journal of Safety Research. 2006, 37(4): 359-365.

[142] Lobb A. Consumer trust, risk and food safety: a review. Food Economics-Acta Agriculturae Scandinavica, Section C. 2005, 2(1): 3-12.

[143] Lobb E A, Butow P N, Barratt A, et al. Communication and information-giving in high-risk breast cancer consultations: influence on patient outcomes. British Journal of Cancer. 2004, 90(2): 321-327.

[144] Loehr R C. Characteristics and comparative magnitude of non-point sources. Journal (Water Pollution Control Federation), 1974: 1849-1872.

[145] Lopez-Feldman A. Introduction to contingent valuation using Stata. MPRA Paper No. 41018. (2012-09-04). https://mpra. ub. uni-muenchen. de/41018/.

[146] Loureiro M L, Umberger W J. A choice experiment model for beef. What US consumer responses tell us about relative preferences for food safety, country-of-origin labeling and traceability. Food Policy, 2007, 32(4): 496-514.

[147] Luhmann N. Trust and power. New York: John Willey & Sons, 1979: 5-12.

[148] Lusk J L, Schroeder T C. Are choice experiments incentive compatible? A

test with quality differentiated beef steaks. American Journal of Agricultural Economics. 2004,86(2):467-482.

[149] Lusk J L,Alexander C,Rousu M C. Designing experimental auctions for marketing research:the effect of values,distributions,and mechanisms on incentives for truthful bidding. Review of Marketing Science,2007, 5(1):0000102202154656161059.

[150] Lusk J L. Using experimental auctions for marketing applications:a discussion. Journal of Agricultural and Applied Economics,2003,35(2):349-360.

[151] Ma W,Abdulai A,Goetz R. Agricultural cooperatives and investment in organic soil amendments and chemical fertilizer in China. American Journal of Agricultural Economics,2018,100(2):502-520.

[152] MacDonald J M,Crutchfield S. Modeling the costs of food safety regulation. American Journal of Agricultural Economics,1996,78(5):1285-1290.

[153] Manning L,Soon J M. Food safety,food fraud,and food defense:a fast evolving literature. Journal of Food Science,2016,81(4):R823-R834.

[154] Martinez M G,Fearne A,Caswell J A,et al. Co-regulation as a possible model for food safety governance:opportunities for public-private partnerships. Food Policy,2007,32(3):299-314.

[155] Marvin H J P,Janssen E M,Bouzembrak Y,et al. Big data in food safety:an overview. Critical Reviews in Food Science and Nutrition, 2017,57(11):2286-2295.

[156] Mase A S,Gramig B M,Prokopy L S. Climate change beliefs, risk perceptions,and adaptation behavior among Midwestern U. S. crop farmers. Climate Risk Management,2017,15:8-17.

[157] Mazvimavi K,Twomlow S. Socioeconomic and institutional factors influencing adoption of conservation farming by vulnerable households in Zimbabwe. Agricultural Systems,2009,101(1-2):20-29.

[158] Mazzocchi M,Lobb A,Traill W B,et al. Food scares and trust:a European study. Journal of Agricultural Economics,2008,59(1):2-24.

[159] McMichael A J,Powles J W,Butler C D,et al. Food,livestock production,

energy, climate change, and health. The Lancet, 2007, 370 (9594): 1253-1263.

[160] Meade A W, Craig S B. Identifying careless responses in survey data. Psychological Methods,2012,17(3):437-455.

[161] Meltzer R, Rothbart M W, Schwartz A E, et al. What are the financial implications of public quality disclosure? Evidence from New York City's restaurant food safety grading policy. Public Finance Review, 2019,47(1):170-201.

[162] Mendras H. The vanishing peasant. Innovation and change in French agriculture. Journal of Economic Issues,1970,77(2-3):7188-7193

[163] Michaud C, Llerena D, Joly I. Willingness to pay for environmental attributes of non-food agricultural products:a real choice experiment. European Review of Agricultural Economics,2013,40(2):313-329.

[164] Miller G Y, and L. J. Unnevehr. Characteristics of consumers demanding and their willingness to pay for certified safer pork. Journal of Agribusiness, 2001,19:101-120.

[165] Mills B, Schleich J. What's driving energy efficient appliance label awareness and purchase propensity? Energy Policy, 2010, 38 (2): 814-825.

[166] Miranda J, Ponce P, Molina A, et al. Sensing, smart and sustainable technologies for Agri-Food 4. 0. Computers in Industry, 2019, 108: 21-36.

[167] Moser R, Raffaelli R, Thilmany D D. Consumer preferences for fruit and vegetables with credence-based attributes:a review. International Food and Agribusiness Management Review,2011,14(2):121-142.

[168] Moustier P, Phan T G T, Dao T A, et al. The role of farmer organizations in supplying supermarkets with quality food in Vietnam. Food Policy,2010, 35(1):69-78.

[169] Moyo S, Veeman M. Analysis of joint and endogenous technology choice for protein supplementation by smallholder dairy farmers in Zimbabwe. Agroforestry Systems,2004,60(3):199-209.

[170] Mugonola B, Deckers J, Poesen J, et al. Adoption of soil and water

conservation technologies in the Rwizi catchment of south western Uganda. International Journal of Agricultural Sustainability,2013,11 (3):264-281.

[171] Mulvey M S. Exploring the relationships between means-end knowledge and involvement. Advances in Consumer Research,1994,21:51-58

[172] Muringai V,Goddard E,Bruce H,et al. Trust and consumer preferences for pig production attributes in Canada. Canadian Journal of Agricultural Economics,2017,65(3):477-514.

[173] Napolitano F,Braghieri A,Piasentier E,et al. Effect of information about organic production on beef liking and consumer willingness to pay. Food Quality and Preference,2009,21(2):207-212.

[174] Narrod C,Roy D,Okello J,et al. Public-private partnerships and collective action in high value fruit and vegetable supply chains. Food Policy,2009,34(1):8-15.

[175] Naylor E L. Retirement policy in french agriculture. Journal of Agricultural Economics,2010,33(1):25-36.

[176] Nelson P. Information and consumer behavior. Journal of Economy, 1970,78(2):311-329.

[177] Nelson P. Information and consumer behavior. Journal of Political Economy,1970,78,(2):311-329.

[178] Nestle M. Food politics:how the food industry influences nutrition and health. Westwood Blvd,Los Angeles:University of California Press, 2013.

[179] Ngapo T M,Dransfield E,Martin J F,et al. Consumer perceptions: pork and pig production. Insights from France,England,Sweden and Denmark. Meat science,2004,66(1):125-134.

[180] Noussair C,S Robin,B Ruffieux. Do consumers really refuse to buy genetically modified food? The Ecomomic Journal,2004,114(492): 102-120.

[181] Nuttavuthisit K,Thøgersen J. The importance of consumer trust for the emergence of a market for green products:the case of organic food. Journal of Business Ethics,2017,140(2):323-337.

[182] Obermiller C. The baby is sick/the baby is well: A test of environmental communication appeals. Journal of Advertising. 1995,24(2):55-70.

[183] Ofuoku A U,Akusu M O. Preference and willingness of consumers to pay for value-added poultry products in Niger Delta Region of Nigeria. Journal of Northeast Agricultural University(English Edition),2016,23(4):82-92.

[184] Ortega D L, Hong S J, Wang H H, et al. Emerging markets for imported beef in China:results from a consumer choice experiment in Beijing. Meat Science,2016,121:317-323.

[185] Ortega D L, Wang H H, Wu L, et al. Modeling heterogeneity in consumer preferences for select food safety attributes in China. Food Policy,2011,36:318-324.

[186] Otieno D J, Ruto E, Hubbard L. Cattle Farmers' Preferences for Disease-Free Zones in Kenya:an application of the Choice Experiment Method. Journal of Agricultural Economics,2011,62(1):207-224.

[187] Ouma E,Abdulai A,Drucker A. Measuring heterogeneous preferences for cattle traits among cattle-keeping households in East Africa. American Journal of Agricultural Economics,2007,89(4):1005-1019.

[188] Paarlberg R. The political economy of American agricultural policy: three approaches. American Journal of Agricultural Economics,1989,71(5):1157-1164.

[189] Pandey S,Khare A. The role of retailer trust and word of mouth in buying organic foods in an emerging market. Journal of Food Products Marketing,2017,23(8):926-938.

[190] Pandiselvam R,Subhashini S,Banuu Priya E P,et al. Ozone based food preservation:a promising green technology for enhanced food safety Ozone-Science & Engineering,2019,41(1):17-34.

[191] Papanagiotou P, Tzimitra-Kalogianni I, Melfou K. Consumers' expected quality and intention to purchase high quality pork meat. Meat science,2013,93(3):449-454.

[192] Patrick H T. Agriculture and Economic Growth:Japan's Experience. Edited by Ohkawa,Johnston,and Kaneda. Princeton:University Press

and Tokyo:University Press,1970. Pacific Affairs,2015,43(4):598.

[193] Pavela R. History,presence and perspective of using plant extracts as commercial botanical insecticides and farm products for orotection against insects—a review. Plant Protection Science,2016,52(4): 229-241.

[194] Pavela R,Benelli G. Essential oils as ecofriendly biopesticides? Challenges and constraints. Trends in Plant Science,2016,21(12):1000-1007.

[195] Payne C R,Messer K D,Kaiser H M. Which consumers are most responsive to media-induced food scares?. Agricultural and Resource Economics Review,2009,38(3):295-310.

[196] Pei X,Tandon A,Alldrick A,et al. The China melamine milk scandal and its implications for food safety regulation. Food policy,2011,36 (3):412-420.

[197] Pennerstorfer D,Weiss C R. Product quality in the agri-food chain:do cooperatives offer high-quality wine? European Review of Agricultural Economics,2013,40(1):143-162.

[198] Pham V H,Mol A,Oosterveer P. State governance of pesticide use and trade in Vietnam. Njas-Wageningen Journal of Life Sciences,2013,67: 19-26.

[199] Pieniak Z,J Aertsens,W Verbeke. Subjective and objective knowledge as determinants of organic vegetables consumption. Food Quality and Preference,2010(21):581-588.

[200] Pouliot S,Sumner D A. Traceability,liability,and incentives for food safety and quality. American Journal of Agricultural Economics,2008, 90(1):15-27.

[201] Rauniyar G P,Goode F M. Technology adoption on small farms. World Development,1992,20:275-282.

[202] Ravindran R,Jaiswal A K. Exploitation of food industry waste for high-value products. Trends in Biotechnology,2016,34(1):58-69.

[203] Roberts T,Buzby J C,Ollinger M. Using benefit and cost information to evaluate a food safety regulation:HACCP for meat and poultry. American Journal of Agricultural Economics,1996,78(5):1297-1301.

[204] Rodriguez J M,Molnar J J,Fazio R A,et al. Barriers to adoption of sustainable agriculture practices:change agent perspectives. Renewable Agriculture and Food Systems,2009,24(1):60-71.

[205] Roitner-Schobesberger B,Darnhofer I,Somsook S,et al. Consumer perceptions of organic foods in Bangkok,Thailand. Food Policy,2008, 33(2):112-121.

[206] Rotter J B. A new scale for the measurement of interpersonal trust. Journal of Personality,1967,(4):651-665.

[207] Rousseau D M,Sitkin S B,Burt R S,et al. Not so different after all:a cross-discipline view of trust. Academy of Management Review,1998, 23(3):393-404.

[208] Rousseau S,Vranken L. Green market expansion by reducing information asymmetries:evidence for labeled organic food products. Food Policy, 2013,40:31-43.

[209] Sanders R. A market road to sustainable agriculture? Ecological agriculture,green food and organic agriculture in China. Development and Change,2006,37(1):201-226.

[210] Schulz N,Breustedt G,Latacz-Lohmann U. Assessing farmers' willingness to accept "greening":insights from a discrete choice experiment in Germany. Journal of agricultural economics,2014,65(1):26-48.

[211] Shang X,Tonsor G T. Food safety recall effects across meat products and regions. Food policy,2017,69:145-153.

[212] ShilsME,OlsonJA,ShikeM,RossAC. Modern Nutrition in Health and Disease. Philadelphia (PA):Lippincott Williams & Wilkins,2006.

[213] Slikker W,et al. Emerging technologies for food and drug safety. Regulatory Toxicology and Pharmacology,2018,98:115-128.

[214] Solomon,Michael R. Marketing:Real people,real decisions. Pearson Education,2009.

[215] Spence M. Job market signaling. The Quarterly Journal of Economics, 1973,87(3):355-374.

[216] Sriwaranun Y,Gan C,Lee M,et al. Consumers' willingness to pay for organic products in Thailand. International Journal of Social Economics,

2015,42(5):480-510.

[217] Suh E M. Culture, identity consistency, and subjective well-being. Journal of Personality and Social Psychology,2002,83(6):1378-1391.

[218] Tao G, Tan H, Song Y, et al. Research and application of big data-based co-regulation model in food safety governance. Food Science, 2018,39(9):272-279.

[219] Tarfa P Y, Ayuba H K, Onyeneke R U, et al. Climate change perception and adaptation in Nigeria's guinea savanna: empirical evidence from farmers in Nasarawa State, Nigeria. Applied Ecology And Environmental Research,2019,17(3):7085-7111.

[220] Teuber R,Dolgopolova I,Nordström J. Some like it organic,some like it purple and some like it ancient:consumer preferences and WTP for value-added attributes in whole grain bread. Food Quality and Preference, 2016,52:244-254.

[221] Thomas T,Gunden C,Miran B, et al. Farmers' assessment of social and economic benefits derived from cooperatives, private firms and other agricultural organizations in the Aegean region of Turkey. Journal of Food Agriculture & Environment,2011,9(3-4):1085-1087.

[222] Thong T N,Haider W,Solgaard H S,Ravn-Jonsen L,Roth E. Consumer willingness to pay for quality attributes of fresh seafood: a labeled latent class model. Food Quality and Preference,2015,41:225-236.

[223] Tian X, Yu X. The quality of imported fruits in China. Emerging markets finance and trade,2017,53(7):1603-1618.

[224] Torgler B,Garcia-Valinas M A. The determinants of individuals' attitudes towards preventing environmental damage. Ecological Economics,2007, 63(2-3):536-552.

[225] Trienekens J, Zuurbier P. Quality and safety standards in the food industry,developments and challenges. International Journal of Production Economics,2008,113(1):107-122.

[226] Truelove H B,Carrico A R,Weber E U,Raimi K T,Vandenbergh M P. Positive and negative spillover of pro-environmental behavior: an integrative review and theoretical framework. Global Environmental

Change-Human and Policy Dimensions,2014,29:127-138.

[227] Tsinigo E, Behrman J R. Technological priorities in rice production among smallholder farmers in Ghana. Njas Wageningen Journal of Life Sciences,2017,83:47-56.

[228] Unnevehr L J, Jensen H H. HACCP as a regulatory innovation to improve food safety in the meat industry. American Journal of Agricultural Economics,1996,78(3):764-769.

[229] Utz S, Tanis M, Vermeulen I. It is all about being popular: The effects of need for popularity on social network site use. Cyberpsychology, Behavior, and Social Networking,2012,15(1):37-42.

[230] Van der Werff E, Steg L, Keizer K. I am what I am, by looking past the present the influence of biospheric values and past behavior on environmental self-identity. Environment and Behavior,2014,46(5): 626-657.

[231] Van Loo E J, Caputo V, Jr. Nayga R M, Meullenet J, Ricke S C. Consumers' willingness to pay for organic chicken breast: evidence from choice experiment. Food Quality and Preference,2011,22(7): 603-613.

[232] Vazquez L. The choice of control devices in franchise chains. Service Industries Journal,2008,28(9):1277-1291.

[233] Vecchio R, Annunziata A. Willingness-to-pay for sustainability-labelled chocolate:an experimental auction approach. Journal of Cleaner Production, 2015,86:335-342.

[234] Verbeke W. Consumer reactions and economic consequences of the BSE crisis. Verhandelingen-Koninklijke Academie Voor Geneeskunde Van Belgie,2001,63(5):483-492.

[235] Voelckner F, Hofmann J. The price-perceived quality relationship: a meta-analytic review and assessment of its determinants. Marketing Letters,2007,18(3):181-196.

[236] Wallace C A, Sperber W H, Mortimore S E. Food safety for the 21st century: managing HACCP and food safety throughout the global supply chain. John Wiley & Sons,Hoboken,New Jersey,2018.

[237] Wang N,Luo L,Pan Y,et al. Use of discrete choice experiments to facilitate design of effective environmentally friendly agricultural policies. Environment,Development and Sustainability,2019,21:1543-1559.

[238] Wang H H,Chen J,Bai J,et al. Meat packaging, preservation, and marketing implications: consumer preferences in an emerging economy. Meat Science,2018,145:300-307.

[239] Whitmarsh L,O'Neill S. Green identity,green living? The role of pro-environmental self-identity in determining consistency across diverse pro-environmental behaviours. Journal of Environmental Psychology, 2010,30(3):305-314.

[240] Whitmarsh L. Behavioural responses to climate change:asymmetry of intentions and impacts. Journal of Environmental Psychology,2009,29 (1):13-23.

[241] Wilde P. Food policy in the United States:an introduction. London: Routledge,2018.

[242] Wolfert S,Ge L,Verdouw C,et al. Big data in smart farming-a review. Agricultural Systems,2017,153:69-80.

[243] Wolfson J A,Jones A D,Philbert M A. The US food supply:the need to protect biological and nutritional safety. American Journal of Preventive Medicine,2018,54(2):316-319.

[244] Wollni M,Andersson C. Spatial patterns of organic agriculture adoption: evidence from Honduras. Ecological Economics,2014,97(385):120-128.

[245] Wong S,Hsu C,Chen H. To buy or not to buy? Consumer attitudes and purchase intentions for suboptimal food. International Journal of Environmental Research and Public Health,2018,15(7):1431.

[246] Wu L,Hou B. China's farmer perception of pesticide residues and the impact factors. China Agricultural Economic Review, 2012, 4 (1): 84-104.

[247] Wu Y,Xi X,Tang X,et al. Policy distortions, farm size, and the overuse of agricultural chemicals in China. Proceedings of the National

Academy of Sciences,2018,115(27):7010-7015.

［248］Xu P,Zeng Y,Fong Q,et al. Chinese consumers' willingness to pay for green- and eco-labeled seafood. Food Control,2012,28(1):74-82.

［249］Xue L,Revell B J. Which way forward for China's vegetable exports?. British Food Journal,2009,111(1):26-43.

［250］Yin S,Wu L,Du L,et al. Consumers' purchase intention of organic food in China. Journal of the Science of Food and Agriculture,2010,90 (8):1361-1367.

［251］Yu X,Abler D. The demand for food quality in rural China. American Journal of Agricultural Economics,2009,91(1):57-69.

［252］Yu X,Gao Z,Zeng Y. Willingness to pay for the "green food" in China. Food Policy,2014,45:80-87.

［253］Zaltman G,Moorman C. The importance of personal trust in the use of research. Journal of Advertising Research,1988,28(5):16-24.

［254］Zhang C,Hu R,Shi G,et al. Overuse or underuse? An observation of pesticide use in China. Science of the Total Environment,2015,538:1-6.

［255］Zhao L,Wang C,Gu H,et al. Market incentive,government regulation and the behavior of pesticide application of vegetable farmers in China. Food Control,2018,85:308-317.

［256］Zhou J,Helen J H,Liang J. Implementation of food safety and quality standards:a case study of vegetable processing industry in Zhejiang, China. Social Science Journal,2011,48(3):543-552.

［257］Zhou J,Jin S. Safety of vegetables and the use of pesticides by farmers in China:evidence from Zhejiang province. Food Control, 2009, 20 (11):1043-1048.

［258］Zhou J,Liu Q,Liang Q. Cooperative membership,social capital,and chemical input use:evidence from China. Land Use Policy,2018,70: 394-401.

［259］Zhou J,Yan Z,Li K. Understanding farmer cooperatives' self-inspection behavior to guarantee agri-product safety in China. Food Control, 2016,59:320-327.

［260］Zhu X,Huang I,Manning L. The role of media reporting in food safety governance in China：a dairy case study. Food Control, 2019, 96：165-179.

[261] 蔡荣,韩洪云.农民专业合作社对农户农药施用的影响及作用机制分析——基于山东省苹果种植户的调查数据.中国农业大学学报,2012(5):196-202.

[262] 蔡荣,汪紫钰,钱龙,杜志雄.加入合作社促进了家庭农场选择环境友好型生产方式吗?——以化肥、农药减量施用为例.中国农村观察,2019(1):51-65.

[263] 蔡书凯,李靖.水稻农药施用强度及其影响因素研究——基于粮食主产区农户调研数据.中国农业科学,2011(11):2403-2410.

[264] 蔡书凯.经济结构、耕地特征,病虫害绿色防控技术采纳的实证研究——基于安徽省 740 个水稻种植户的调查数据.中国农业大学学报,2013(4):208-215.

[265] 蔡颖萍,杜志雄.家庭农场生产行为的生态自觉性及其影响因素分析——基于全国家庭农场监测数据的实证检验.中国农村经济,2016(12):33-45.

[266] 操敏敏,齐振宏,刘可,陈雪婷,黄炜虹.农户兼业对其施用生物农药的影响——基于农业社会化服务的调节作用.中国农业大学学报,2020(1):191-205.

[267] 曹慧,郭永田,刘景景,谭智心.现代农业产业体系建设路径研究.华中农业大学学报(社会科学版),2017(2):31-36;131.

[268] 曹裕,余振宇,万光羽.新媒体环境下政府与企业在食品掺假中的演化博弈研究.中国管理科学,2017(6):179-187.

[269] 曹正汉,周杰.社会风险,地方分权——中国食品安全监管实行地方分级管理的原因.社会学研究,2013(1):182-205;245.

[270] 常倩,王士权,李秉龙.农业产业组织对生产者质量控制的影响分析——来自内蒙古肉羊养殖户的经验证据.中国农村经济,2016(3):54-64;81.

[271] 畅华仪,张俊飚,何可.技术感知对农户生物农药采用行为的影响研究.长江流域资源环境,2019(1):202-211.

[272] 陈新建,谭砚文.基于食品安全的农民专业合作社服务功能及其影响因素——以广东省水果生产合作社为例.农业技术经济,2013(1):120-128.

[273] 陈春生.中国农户的演化逻辑与分类.农业经济问题,2007(11):79-84;112.

[274] 陈凤霞,吕杰.农户采纳稻米质量安全技术影响因素的经济学分析——基于黑龙江省稻米主产区 325 户稻农的实证分析.农业技术经济,2010(2):84-89.

[275] 陈海江,司伟,王新刚.粮豆轮作补贴:标准测算及差异化补偿——基于不同积温带下农户受偿意愿的视角.农业技术经济,2019(6):17-28.

[276] 陈良敏.基于 TPB 理论下绿色农产品购买行为的影响研究.北京科技大学学报(社会科学版),2018(3):62-69.

[277] 陈梅,茅宁.不确定性、质量安全,食用农产品战略性原料投资治理模式选择——基于中国乳制品企业的调查研究.管理世界,2015(6):125-140.

[278] 陈默,王一琴,尹世久.我国食品安全认证政策改革路径研究:消费者偏好的视角.北京:经济管理出版社,2019.

[279] 陈祺琪,张俊飚,蒋磊,程琳琳.基于农业环保型技术的农户生计资产评估及差异性分析——以湖北武汉、随州农业废弃物循环利用技术为例.资源科学,2016(5):888-899.

[280] 陈儒,姜志德,赵凯.低碳视角下农业生态补偿的激励有效性.西北农林科技大学学报(社会科学版),2018(5):146-154.

[281] 陈晓华.大力培育新型农业经营主体——在中国农业经济学会年会上的致辞.农业经济问题,2014(1):4-7.

[282] 陈晓华.现代农业发展,农业经营体制机制创新.农业经济问题,2012(11):4-6.

[283] 陈义媛.土地托管的实践与组织困境:对农业社会化服务体系构建的思考.南京农业大学学报(社会科学版),2017(6):120-130;165-166.

[284] 陈雨生,薛晓蕾,冯昕,陈宁.消费者对海产品可追溯信息属性的偏好及支付意愿——基于选择实验的实证分析.宏观质量研究,2019(1):110-119.

[285] 陈中督.农作措施对双季稻田固碳减排效应与农户低碳技术采纳行为研究.中国农业大学学位论文,2017.

[286] 程杰贤,郑少锋.农产品区域公用品牌使用农户"搭便车"生产行为研究:集体行动困境与自组织治理.农村经济,2018(2):78-85

[287] 程韵韵.典型区域农田土壤重金属污染时空变化特征及影响因素研究.北京:中国农业科学院学位论文,2014.

[288] 仇焕广,陆岐楠,张崇尚,曲晓睿.风险规避、社会资本对农民工务工距离的影响.中国农村观察,2017(3):42-56.

[289] 仇焕广,栾昊,李瑾,汪阳洁.风险规避对农户化肥过量施用行为的影响.中国农村经济,2014(3):85-96.

[290] 储成兵.农户病虫害综合防治技术的采纳决策和采纳密度研究——基于 Double-Hurdle 模型的实证分析.农业技术经济,2015(9):117-127.

[291] 褚彩虹,冯淑怡,张蔚文.农户采用环境友好型农业技术行为的实证分析——以有机肥与测土配方施肥技术为例.中国农村经济,2012(3):68-77.

[292] 崔键,马友华,赵艳萍,等.农业面源污染的特性及防治对策.中国农学通报,2006(1):335-340

[293] 邓刚宏.构建食品安全社会共治模式的法治逻辑路径.南京社会科学,2015(2):97-102.

[294] 丁煌,孙文.从行政监管到社会共治:食品安全监管的体制突破——基于网络分析的视角.江苏行政学院学报,2014(1):109-115.

[295] 丁宁.流通创新提升农产品质量安全水平研究——以合肥市肉菜流通追溯体系和周谷堆农产品批发市场为例.农业经济问题,2015(11):16-24;110.

[296] 董银果,邱荷叶.基于追溯、透明和保证体系的中国猪肉竞争力分析.农业经济问题,2014(2):17-25;110.

[297] 杜鹏.社会性小农:小农经济发展的社会基础——基于江汉平原农业发展的启示.农业经济问题,2017(1):57-65;111.

[298] 樊红平,牟少飞,叶志华.美国农产品质量安全认证体系及对中国的启示.世界农业,2007(9):39-42.

[299] 范春梅,贾建民,李华强.食品安全事件中的公众风险感知及应对行为研究——以问题奶粉事件为例.管理评论,2012(1):163-168;176.

[300] 费威.合作社,龙头企业的最优决策及协调策略——基于农产品质量安全市场需求效应的视角.北京工商大学学报(社会科学版),2015(1):29-37.

[301] 冯帅.食品安全监管国际软法变革论——食品安全全球治理的视角.北

京理工大学学报(社会科学版),2018(6):127-137.

[302] 冯晓龙,霍学喜.社会网络对农户采用环境友好型技术的激励研究.重庆大学学报(社会科学版),2016(3):72-81.

[303] 冯晓龙,刘明月,霍学喜.气候变化适应性行为及空间溢出效应对农户收入的影响——来自4省苹果种植户的经验证据.农林经济管理学报,2016(5):570-578.

[304] 冯忠泽,李庆江.消费者农产品质量安全认知及影响因素分析——基于全国7省9市的实证分析.中国农村经济,2008(1):23-29.

[305] 高晨雪,汪明,叶涛,史培军.种植行为及保险决策在不同收入结构农户间的差异分析.农业技术经济,2013(10):46-55.

[306] 高晶晶,彭超,史清华.中国化肥高用量与小农户的施肥行为研究——基于1995~2016年全国农村固定观察点数据的发现.管理世界,2019(10):120-132.

[307] 高鸣,习银生,吴比.新型农业经营主体的经营绩效,差异分析——基于农村固定观察点的数据调查.华中农业大学学报(社会科学版),2018(5):10-16;160-161.

[308] 高式英,姚家万,欧阳友权.基于产业集群的政府引导型区域产业构建研究.经济地理,2015(4):108-113.

[309] 高瑛,王娜,李向菲,王咏红.农户生态友好型农田土壤管理技术采纳决策分析——以山东省为例.农业经济问题,2017(1):38-47.

[310] 高原,王怀明.企业内部社会嵌入、员工忠诚与食品安全保障认知关系研究.农业技术经济,2014(11):121-128.

[311] 葛继红,周曙东,朱红根,等.农户采用环境友好型技术行为研究——以配方施肥技术为例.农业技术经济,2010(9):57-63.

[312] 葛继红,周曙东.环境友好型技术对水稻种植技术效率的影响——以测土配方施肥技术为例.南京农业大学学报(社会科学版),2012(2):52-57.

[313] 耿宁,李秉龙.产业链整合视角下的农产品质量激励:技术路径? 机制设计.农业经济问题,2014(9):19-27;110.

[314] 耿宇宁,郑少锋,王建华.政府推广与供应链组织对农户生物防治技术采纳行为的影响.西北农林科技大学学报(社会科学版),2017(1):116-122.

[315] 龚强,雷丽衡,袁燕.政策性负担、规制俘获与食品安全.经济研究,2015(8):4-15.

[316] 龚强,张一林,余建宇.激励、信息与食品安全规制.经济研究,2013(3):135-147.

[317] 关桓达,吕建兴,邹俊.安全技术培训、用药行为习惯与农户安全意识——基于湖北8个县市1740份调查问卷的实证研究.农业技术经济,2012(8):81-86.

[318] 关锐捷.构建新型农业社会化服务体系初探.农业经济问题,2012(4):4-10;110.

[319] 郭旦怀,崔文娟,郭云昌,黎建辉.基于大数据的食源性疾病事件探测与风险评估.系统工程理论与实践,2015(10):2523-2530.

[320] 郭利京,赵瑾.认知冲突视角下农户生物农药施用意愿研究——基于江苏639户稻农的实证?.南京农业大学学报(社会科学版),2017(2):123-133;154.

[321] 郭庆海."粮改饲"行动下的生态关照——基于东北粮食主产区耕地质量问题的讨论.农业经济问题,2019(10):89-99.

[322] 郭淑敏,刘光栋,陈印军,等.都市型农业土地利用面源污染环保意识和支付意愿研究.生态环境,2005(4):514-517.

[323] 韩丹,慕静,宋磊.生鲜农产品消费者网络购买意愿的影响因素研究——基于UTAUT模型的实证分析.东岳论丛,2018(4):91-101.

[324] 韩洪云,夏胜.农业非点源污染治理政策变革:美国经验及其启示.农业经济问题,2016(6):93-103;112.

[325] 韩洪云,杨增旭.农户测土配方施肥技术采纳行为研究——基于山东省枣庄市薛城区农户调研数据.中国农业科学,2011(23):4962-4970.

[326] 韩洪云,喻永红.退耕还林的环境价值及政策可持续性——以重庆万州为例.中国农村经济,2012(11):44-55.

[327] 韩青.消费者对安全认证农产品自述偏好与现实选择的一致性及其影响因素——以生鲜认证猪肉为例.中国农村观察,2011(4):2-13;26;96.

[328] 韩杨,陈建先,李成贵.中国食品追溯体系纵向协作形式及影响因素分析——以蔬菜加工企业为例.中国农村经济,2011(12):54-67.

[329] 韩永红.美国食品安全法律治理的新发展及其对我国的启示——以美

国《食品安全现代化法》为视角.法学评论,2014(3):92-101.

[330] 何浩然,张林秀,李强.农民施肥行为及农业面源污染研究.农业技术经济,2006(6):2-10.

[331] 何可,宋洪远.资源环境约束下的中国粮食安全:内涵、挑战与政策取向.南京农业大学学报(社会科学版),2021(3):45-57.

[332] 何坪华,凌远云,刘华楠.消费者对食品质量信号的利用及其影响因素分析——来自9市、县消费者的调查.中国农村观察,2008(4):41-52.

[333] 何宇鹏,武舜臣.连接就是赋能:小农户?现代农业衔接的实践与思考.中国农村经济,2019(6):28-37.

[334] 何悦,漆雁斌,汤建强.农户过量施肥风险认知及环境友好型技术采纳行为的影响因素分析——基于四川省380个柑橘种植户的调查.中国农业资源与区划,2020(5):8-15.

[335] 贺雪峰.论农地经营的规模——以安徽繁昌调研为基础的讨论.南京农业大学学报(社会科学版),2011(2):6-14.

[336] 洪仁彪,张忠明.农民职业化的国际经验与启示.农业经济问题,2013(5):88-92.

[337] 侯建昀,刘军弟,霍学喜.区域异质性视角下农户农药施用行为研究——基于非线性面板数据的实证分析.华中农业大学学报(社会科学版),2014(4):1-9.

[338] 胡定寰,陈志钢,孙庆珍,多田稔.合同生产模式对农户收入和食品安全的影响——以山东省苹果产业为例.中国农村经济,2006(11):17-24;41.

[339] 胡定寰,Gale F,Reardon T.试论"超市+农产品加工企业+农户"新模式.农业经济问题,2006(1):36-39;79.

[340] 胡卫中,齐羽,华淑芳.浙江消费者食品安全信息需求实证研究.湖南农业大学学报(社会科学版),2007(4):8-11.

[341] 胡颖廉.国家食品安全战略基本框架.中国软科学,2016(9):18-27.

[342] 胡颖廉.食品安全理念与实践演进的中国策.改革,2016(5):25-40.

[343] 胡颖廉.统一市场监管与食品安全保障——基于"协调力—专业化"框架的分类研究.华中师范大学学报(人文社会科学版),2016(2):8-15.

[344] 胡颖廉.综合执法体制和提升食药监管能力的困境.国家行政学院学报,2017(2):103-107;128.

[345] 华红娟,常向阳.供应链模式对农户食品质量安全生产行为的影响研

究——基于江苏省葡萄主产区的调查.农业技术经济,2011(9):108-117.

[346] 黄果.智慧监管关键路径的几点思考.中国食品药品监管,2018(4): 4-9.

[347] 黄季焜,冀县卿.农地使用权确权与农户对农地的长期投资.管理世界, 2012(9):76-81;99;187-188.

[348] 黄季焜,齐亮,陈瑞剑.技术信息知识、风险偏好与农民施用农药.管理世界,2008(5):71-76.

[349] 黄武.农户对有偿技术服务的需求意愿及其影响因素分析——以江苏省种植业为例.中国农村观察,2010(2):54-62.

[350] 黄晓慧,陆迁,王礼力.资本禀赋、生态认知,农户水土保持技术采用行为研究——基于生态补偿政策的调节效应.农业技术经济,2020(1): 33-44.

[351] 黄炎忠,罗小锋,李容容,张俊飚.农户认知、外部环境与绿色农业生产意愿——基于湖北省632个农户调研数据.长江流域资源与环境,2018(3):680-687.

[352] 黄炎忠,罗小锋.既吃又卖:稻农的生物农药施用行为差异分析.中国农村经济,2018(7):63-78.

[353] 黄祖辉,钟颖琦,王晓莉.不同政策对农户农药施用行为的影响.中国人口·资源与环境,2016(8):148-155.

[354] 纪月清,刘亚洲,陈奕山.统防统治:农民兼业与农药施用.南京农业大学学报(社会科学版),2015(6):61-67;138.

[355] 冀名峰.农业生产性服务业:我国农业现代化历史上的三次动能.农业经济问题,2018(3):9-15.

[356] 江激宇,柯木飞,张士云,尹昌斌.农户蔬菜质量安全控制意愿的影响因素分析——基于河北省藁城市151份农户的调查.农业技术经济,2012(5):35-42.

[357] 姜百臣,米运生,朱桥艳.优质农产品质量特征的消费者选择偏好与价格支付意愿——基于Hedonic模型的研究.南京农业大学学报(社会科学版),2017(4):128-137;160.

[358] 姜百臣,朱桥艳,欧晓明.优质食用农产品的消费者支付意愿及其溢价的实验经济学分析——来自供港猪肉的问卷调查.中国农村经济,2013(2):23-34.

［359］姜长云.关于发展农业生产性服务业的思考.农业经济问题,2016(5):8-15;110.

［360］姜健,周静,孙若愚.菜农过量施用农药行为分析——以辽宁省蔬菜种植户为例.农业技术经济,2017(11):16-25.

［361］姜利娜,赵霞.农户绿色农药购买意愿与行为的悖离研究——基于5省863个分散农户的调研数据.中国农业大学学报,2017(5):163-173.

［362］姜维,颜廷武,江鑫,张俊飚.社会网络、生态认知对农户秸秆还田意愿的影响.中国农业大学学报,2019(8):203-216.

［363］蒋绚.集权还是分权:美国食品安全监管纵向权力分配研究与启示.华中师范大学学报(人文社会科学版),2015(1):35-45.

［364］蒋兆景,马汉军,康壮丽,刘本国.包装方式对冷鲜猪肉贮藏品质的影响.河南工业大学学报(自然科学版),2019(4):71-76.

［365］金春枝,李伦.我国互联网数字鸿沟空间分异格局研究.经济地理,2016(8):106-112.

［366］金书秦,张惠,唐佳丽.化肥使用量零增长实施进展及“十四五”减量目标和路径.南京工业大学学报(社会科学版),2020(3):66-74;112.

［367］孔祥智,方松海,庞晓鹏,马九杰.西部地区农户禀赋对农业技术采纳的影响分析.经济研究,2004 (12):85-95.

［368］旷浩源.农村社会网络与农业技术扩散的关系研究——以 G 乡养猪技术扩散为例.科学学研究,2014(10):1518-1524.

［369］雷孟.负面网络口碑对消费者购买意愿的影响研究.成都:西南交通大学学位论文,2015.

［370］李道和,赵创新.农民专业合作社参与农产品质量安全认证意愿研究——基于江西省的调查.农林经济管理学报,2019(3):376-384.

［371］李国祥,杨正周.美国培养新型职业农民政策及启示.农业经济问题,2013(5):93-97.

［372］李海鹏.中国农业面源污染的经济分析与政策研究.武汉:华中农业大学学位论文,2007.

［373］李昊,李世平,南灵,李晓庆.中国农户环境友好型农药施用行为影响因素的 Meta 分析.资源科学,2018(1):74-88.

［374］李昊,李世平,南灵.农户农业环境保护为何高意愿低行为?——公平性感知视角新解.华中农业大学学报(社会科学版),2018(2):18-

27;155.

[375] 李昊,李世平,南灵.农药施用技术培训减少农药过量施用了吗?.中国农村经济,2017(10):80-96.

[376] 李红,常春华.奶牛养殖户质量安全行为的影响因素分析——基于内蒙古的调查.农业技术经济,2012(10):73-79.

[377] 李后建.农户对循环农业技术采纳意愿的影响因素实证分析.中国农村观察,2012(2):28-36;66.

[378] 李华明,李董,祭芳,张新明,徐学万.CAC框架下食品安全风险交流机制对我国的启示.江苏农业科学,2018(19):392-394.

[379] 李京梅,陈琦,姚海燕.基于选择实验法的胶州湾湿地围垦生态效益损失评估.资源科学,2015(1):68-75.

[380] 李军林,姚东旻,李三希,王麒植.分头监管还是合并监管:食品安全中的组织经济学.世界经济,2014(10):165-192.

[381] 李凯,周洁红,陈潇.集体行动困境下的合作社农产品质量安全控制.南京农业大学学报(社会科学版),2015(4):70-77;133.

[382] 李蕾,林家宝,黄士.农产品电子商务顾客满意度和忠诚度的形成机制研究——基于感知价值和服务质量的视角.世界农业,2017(11):97-103.

[383] 李娜,石敏俊,金凤君.我国食品产业空间集聚的实证研究.管理评论,2008(1):32-39;46;64.

[384] 李鹏,吴海霞,李平,张俊飚,郭迪.产业链与技术链双向融合下的我国农业科技创新系统的协同发展研究——基于新型经营主体培育视角.科技管理研究,2016(3):1-7.

[385] 李俏,张波.农业社会化服务需求的影响因素分析——基于陕西省74个村214户农户的抽样调查.农村经济,2011(6):83-87.

[386] 李荣耀.农户对农业社会化服务的需求优先序研究——基于15省微观调查数据的分析.西北农林科技大学学报(社会科学版),2015(1):86-94.

[387] 李容容,罗小锋,薛龙飞.种植大户对农业社会化服务组织的选择:营利性组织还是非营利性组织?.中国农村观察,2015(5):73-84.

[388] 李世杰,朱雪兰,洪潇伟,韦开蕾.农户认知、农药补贴与农户安全农产品生产用药意愿——基于对海南省冬季瓜菜种植农户的问卷调查.中国农村观察,2013(5):55-69;97.

[389] 李树辉.北方设施菜地重金属的累积特征及防控对策研究.北京:中国农业科学院学位论文,2011.

[390] 李太平,祝文峰.生鲜农产品质量安全监管力度研究——以蔬菜农药残留为例.江苏社会科学,2017(2):84-91.

[391] 李文明.中国农民发展的现实困境与改革路径.农业经济问题,2014(6):10-15;110.

[392] 李显戈,姜长云.农户对农业生产性服务的可得性及影响因素分析——基于1121个农户的调查.农业经济与管理,2015(4):21-29.

[393] 李宪宝,高强.行为逻辑、分化结果与发展前景——对1978年以来我国农户分化行为的考察.农业经济问题,2013(2):56-65;111.

[394] 李翔,徐迎军,尹世久等.消费者对不同有机认证标签的支付意愿——基于山东省752个消费者样本的实证分析.中国软科学,2015(4):49-56.

[395] 李想,穆月英.农户可持续生产技术采用的关联效应及影响因素——基于辽宁设施蔬菜种植户的实证分析.南京农业大学学报(社会科学版),2013(4):62-68.

[396] 李想,石磊.行业信任危机的一个经济学解释:以食品安全为例.经济研究,2014(1):169-181.

[397] 李岩,赖玥,马改芝.绿色发展视角下生产与消费行为转化的机制研究.南京工业大学学报(社会科学版),2020(3):85-93;112.

[398] 李英,张越杰.基于质量安全视角的稻米生产组织模式选择及其影响因素分析——以吉林省为例.中国农村经济,2013(5):68-77.

[399] 李勇,任国元,杨万江.安全农产品市场信息不对称及政府干预.农业经济问题,2004(3):62-64.

[400] 厉曙光,陈莉莉,陈波.我国2004—2012年媒体曝光食品安全事件分析.中国食品学报,2014(3):1-8.

[401] 梁流涛,冯淑怡,曲福田.农业面源污染形成机制:理论与实证.中国人口·资源与环境,2010(4):74-80.

[402] 梁志会,张露,张俊飚.土地转入、地块规模与化肥减量——基于湖北省水稻主产区的实证分析.中国农村观察,2020(5):73-92.

[403] 林家宝,万俊毅,鲁耀斌.生鲜农产品电子商务消费者信任影响因素分析:以水果为例.商业经济与管理,2015(5):5-15.

[404] 林坚,马彦丽.农业合作社和投资者所有企业的边界——基于交易费用和组织成本角度的分析.农业经济问题,2006(3):16-20;79.

[405] 林雪梅.家庭农场经营的组织困境与制度消解.管理世界,2014(2):176-177.

[406] 刘畅,张浩,安玉发.中国食品质量安全薄弱环节、本质原因及关键控制点研究——基于1460个食品质量安全事件的实证分析.农业经济问题,2011(1):24-31;110-111.

[407] 刘翠玲,徐莹莹,孙晓荣,李天瑞.基于多源大数据食品安全监测预控系统的设计与实现.食品科学技术学报,2018(3):88-94.

[408] 刘光栋,吴文良,彭光华.华北高产农区公众对农业面源污染的环境保护意识及支付意愿调查.农村生态环境,2004(2):41-45.

[409] 刘浩.生鲜农产品冷链物流的现状及发展对策.中国农业资源与区划,2016(3):184-186;232.

[410] 刘家松.中美食品安全信息披露机制的比较研究.宏观经济研究,2015(11):152-159.

[411] 刘建,张应良.订单农业模式中主体纵向协作选择行为分析.农业技术经济,2017(11):104-114.

[412] 刘乐,张娇,张崇尚,仇焕广.经营规模的扩大有助于农户采取环境友好型生产行为吗——以秸秆还田为例.农业技术经济,2017(5):17-26.

[413] 刘磊,乔忠,刘畅.农超对接模式中的合作博弈问题研究.管理工程学报,2012(4):100-106.

[414] 刘蕾.基于KANO模型的农村公共服务需求分类与供给优先序研究.财贸研究,2015(6):39-46.

[415] 刘鹏,李文韬.网络订餐食品安全监管:基于智慧监管理论的视角.华中师范大学学报(人文社会科学版),2018(1):1-9.

[416] 刘鹏,马亮,刘志鹏.央地关系与政府机构改革——基于中国地级食品安全监管机构改革进度的实证研究.公共行政评论,2016(5):24-42;203-204.

[417] 刘鹏.省级食品安全监管绩效评估及其指标体系构建——基于平衡计分卡的分析.华中师范大学学报(人文社会科学版),2013(4):17-26

[418] 刘苹,杨力,于淑芳,等.寿光市蔬菜大棚土壤重金属含量的环境质量评价.环境科学研究,2008(5):66-71.

[419] 刘荣乐,李书田,王秀斌,等.我国商品有机肥料和有机废弃物中重金属的含量状况与分析.农业环境科学学报,2005(2):392-397.

[420] 刘瑞明,段雨玮,黄维乔.中国转型期的食品安全治理——基于行为法经济学的分析.中国工业经济,2017(1):98-116.

[421] 刘圣中.可追溯机制的逻辑与运用——公共治理中的信息、风险与信任要素分析.公共管理学报,2008(2):33-39;123.

[422] 刘晓丹.美国、欧盟和日本食品添加剂安全规制及对中国的启示.世界农业,2018(4):62-67.

[423] 刘晓燕,章丹,徐志刚.粮食规模经营户化肥施用也"过量"吗——基于规模户和普通户异质性的实证.农业技术经济,2020(9):117-129.

[424] 刘亚平,李欣颐.基于风险的多层治理体系——以欧盟食品安全监管为例.中山大学学报(社会科学版),2015(4):159-168.

[425] 刘艳秋,周星.基于食品安全的消费者信任形成机制研究.现代管理科学,2009(7):55-57.

[426] 刘增金,俞美莲,乔娟.信息源信任对消费者食品购买行为的影响研究——以可追溯猪肉为例.农业现代化研究,2017(5):755-763.

[427] 卢东,宗良纲,肖兴基,等.华东典型地区有机与常规农业土壤重金属含量的比较研究.农业环境科学学报,2005(1):143-147.

[428] 芦千文,姜长云.欧盟农业农村政策的演变及其对中国实施乡村振兴战略的启示.中国农村经济,2018(10):119-135.

[429] 芦千文,姜长云.我国农业生产性服务业的发展历程与经验启示.南京农业大学学报(社会科学版),2016(5):104-115;157.

[430] 陆剑.基于新型农业经营主体的农产品质量安全保障机制建设研究.宏观质量研究,2014(4):100-106.

[431] 罗必良.小农经营、功能转换、策略选择——兼论小农户与现代农业融合发展的"三条道路".农业经济问题,2020(1):29-47.

[432] 罗丞.消费者对安全食品支付意愿的影响因素分析——基于计划行为理论框架.中国农村观察,2010(6):22-34.

[433] 罗小娟,冯淑怡,石晓平,曲福田.太湖流域农户环境友好型技术采纳行为及其环境和经济效应评价——以测土配方施肥技术为例.自然资源学报,2013(11):1891-1902.

[434] 马爱慧,蔡银莺,张安录.基于选择实验法的耕地生态补偿额度测算.自

然资源学报,2012(7):1154-1163.

[435] 马亮,王洪川.示范城市创建与食品安全感:基于自然实验的政策评估.
南京社会科学,2018(9):70-75;91.

[436] 马英娟,刘振宇.食品安全社会共治中的责任分野.行政法学研究,2016
(6):15-29.

[437] 满明俊,周民良,李同昇.农业技术采用的空间效应分析——基于陕西、
甘肃、宁夏三省区的调查.统计与信息论坛,2011(2):101-106.

[438] 毛飞,孔祥智,农户安全农药选配行为影响因素分析——基于陕西5个
苹果主产县的调查.农业技术经济,2011(5):4-12.

[439] 米松华,黄祖辉,朱奇彪.新型职业农民:现状特征、成长路径与政策需
求——基于浙江、湖南、四川和安徽的调查.农村经济,2014(8):
115-120.

[440] 闵继胜,胡浩.中国农业生产温室气体排放量的测算.中国人口·资源
与环境,2012(7):21-27.

[441] 闵继胜.新型经营主体经营模式创新分析——基于黑龙江仁发合作社
的案例分析.农业经济问题,2018(10):50-59.

[442] 倪国华,郑风田.媒体监管的交易成本对食品安全监管效率的影响——
一个制度体系模型及其均衡分析.经济学(季刊),2014(2):559-582.

[443] 牛亚丽.农超对接视角下农户农产品质量安全控制行为及其影响因素
分析——基于辽宁省484个果蔬农户的调查.四川农业大学学报,2014
(2):236-241.

[444] 欧阳煌,李思.创新扩散、制度网络与专业合作社发展——基于小世界
网络视角.中国农村经济,2016(8):82-95.

[445] 潘秋岑,张立新,张超,黎海青.学术期刊网站功能服务需求的Kano模
型评价.中国科技期刊研究,2016(6):617-623.

[446] 彭建仿,杨爽.共生视角下农户安全农产品生产行为选择——基于407
个农户的实证分析.中国农村经济,2011(12):68-78;91.

[447] 彭建仿.供应链环境下龙头企业与农户共生关系优化研究——共生模
式及演进机理视角.经济体制改革,2010(3):93-98.

[448] 彭亚拉,郑风田,齐思媛.关于我国食品安全财政投入的思考及对
策——基于对比分析美国的食品安全财政预算.中国软科学,2012
(10):9-21.

[449] 戚建刚.食品安全风险属性的双重性及对监管法制改革之寓意.中外法学,2014(1):46-69.

[450] 齐文娥,林川.消费者生鲜农产品购买意愿影响因素分析.华南农业大学学报(社会科学版),2018(1):78-93.

[451] 钱克明,彭廷军.关于现代农业经营主体的调研报告.农业经济问题,2013(6):4-7;110.

[452] 乔丹,陆迁,徐涛.社会网络、信息获取与农户节水灌溉技术采用——以甘肃省民勤县为例.南京农业大学学报(社会科学版),2017(4):147-155.

[453] 全世文.选择实验方法研究进展.经济学动态,2016(1):127-141.

[454] 任建超,韩青.行业危机与企业危机下的消费决策对比分析——以乳制品质量安全危机为例.财经论丛,2017(9):94-104.

[455] 任燕,安玉发,多喜亮.政府在食品安全监管中的职能转变与策略选择——基于北京市场的案例调研.公共管理学报,2011(1):16-25;123.

[456] 邵喜武,海青,王海艳.新型农民合作经济组织服务模式及其运行机制研究——以吉林省为例.社会科学战线,2010(5):80-85.

[457] 申红芳,陈超,廖西元,王磊.中国水稻生产环节外包价格的决定机制——基于全国6省20县的空间计量分析.中国农村观察,2015(6):34-46.

[458] 沈兴兴,刘帅,段晋苑,彭水洪.基于化肥减量化管理的农业清洁生产多方联动机制框架研究.中国农业资源与区划,2018(1):41-47.

[459] 施晟,卫龙宝,伍骏骞."农超对接"进程中农产品供应链的合作绩效与剩余分配——基于"农户＋合作社＋超市"模式的分析.中国农村观察,2012(4):14-28;92-93.

[460] 施晟,周洁红.食品安全管理的机制设计与相关制度匹配.改革,2012(5):145-149.

[461] 史常亮,郭焱,朱俊峰.中国粮食生产中化肥过量施用评价及影响因素研究.农业现代化研究,2016(4):671-679.

[462] 史常亮,李赟,朱俊峰.劳动力转移、化肥过度使用与面源污染.中国农业大学学报,2016(5):169-180.

[463] 帅满.安全食品的信任建构机制——以H市"菜团"为例.社会学研究,2013,28(3):183-206;245.

[464] 宋冬林,齐文浩.食品安全规制与行业生产率——来自中国食品工业的经验数据.经济与管理研究,2014(4):41-47.

[465] 宋佳楠,金晓斌,周寅康.基于多层线性模型的耕地集约利用对粮食生产力贡献度分析——以内蒙古自治区为例.资源科学,2010(6):1161-1168.

[466] 苏昕,刘昊龙.农户与企业合作下的农产品质量安全演化博弈仿真研究.农业技术经济,2015(11):112-122.

[467] 苏昕,周升师,张辉.农民专业合作社"双网络"治理研究——基于案例的比较分析.农业经济问题,2018(3):67-77.

[468] 孙世民,张媛媛,张健如.基于Logit-ISM模型的养猪场(户)良好质量安全行为实施意愿影响因素的实证分析.中国农村经济,2012(10):24-36.

[469] 孙新华.村社主导、农民组织化与农业服务规模化——基于土地托管和联耕联种实践的分析.南京农业大学学报(社会科学版),2017(6):131-140;166.

[470] 谈存峰,张莉,田万慧.农田循环生产技术农户采纳意愿影响因素分析——西北内陆河灌区样本农户数据.干旱区资源与环境,2017(8):33-37.

[471] 唐博文,罗小锋,秦军.农户采用不同属性技术的影响因素分析——基于9省(区)2110户农户的调查.中国农村经济,2010(6):49-57.

[472] 唐学玉,张海鹏,李世平.农业面源污染防控的经济价值——基于安全农产品生产户视角的支付意愿分析.中国农村经济,2012(3):53-67.

[473] 田文勇.专业合作社实施农业标准化生产行为影响因素研究.四川农业大学学位论文,2012.

[474] 田先红,陈玲."阶层地权":农村地权配置的一个分析框架.管理世界,2013(9):69-88.

[475] 田永胜.合作社何以供给安全食品——基于集体行动理论的视角.中国农业大学学报(社会科学版),2018(4):117-126.

[476] 田云,张俊飚,何可,丰军辉.农户农业低碳生产行为及其影响因素分析——以化肥施用和农药使用为例.中国农村观察,2015(4):61-70.

[477] 仝志辉,侯宏伟.农业社会化服务体系:对象选择与构建策略.改革,2015(1):132-139.

[478] 佟大建,黄武,应瑞瑶.基层公共农技推广对农户技术采纳的影响——以水稻科技示范为例.中国农村观察,2018(4):59-73.

[479] 童霞,高申荣,吴林海.农户对农药残留的认知与农药施用行为研究——基于江苏、浙江 473 个农户的调研.农业经济问题,2014(1):79-85;111-112.

[480] 童馨乐,胡迪,杨向阳.粮食最低收购价政策效应评估——以小麦为例.农业经济问题,2019(9):85-95.

[481] 晚春东,秦志兵,吴绩新.供应链视角下食品安全风险控制研究.中国软科学,2018(10):184-192.

[482] 汪爱娥,包玉泽.农业产业组织与绩效综述.华中农业大学学报(社会科学版),2014(4):70-75.

[483] 汪鸿昌,肖静华,谢康,乌家培.食品安全治理——基于信息技术与制度安排相结合的研究.中国工业经济,2013(3):98-110.

[484] 汪建丰,刘俊威.中国农业生产性服务业发展差距研究——基于投入产出表的实证分析.经济学家,2011(11):52-57.

[485] 汪普庆,熊航,瞿翔,陈村子.供应链的组织结构演化与农产品质量安全——基于 NetLogo 的计算机仿真.农业技术经济,2015(8):64-72.

[486] 王常伟,顾海英.规模化、农户能力对农产品合格率影响的实证分析.农业技术经济,2017(11):4-15.

[487] 王常伟,顾海英.逆向选择、信号发送与我国绿色食品认证机制的效果分析.软科学,2012(10):54-58.

[488] 王常伟,顾海英.市场 VS 政府,什么力量影响了我国菜农农药用量的选择?.理世界,2013(11):50-66;187-188.

[489] 王二朋,周应恒.城市消费者对认证蔬菜的信任及其影响因素分析.农业技术经济,2011(10):69-77.

[490] 王海芹,高世楫.我国绿色发展萌芽、起步与政策演进:若干阶段性特征观察.改革,2016(3):6-26.

[491] 王怀明,尼楚君,徐锐钊.消费者对食品质量安全标识支付意愿实证研究——以南京市猪肉消费为例.南京农业大学学报(社会科学版),2011(1):21-29.

[492] 王慧敏,乔娟.农户参与食品质量安全追溯体系的行为与效益分析——以北京市蔬菜种植农户为例.农业经济问题,2011(2):45-51;111.

[493] 王建华,刘苗,李俏.农产品安全风险治理中政府行为选择及其路径优化——以农产品生产过程中的农药施用为例.中国农村经济,2015(11):54-62;76.

[494] 王建华,马玉婷,李俏.农业生产者农药施用行为选择与农产品安全.公共管理学报,2015(1):117-126;158.

[495] 王建华,马玉婷,王晓莉.农产品安全生产:农户农药施用知识与技能培训.中国人口? 资源与环境,2014(4):54-63.

[496] 王建华,马玉婷,朱湄.从监管到治理:政府在农产品安全监管中的职能转换.南京农业大学学报(社会科学版),2016(4):119-129;159.

[497] 王静,霍学喜.果园精细管理技术的联立选择行为及其影响因素分析——以陕西洛川苹果种植户为例.南京农业大学学报(社会科学版),2012(2):58-67.

[498] 王可山,苏昕.我国食品安全政策演进轨迹与特征观察.改革,2018(2):31-44.

[499] 王克喜,戴安娜.基于 Logit 模型的绿色生鲜农产品网购意愿的影响因素分析.湖南科技大学学报(社会科学版),2017(2):87-93.

[500] 王思琪,陈美球,彭欣欣,刘桃菊.农户分化对环境友好型技术采纳影响的实证研究——基于 554 户农户对测土配方施肥技术应用的调研.中国农业大学学报,2018(21):187-196.

[501] 王天穷,顾海英.基于减排目标的氮肥减施项目补偿标准探讨——以2015 年上海地区水稻、小麦种植户为例.农业技术经济,2019(3):4-15.

[502] 王威,穆琳.不同标签信息下消费者对有机牛奶的补偿意愿研究.生态经济,2014(3):154-157.

[503] 王文龙.中国农业经营主体培育政策反思及其调整建议.经济学家,2017(1):55-61.

[504] 王文智,武拉平.城镇居民对猪肉的质量安全属性的支付意愿研究——基于选择实验(Choice Experiments)的分析.农业技术经济,2013(11):24-31.

[505] 王翔.影响农业生产合作社实施标准化行为的因素研究.浙江大学学位论文,2008.

[506] 王秀清,孙云峰.我国食品市场上的质量信号问题.中国农村经济,2002(5):27-32.

[507] 王耀忠.食品安全监管的横向和纵向配置——食品安全监管的国际比较与启示.中国工业经济,2005(12):64-70

[508] 王英伟,扈静,史长东.三江平原湿地的现状及法律保护研究.中国林业经济,2012(2):43-45;49

[509] 王永强,朱玉春.启发式偏向、认知与农民不安全农药购买决策——以苹果种植户为例.农业技术经济,2012(7):48-55

[510] 王永钦,刘思远,杜巨澜.信任品市场的竞争效应与传染效应:理论和基于中国食品行业的事件研究.经济研究,2014(2):141-154.

[511] 王月星,王岳钧.浙江省水稻生产现状与发展对策.浙江农业科学,2019(2):177-179;183

[512] 文晓巍,刘妙玲.食品安全的诱因、窘境与监管:2002～2011年.改革,2012(9):37-42.

[513] 文晓巍,杨朝慧,陈一康,温思美.改革开放四十周年:我国食品安全问题关注重点变迁及内在逻辑.农业经济问题,2018(10):14-23

[514] 毋晓蕾.美国和日本两国激励公众参与食品安全监管制度及其经验借鉴.世界农业,2015(6):81-85

[515] 吴林海,秦沙沙,朱淀,李清光,WuyangHu.可追溯猪肉原产地属性与可追溯信息属性的消费者偏好分析.中国农村经济,2015(6):47-62;73.

[516] 吴林海,王红纱,朱淀,蔡杰.消费者对不同层次安全信息可追溯猪肉的支付意愿研究.中国人口？资源与环境,2013(8):165-176

[517] 吴林海,王淑娴,徐玲玲.可追溯食品市场消费需求研究——以可追溯猪肉为例.公共管理学报,2013(3):119-128;142-143

[518] 吴林海,徐玲玲,王晓莉.影响消费者对可追溯食品额外价格支付意愿与支付水平的主要因素——基于Logistic、Interval Censored的回归分析.中国农村经济,2010(4):77-86

[519] 吴林海,钟颖琦,洪巍,吴治海.基于随机n价实验拍卖的消费者食品安全风险感知与补偿意愿研究.中国农村观察,2014(2):60-72;94.

[520] 吴雪莲,张俊飚,丰军.农户绿色农业技术认知影响因素及其层级结构分解——基于Probit-ISM模型.华中农业大学学报(社会科学版),2017(5):36-45.

[521] 吴雪莲,张俊飚,何可.农户高效农药喷雾技术采纳意愿——影响因素

及其差异性分析.中国农业大学学报,2016(4):137-148

[522] 席利卿,王厚俊,彭可茂.水稻种植户农业面源污染防控支付行为分析——以广东省为例.农业技术经济,2015(7):79-92.

[523] 夏蓓,蒋乃华.种粮大户需要农业社会化服务吗——基于江苏省扬州地区264个样本农户的调查.农业技术经济,2016(8):15-24.

[524] 肖兴志,王雅洁.企业自建牧场模式能否真正降低乳制品安全风险?.中国工业经济,2011(12):133-142.

[525] 谢康,赖金天,肖静华,乌家培.食品安全、监管有界性与制度安排.经济研究,2016(4):174-187.

[526] 谢康,刘意,肖静华,刘亚平.政府支持型自组织构建——基于深圳食品安全社会共治的案例研究.管理世界,2017(8):64-80;10.

[527] 谢康,刘意,赵信.媒体参与食品安全社会共治的条件与策略.管理评论,2017(5):192-204.

[528] 谢康,肖静华,杨楠堃,刘亚平.社会震慑信号与价值重构——食品安全社会共治的制度分析.经济学动态,2015(10):4-16.

[529] 谢齐玥.农户降低氮肥施用量意愿的影响因素研究.沈阳:沈阳农业大学学位论文,2013.

[530] 胥爱贵,韩卫兵.对农村新型合作经济组织的调查与思考.农业经济问题,2001(3):34-38.

[531] 徐婵娟,陈儒,姜志德.外部冲击、风险偏好与农户低碳农业技术采用研究.科技管理研究,2018(14):248-257.

[532] 徐立成,周立."农消对接"模式的兴起与食品安全信任共同体的重建.南京农业大学学报(社会科学版),2016(1):59-70;164.

[533] 徐涛,赵敏娟,乔丹,史恒通.外部性视角下的节水灌溉技术补偿标准核算——基于选择实验法.自然资源学报,2018(7):1116-1128.

[534] 徐晓鹏.农户农药施用行为变迁的社会学考察——基于我国6省6村的实证研究.中国农业大学学报(社会科学版),2017(1):38-45.

[535] 徐旭初,吴彬.合作社是小农户和现代农业发展有机衔接的理想载体吗?.中国农村经济,2018(11):80-95

[536] 许世卫,王东杰,李哲敏.大数据推动农业现代化应用研究.中国农业科学,2015(17):3429-3438.

[537] 许秀川,李容,李国珍.小规模经营与农户农机服务需求——一个两阶

段决策模型的考察.农业技术经济,2017(9):45-57.

[538] 薛澜,李希盛.深化监管机构改革推进市场监管现代化——以杭州市为例.中国行政管理,2018(8):21-29.

[539] 鄢贞,周洁红.现代农业经营主体实施水产品自检行为研究.农业技术经济,2015(5):59-67.

[540] 鄢贞,周洁红.现代农业经营主体实施水产品自检行为研究.农业技术经济,2015(5):59-67.

[541] 颜海娜,聂勇浩.制度选择的逻辑——我国食品安全监管体制的演变.公共管理学报,2009(3):12-25;121-122.

[542] 杨大蓉.基于农产品安全视角的新型农业生产经营主体培育问题研究.世界农业,2015(3):81-84.

[543] 杨丹,刘自敏,徐旭初.治理结构、要素投入与合作社服务绩效.财贸研究,2016(2):85-94.

[544] 杨芳,张应良.家庭农场与合作社比较分析及培育研究——基于重庆454个调研数据.农村经济,2014(9):122-126.

[545] 杨建顺.论食品安全风险交流与生产经营者合法规范运营.法学家,2014(1):37;43-55.

[546] 杨林章,冯彦房,施卫明,等.我国农业面源污染治理技术研究进展.中国生态农业学报,2013(1):96-101.

[547] 杨秋红,吴秀敏.农产品生产加工企业建立可追溯系统的意愿及其影响因素——基于四川省的调查分析.农业技术经济,2009(2):69-77.

[548] 杨万江,李琪.稻农化肥减量施用行为的影响因素.华南农业大学学报(社会科学版),2017(3):58-66.

[549] 杨万江,李琪.新型经营主体生产性服务对水稻生产技术效率的影响研究——基于12省1926户农户调研数据.华中农业大学学报(社会科学版),2017(5):12-19;144.

[550] 杨增旭,韩洪云.化肥施用技术效率及影响因素——基于小麦和玉米的实证分析.中国农业大学学报,2011(1):140-147.

[551] 杨智,许进,姜鑫.绿色认证和论据强度对食品品牌信任的影响——兼论消费者认知需求的调节效应.湖南农业大学学报(社会科学版),2016(3):6-11,89.

[552] 叶敬忠,豆书龙,张明皓.小农户和现代农业发展:如何有机衔接?.中国

农村经济,2018(11):64-79.

[553] 叶孙红,齐振宏,黄炜虹,刘可.经营规模、信息技术获取与农户生态生产行为——对不同生产行为及农户类型的差异性分析.中国农业大学学报,2019(3):173-186.

[554] 尹世久,高杨,吴林海.构建中国特色食品安全社会共治体系.北京:人民出版社,2017.

[555] 尹世久,李锐,吴林海,陈秀娟.中国食品安全发展报告 2018.北京:北京大学出版社,2018.

[556] 尹世久,王小楠,吕珊珊.品牌、认证与消费者信任倾向——以有机牛奶为例.华中农业大学学报(社会科学版),2017(4):45-54;147.

[557] 尹世久,王一琴,李凯.事前认证还是事后追溯:食品安全信息标识的消费者偏好及其交互关系研究.中国农村观察,2019(5):127-144.

[558] 尹世久,徐迎军,徐玲玲,等.食品安全认证如何影响消费者偏好?——基于山东省 821 个样本的选择实验.中国农村经济,2015(11):40-53.

[559] 应瑞瑶,侯博,陈秀娟,徐玲玲.消费者对可追溯食品信息属性的支付意愿分析:猪肉的案例.中国农村经济,2016(11):44-56.

[560] 应瑞瑶,徐斌.农户采纳农业社会化服务的示范效应分析——以病虫害统防统治为例.中国农村经济,2014(8):30-41.

[561] 应瑞瑶,徐斌.农作物病虫害专业化防治服务对农药施用强度的影响.中国人口·资源与环境,2017(8):90-97.

[562] 应瑞瑶,朱勇.农业技术培训方式对农户农业化学投入品使用行为的影响——源自实验经济学的证据.中国农村观察,2015(1):50-58＋83;95.

[563] 余威震,罗小锋,李容容,薛龙飞,黄磊.绿色认知视角下农户绿色技术采纳意愿与行为悖离研究.资源科学,2017(8):1573-1583.

[564] 袁雪霈,刘天军,闫贝贝.合作社对农户安全生产行为的影响——基于我国苹果主产区的调研.西北农林科技大学学报(社会科学版),2018(6):97-106.

[565] 岳柳青,刘咏梅,陈倩.C2C 模式下消费者对农产品质量信号信任及影响因素研究——基于有序 Logistic 模型的实证分析.南京农业大学学报(社会科学版),2017(2):113-122;153-154.

[566] 曾起艳,曾寅初,丁烨.消费者在线上市场更愿意为有机生鲜买单吗?农业现代化研究,2018(5):734-742.

[567] 展进涛,张燕媛,张忠军.土地细碎化是否阻碍了水稻生产性环节外包服务的发展?.南京农业大学学报(社会科学版),2016(2):117-124.

[568] 占辉斌,俞杰龙.农户生产地理标志产品经济效益分析——基于 437 户农户的调研.农业技术经济,2015(2):60-67.

[569] 张蓓,黄志平,杨炳成.农产品供应链核心企业质量安全控制意愿实证分析——基于广东省 214 家农产品生产企业的调查数据.中国农村经济,2014(1):62-75.

[570] 张标,傅泽田,王洁琼,张领先.农户农业技术推广政策满意度研究——基于全国 1022 个农户调查数据.中国农业大学学报,2018(4):157-169.

[571] 张彩萍,白军飞,蒋竞.认证对消费者支付意愿的影响:以可追溯牛奶为例.中国农村经济,2014(8):76-85.[572] 张董敏,齐振宏,李欣蕊,曹丽红,朱萌,邬兰娅.农户两型农业认知对行为响应的作用机制——基于 TPB 和多群组 SEM 的实证研究.资源科学,2015(7):1482-1490.

[573] 张复宏,宋晓丽,霍明.果农对过量施肥的认知与测土配方施肥技术采纳行为的影响因素分析——基于山东省 9 个县(区、市)苹果种植户的调查.中国农村观察,2017(3):117-130.

[574] 张海柱.食品安全风险治理中的科学与政治:欧盟经验与启示.自然辩证法通讯,2019(4):85-91.

[575] 张红宇,杨凯波.我国家庭农场的功能定位与发展方向.农业经济问题,2017(10):4-10.

[576] 张红宇.中国现代农业经营体系的制度特征与发展取向.中国农村经济,2018(1):23-33.

[577] 张宏艳.发达地区农村面源污染的经济学研究.上海:复旦大学学位论文,2004.

[578] 张晖,胡浩.农业面源污染的环境库兹涅茨曲线验证——基于江苏省时序数据的分析.中国农村经济,2009(4):48-53;71.

[579] 张莉侠,刘刚.消费者对生鲜食品质量安全信息搜寻行为的实证分析——基于上海市生鲜食品消费的调查.农业技术经济,2010(2):97-103.

[580] 张露,郭晴,张俊飚,童庆蒙.农户对气候灾害响应型生产性公共服务的需求及其影响因素分析——基于湖北省十县(区、市)百组千户的调查.

中国农村观察,2017(3):102-116.

[581] 张露,罗必良.小农生产如何融入现代农业发展轨道？——来自中国小麦主产区的经验证据.经济研究,2018(12):144-160.

[582] 张蒙萌,李艳军.农户"被动信任"农资零售商的缘由:社会网络嵌入视角的案例研究.中国农村观察,2014(5):25-37.

[583] 张明华,温晋锋,刘增金.行业自律、社会监管与纵向协作——基于社会共治视角的食品安全行为研究.产业经济研究,2017(1):89-99.

[584] 张鸣鸣.新型农业经营体系和农业现代化——"新型农业经营体系和农业现代化研讨会暨第九届全国农经网络大会"综述.中国农村经济,2013(12):84-88.

[585] 张千友,蒋和胜.专业合作、重复博弈与农产品质量安全水平提升的新机制——基于四川省西昌市鑫源养猪合作社品牌打造的案例分析.农村经济,2011(10):125-129.

[586] 张淑云.多元化农业推广组织协同运行机制研究.河北农业大学学位论文,2012.

[587] 张水龙,庄季屏.农业非点源污染研究现状与发展趋势.生态学杂志,1998(6):52-56.

[588] 张维迎,柯荣住.信任及其解释:来自中国的跨省调查分析.经济研究,2002(10):59-70;96.

[589] 张文胜,王硕,安玉发,唐卫红.日本"食品交流工程"的系统结构及运行机制研究——基于对我国食品安全社会共治的思考.农业经济问题,2017(1):100-108;112.

[590] 张一林,雷丽衡,龚强.信任危机、监管负荷与食品安全.世界经济文汇,2017(6):56-71.

[591] 张振,高鸣,苗海民.农户测土配方施肥技术采纳差异性及其机理.西北农林科技大学(社会科学版).2020(2):120-128.

[592] 赵佳佳,刘天军,魏娟.风险态度影响苹果安全生产行为吗——基于苹果主产区的农户实验数据.农业技术经济,2017(4):95-105.

[593] 赵连阁,蔡书凯.晚稻种植农户IPM技术采纳的农药成本节约和粮食增产效果分析.中国农村经济,2013(5):78-87.

[594] 赵荣,乔娟.农户参与蔬菜追溯体系行为、认知和利益变化分析——基于对寿光市可追溯蔬菜种植户的实地调研.中国农业大学学报,2011

(3):169-177.

[595] 赵文,程杰.农业生产方式转变与农户经济激励效应.中国农村经济, 2014(2):4-19.

[596] 赵晓飞.我国现代农产品供应链体系构建研究.农业经济问题,2012 (1):15-22.

[597] 赵晓峰,赵祥云.新型农业经营主体社会化服务能力建设与小农经济的 发展前景.农业经济问题,2018(4):99-107.

[598] 郑适,陈茜苗,王志刚.土地规模、合作社加入与植保无人机技术认知及 采纳——以吉林省为例.农业技术经济,2018(6):92-105.

[599] 郑旭媛,王芳,应瑞瑶.农户禀赋约束、技术属性与农业技术选择偏 向——基于不完全要素市场条件下的农户技术采用分析框架.中国农 村经济,2018(3):105-122.

[600] 钟甫宁,宁满秀,邢鹂,苗齐.农业保险与农用化学品施用关系研究—— 对新疆玛纳斯河流域农户的经验分析.经济学(季刊),2007(1): 291-308.

[601] 钟文晶,邹宝玲,罗必良.食品安全与农户生产技术行为选择.农业技术 经济,2018(3):16-27.

[602] 钟真,陈淑芬.生产成本、规模经济与农产品质量安全——基于生鲜乳 质量安全的规模经济分析.中国农村经济,2014(1):49-61.

[603] 钟真,孔祥智.产业组织模式对农产品质量安全的影响:来自奶业的例 证.管理世界,2012(1):79-92.

[604] 钟真,穆娜娜,齐介礼.内部信任对农民合作社农产品质量安全控制效 果的影响——基于三家奶农合作社的案例分析.中国农村经济,2016 (1):40-52.

[605] 钟真,谭玥琳,穆娜娜.新型农业经营主体的社会化服务功能研究—— 基于京郊农村的调查.中国软科学,2014(8):38-48.

[606] 钟真.改革开放以来中国新型农业经营主体:成长、演化与走向.中国人 民大学学报,2018(4):43-55.

[607] 钟真.生产组织方式、市场交易类型与生鲜乳质量安全——基于全面质 量安全观的实证分析.农业技术经济,2011(1):13-23.

[608] 周建华,杨海余,贺正楚.资源节约型与环境友好型技术的农户采纳限 定因素分析.中国农村观察,2012(2):37-43.

[609] 周洁红,姜励卿.农产品质量安全追溯体系中的农户行为分析——以蔬菜种植户为例.浙江大学学报(人文社会科学版),2007(2):118-127.

[610] 周洁红,李凯.农产品可追溯体系建设中农户生产档案记录行为的实证分析.中国农村经济,2013(5):58-67.

[611] 周洁红,刘清宇.基于合作社主体的农业标准化推广模式研究——来自浙江省的实证分析.农业技术经济,2010(6):88-97.

[612] 周洁红,武宗励,李凯.食品质量安全监管的成就与展望.农业技术经济,2018(2):4-14.

[613] 周洁红,幸家刚,虞轶俊.农产品生产主体质量安全多重认证行为研究.浙江大学学报(人文社会科学版),2015(2):55-67.

[614] 周洁红.农户蔬菜质量安全控制行为及其影响因素分析——基于浙江省396户菜农的实证分析.中国农村经济,2006(11):25-34.

[615] 周娟.基于生产力分化的农村社会阶层重塑及其影响——农业社会化服务的视角.中国农村观察,2017(5):61-73.

[616] 周娟.土地流转背景下农业社会化服务体系的重构与小农的困境.南京农业大学学报(社会科学版),2017(6):141-151;166.

[617] 周培璐,刘增金,张玉梅."三品"认证标签可追溯性的消费者信任及其对食品购买行为的影响——以猪肉产品为例.中国食物与营养,2017(6):45-49;38.

[618] 周荣荣.美国农产品质量安全控制管理体系的考察与思考.农业技术经济,2003(4):60-63.

[619] 周曙东,张宗毅.农户农药施药效率测算、影响因素及其与农药生产率关系研究——对农药损失控制生产函数的改进.农业技术经济,2013(3):4-14.

[620] 周小梅,范鸿飞.区域声誉可激励农产品质量安全水平提升吗?——基于浙江省丽水区域品牌案例的研究.农业经济问题,2017(4):85-92;112.

[621] 周应恒,胡凌啸,严斌剑.农业经营主体和经营规模演化的国际经验分析.中国农村经济,2015(9):80-95.

[622] 周应恒,彭晓佳.江苏省城市消费者对食品安全支付意愿的实证研究——以低残留青菜为例.经济学(季刊),2006(3):1319-1342.

[623] 周应恒,王晓晴,耿献辉.消费者对加贴信息可追溯标签牛肉的购买行

为分析——基于上海市家乐福超市的调查.中国农村经济,2008(5):
22-32.

[624] 朱淀,蔡杰,王红纱.消费者食品安全信息需求与支付意愿研究——基
于可追溯猪肉不同层次安全信息的 BDM 机制研究.公共管理学报,
2013(3):129-136;143.

[625] 朱淀,孔霞,顾建平.农户过量施用农药的非理性均衡:来自中国苏南地
区农户的证据.中国农村经济,2014(8):17-29;41.

[626] 朱丽莉,王怀明.农产品质量认证中信息失真的原因分析——基于信息
发布博弈视角.江西财经大学学报,2013(2):80-85.

[627] 朱启臻,胡鹏辉,许汉泽.论家庭农场:优势、条件与规模.农业经济问
题,2014(7):11-17;110.

[628] 朱月季,高贵现,周德翼.基于主体建模的农户技术采纳行为的演化分
析.中国农村经济,2014(4):58-73.

[629] 朱月季.社会网络视角下的农业创新采纳与扩散.中国农村经济,2016
(9):58-71.

[630] 朱哲毅,邓衡山,应瑞瑶.价格谈判、质量控制与农民专业合作社农资购
买服务.中国农村经济,2016(7):48-58.

[631] 祝华军,田志宏.低碳农业技术的尴尬:以水稻生产为例.中国农业大学
学报(社会科学版),2012(4):153-160.

[632] 庄丽娟,贺梅英.我国荔枝主产区农户技术服务需求意愿及影响因素分
析.农业经济问题,2010(11):61-66.

[633] 邹宗森,张永亮,王秀玲.汇率变动、贸易结构与贸易福利.北京:中国社
会科学出版社,2019.

[634] 左两军,蔡键.个体特征、认知差异与农户安全用药行为研究.江西财经
大学学报,2015(4):68-80.

[635] 左喆瑜,付志虎.绿色农业补贴政策的环境效应和经济效应——基于世
行贷款农业面源污染治理项目的断点回归设计.中国农村经济,2021
(2):106-121.

附　　录

附录1　蔬菜种植户质量安全控制的行为调查问卷

调查地点：_____市_____县_____镇（乡）_____村

调查时间：_____

调查员：_____

　　您好,这是一份关于蔬菜质量安全控制与环境友好生产技术实施情况的调查问卷。问卷中问题的答案无对错之分。对您填写的所有资料,仅供学术研究使用,绝不外流。请您按照实际情况或者想法进行选择。非常感谢您的合作与参与!

浙江大学卡特研究中心

一、农户家庭情况

户主姓名	性别	年龄	文化程度	种过几年菜（年）	是否本地人	家里一共几口人	种菜的几口人

　　1.1 您家种了哪些菜(可多选):①叶菜类　②茄果类　③根茎类　④菌类　⑤豆类

　　1.2 去年蔬菜种植毛收入为_____元,家庭总收入为_____元,除了

蔬菜种植收入,其他收入来源包括:

①其他家庭成员打工 ②其他农作物收入 ③其他 ④无其他收入来源

二、土地、劳动力与投入品管理

2.1 蔬菜种植面积_____亩,分为_____块

2.2 您家的菜地是:

①流转自他人(请回答题目 2.2.1—2.2.6)

②自有土地(请回答题目 2.3)

③都有,自有土地_____亩,流转土地_____亩(请回答题目 2.2.1—2.2.6)

2.2.1 土地流转合同签了_____年,租金_____元/年,租金_____年交一次;与上次土地流转合同签订时相比,最近一次土地流转价格:

①每亩地增加_____元 ②每亩地降低_____元 ③不变

土地流转合同年限是:①变长了 ②缩短了 ③不变

2.2.2 土地流转形式是:①村集体统一出租 ②流转自分散农户

2.2.3 合同订立主要通过:①与村集体商谈 ②与分散土地承包户商谈

2.2.4 合同订立一般经历几次沟通? ①1 次就完成 ②2—5 次 ③6 次及以上

2.2.5 土地流转合同形式:①书面 ②口头

2.2.6 您在耕地流转过程中遇到的主要问题是(可多选):

①土地流转期短 ②土地流转金太高 ③土地流转合同不规范,土地随时可能被收 ④菜地土质不好,投资改造成本高 ⑤土地细碎,流转时需要协调成本太高

2.3 如果您是外地人,您感觉在以下方面是否与本地农户存在差别:

	流转土地	水、电等必需品价格	农业补贴政策获取与落实	蔬菜销售
是否存在差别				

2.4 在蔬菜采收季节,是否需要雇人?

①是(请回答题目 2.4.1—2.4.3)　②否(直接回答题目 2.5)

2.4.1 雇人平均日工资是_____元,一年雇工总费用约_____元;雇工费用与去年相比提高了_____%;

2.4.2 雇工主要来自:

①亲戚朋友　②本村或邻近村镇打短工者　③外地或外省打工者

④其他:_____

2.4.3 您认为雇工方面存在的主要问题是:_____

2.5 去年蔬菜种植费用

去年全年蔬菜种植总投入(元)	蔬菜种子总费用(元)	肥料投入总费用(元)	农膜总费用(元)	农药投入总费用(元)	其他费用(元)

2.6 去年蔬菜种植肥料投入总量

复合肥(包)	有机肥		其他		
	农家肥(吨)	商品有机肥(包)	尿素(氮肥)(包)	磷酸一铵等(磷肥)(包)	硫酸钾等(钾肥)(包)

2.7 化肥、农药来源:

①个人购置于农资店　②肥、药公司上门推销　③基地合作社统一购置

2.8 您所施用的有机肥是来自:①附近养殖场　②商品有机肥

2.9 施用农家肥之前是否对农家肥进行无害化处理? ①是　②否

2.10"使用低毒农药和正规化肥就能保证蔬菜安全",您是否认同这一观点?

①是　②否

三、耕作制度与生产过程管理

3.1 蔬菜一年种_____茬/季。

3.2 是否存在蔬菜与其他作物轮作？

①是，选择轮作类型是：A. 蔬菜　B. 灌水修养地

②否，没有选择轮作的原因是：

A. 蔬菜种植间隔期短　　　　B. 转换成本太高　　　　C. 其他

3.3 化肥、农药的施用一般是按照？

①凭经验使用　②严格按照说明书　③按照农资销售人员建议　④按农技推广人员建议

3.4 从最后一次施用农药到采摘的间隔天数一般是夏天_____天，冬天_____天。

3.5 您家的菜地在最近三年是否接受过测土配方？

①是（请回答 3.5.1—3.5.2）　②否（请回答题目 3.5.3）

3.5.1 测土配方施肥面积约占：

①≤20%　②21%—40%　③41%—60%　④61%—80%　⑤＞80%

3.5.2 测土配方实施费用是由承担的：

①政府部门　②个人　③合作社等产业组织

3.5.3 您没有实施测土配方施肥的原因是：_____

3.6 您是否每年都会对土壤进行杀菌处理？

①是，费用由_____承担　②不是，每年一次　③没有杀菌

3.7 生产中的废弃大棚膜是如何处理的？

①回收　②填埋　③焚烧　④垃圾回收点　⑤从不专门处理

3.8 废旧地膜又是如何处理的？

①回收　②填埋　③焚烧　④垃圾回收点　⑤从不专门处理

四、蔬菜认证与生产档案

4.1 您的蔬菜通过何种认证：

①无公害认证　②绿色认证　③有机认证　④尚未认证

4.1.1 最早认证是在_____年，最近一次认证是在_____年。

4.1.2 您所在地区是否正在开展蔬菜质量安全追溯体系建设？①是
②否　③不清楚

4.2 您认为保证蔬菜质量安全有价值吗？

①非常有价值　②很有价值　③一般　④不太有价值　⑤没有价值

4.3 您觉得蔬菜认证有意义吗？

①很有意义　②有意义　③一般　④不太有意义　⑤毫无意义

4.4 您觉得蔬菜认证有利于：

①提高蔬菜质量　②提高产品销售价格　③容易获得大型农贸市场准
入许可　④获得政策补贴　⑤其他：_____

4.5 您家的蔬菜是否具有产地准出卡：①是　②否

4.6 您是否建立蔬菜田间生产档案：

①是（请回答问题 4.7—4.15）　②否（直接回答第五部分"蔬菜的销
售情况"）

4.7 您建立生产档案至今已有_____年。

4.8 您的生产档案记录了哪些信息，请在您记录的信息选项后打"√"

产品基本情况		农药使用情况		肥料使用情况	
产品名称		农药名称		肥料名称	
种植方式		登记号		登记号	
采收时间		类型		类型	
单产（斤/亩）		防治对象		使用范围	
年总产量（斤）		使用方法		使用方法	
执行标准		使用量		使用量	
销售去向		一个生产周期使用次数		一个生产周期使用次数	
销售批次或编号		末次使用时间		末次使用时间	
产地编号		安全间隔期		安全间隔期	
		来源单位		来源单位	

4.9 您是否在施用了化肥农药或产品销售后做生产记录？①是　②否

4.10 记录一次生产记录大约花费_____分钟。

4.11 您的生产记录一般保存_____年。

4.12 您的生产记录是由:①自己保存　②合作社或基地保存　③农技服务中心保存　④其他

4.13 您所在地方政府有支持建立农产品生产档案的相关政策吗?

①不了解　②没有　③有

如果有但您没有建立,那原因是_____

4.14 您是通过什么途径建立农产品生产档案?

①周围种植户介绍　②为方便生产管理自己建立　③合作社、政府要求　④其他

4.15 您觉得建立农产品生产档案后,您在下面哪几个方面得到了好处?
(请按得到好处大小在 1、2、3、4、5 中选一项打"√")

	非常有好处 (5分)	好处较大 (4分)	一般 (3分)	好处很小 (2分)	没有好处 (1分)
有助于生产管理					
蔬菜质量提高					
蔬菜价格提高					
容易获得大型农贸市场准入许可					

五、蔬菜的销售情况

5.1 您家种的菜中拿去卖的比例大约是_____%,自留的比例是_____%。

5.2 您家生产的蔬菜主要卖到哪些地方?

①本地市场　②外地市场　③国外市场

5.3 您家蔬菜通过下列途径销售的数量占总销售量的比例分别为多少?

①通过当地批发市场/农贸市场自销的比例为_____%(请回答题目5.3.2)

②通过商贩上门收购销售的比例为_____%(请回答题目5.3.3)

③合作社收购后统一销售的比例为_____%(请回答题目5.3.4)

④公司或企业事业单位订单销售的比例为_____％(请回答题目 5.3.5)

⑤通过大型超市、果蔬连锁超市、配送中心销售的比例为_____％(请回答题目 5.3.6)

⑥其他途径,比例为_____％

5.3.1 以上不同的销售渠道中,价格最高的渠道是_____,价格最低的渠道是_____;价格最高的渠道与最低的价差能达到_____％。

5.3.2 如果您是通过当地批发市场/农贸市场进行销售(如果不通过此渠道销售请跳过),请问:

(1)蔬菜入场前是否进行抽检? ①是　②否

(2)入场时要求出具哪些材料? (可多选)

①生产档案　②认证材料　③基地或合作社检验合格证明　④不需要出具材料

(3)消费者、批发商是否会要求开具小票①是　②否

(4)您是否在当地批发市场/农贸市场拥有固定摊位? ①是　②否。是的话,摊位费用是_____元/年,摊位使用年限是_____年。

5.3.3 如果您是通过商贩上门收购进行销售(如果不通过此渠道销售请跳过),请问:

(1)商贩上门收购销售时,您家的菜是否是卖给较为固定的几位商贩? ①是　②否

(2)商贩上门收购时是以怎样的交易形式?

①当场现金结算　②部分现金部分销售后支付　③签订销售合同销售后支付

(3)是否签订书面销售合同? ①是　②否

(4)商贩收购时通常会要求出具哪些证明材料?

①生产档案　②认证材料　③基地或合作社检验合格证明　④不需要出具材料

(5)上门商贩如何区分所销售的蔬菜来自哪家种植户?

①写有名字的包装箱　②只收固定菜农的菜　③不同农户不同品种④其他

(6)如果批发市场抽检发现蔬菜检验不合格,商贩如何处理?

①直接退货　②去其他地方销售　③销毁　④不清楚

（7）一旦发生此类事件，商贩是否会终止与相关种植户乃至种植户所属合作社的合作？①是　②否

5.3.4 如果您是通过合作社进行销售（如果不通过此渠道销售请跳过），请问：

（1）合作社的销售模式是？

①当场现金结算　②部分现金部分销售后支付　③签订销售合同销售后支付

（2）如果签订合同销售，销售合同的形式是：①书面　②口头

（3）合作社收购时通常会要求出具哪些证明材料？

①生产档案　②认证材料　③基地或合作社检验合格证明　④不需要出具任何材料

（4）如果出现销售时检测不合格蔬菜，合作社一般如何处理？

①直接退货　②去其他地方销售　③销毁　④不清楚

（5）合作社如何处理不按合作社要求生产的农户？

①口头警告　②现金惩罚　③不再收购　④要求退社

5.3.5 如果您是通过企事业单位进行销售（如果不通过此渠道销售请跳过），请问：

（1）销往企事业单位时是以怎样的交易形式？

①当场现金结算　②部分现金部分销售后支付　③签订销售合同销售后支付

（2）如果有销售合同，销售合同的形式是：①书面　②口头

（3）企事业单位收购时通常会要求出具哪些证明材料？

①生产档案　②认证材料　③基地或合作社检验合格证明　④不需要出具任何材料

（4）如果抽检发现蔬菜检验不合格，企事业单位是否会终止与相关种植户乃至种植户所属合作社（基地）的合作？①是　②否

5.3.6 如果您是通过大型超市、果蔬连锁超市、配送中心销售（如果不通过此渠道销售请跳过），请问：

（1）销售时采取怎样的交易形式？

①当场现金结算　②部分现金部分销售后支付　③签订销售合同销售

后支付

(2)如果有销售合同,销售合同的形式是:①书面　②口头

(3)收购时通常会要求出具哪些证明材料?

①生产档案　②认证材料　③基地或合作社检验合格证明　④不需要出具任何材料

(4)如果抽检发现蔬菜检验不合格,是否会终止与相关种植户乃至种植户所属合作社(基地)的合作?　①是　②否

六、蔬菜产地环境的评价

6.1 您认为当地的空气、土壤、水是否安全,是否影响蔬菜的质量安全?

①有污染,会产生不利影响　②没有污染,不会有影响　③不清楚

6.2 您是否听过蔬菜产地重金属污染,如铅污染?

①否

②是,那您认为蔬菜产地重金属污染主要来自(可多选):

A.工矿企业　B.畜禽污染　C.化工企业　D.空气污染　E.农业生产中化肥农药使用

6.3 您是否听说过农业面源污染,如农田水源富氧化?

①否

②是,那您认为面源污染主要来自(可多选):

A.周边化工企业　B.周边养殖场　C.空气污染　D.农业生产中化肥农药使用

6.4 您是否清楚蔬菜种植灌溉用水与土壤质量状况?

①否

②是,您是怎么知道的:A.凭经验判断　B.政府产地环境报告　C.产品认证报告　D.其他

6.5 您觉得种菜会污染菜地周围的环境吗?

①没有污染　②有污染　③不清楚

6.6 您认为当前社会上蔬菜质量安全问题严重吗?

① 十分严重　②很严重　③一般　④不太严重　⑤不严重

6.7 您认为当前蔬菜质量安全问题主要出在什么环节?(可多选)

①产地环境污染　②化肥农药不规范使用

③加工、贮藏环节添加剂、保鲜剂使用　④消费环节

七、组织与政策

7.1 您是否加入了产业化组织？

①否

②是，参与的是哪种产业化组织模式？

A.龙头企业＋农户　B.专业市场＋农户　C.合作组织＋农户　D.其他

7.1.1 您加入产业化组织的原因是：

①解决蔬菜销售问题　②获得政策补贴　③其他人都参加　④政府要求　⑤其他

7.2 您从产业化组织得到了哪些服务（可多选，请打钩）

质量安全 宣传与培训	生产技术 指导	种子化肥等 农用物资购置	收购 统销服务	生产档案 记录培训	其他 （请注明）

7.3 合作社等产业化组织是否会对您的生产记录进行检查？

①是（每年_____次）　②否

7.3.1 检查过程中如发现漏记或弄虚作假等问题时，是否会有经济惩罚措施？

①是　②否，只有口头警告

7.3.2 对于记录规范的农户是否有奖励？①是　②否

7.4 请从以下几个方面对您对所加入的产业化组织进行评价

	非常满意 （5分）	满意 （4分）	一般 （3分）	不太满意 （2分）	非常不满 （1分）
生产物资购置					
生产指导与服务					
解决产品销售					
财务信息公开透明					
管理、决策民主					
成员互助与信息分享					

7.5 您在合作社等产业化组织中的职位是:①普通成员 ②管理者

7.5.1 您是否参与过合作社等产业化组织生产、经营决策的制定? ①是 ②否

7.6 您认为产业化合作组织对农产品质量安全控制建立有帮助吗?

①有较大帮助 ②有一点帮助 ③没有任何帮助

7.7 政府是否提供农产品质量安全控制方面的培训? 过去是否曾提供过?

①(每年_____次) ②否

7.8 政府是否会对您的生产记录进行检查? 过去是否曾检查过?

①是(每年_____次) ②否

7.9 检查过程中如发现漏记或弄虚作假等问题时,是否会有惩罚措施?

①是 ②否

7.10 当地政府是否曾经在下列方面存在补贴:

良种购置	有机肥购买	大棚建设	农机购置	认证申请	其他(请注明)

7.11 当地是否有针对蔬菜生产的农业保险政策? ①是 ②否

如果有,您是否参加? ①是 ②否,原因是_____

八、价格与风险预期

8.1 您认为现在种菜有风险吗?

①风险很大 ②有风险,但不大 ③没有任何风险

8.2 如果认为有风险,主要是什么原因造成的(可多选):

①农业保险政策不完善,投入没有保障 ②流转土地随时可能被收回 ③没有固定销路 ④因质量问题被拒收 ⑤价格波动大 ⑥台风、冰冻等自然灾害 ⑦产业政策调整土地被征用

8.3 您认为建立农产品生产档案,实施追溯,即被政府和购买者了解你的具体生产过程对种菜风险有何影响?

①增加风险 ②有一定风险,但不大 ③不会增加任何风险

8.4 随着近年来蔬菜质量安全事件曝光的增加,您认为因质量安全问题导致的蔬菜经营风险是:①增加 ②降低 ③不变

8.5 全球气候变暖是当前气候变化的主要趋势,您是否感觉到气候变暖已经对蔬菜种植产生了影响?①感觉影响很明显 ②感觉有一定影响但不明显 ③没感觉任何影响

8.5.1 如果有影响,那么影响主要表现在(可多选):

①耕种时间变化 ②高温等极端天气增多 ③病虫害发作情况改变

④产量波动增加 ⑤其他:_____

8.5.2 为缓和气候变化对收入的影响,主要采取的措施:

①改变作物品种 ②调整播种时间 ③增加设施投入,如建设滴灌系统

④增加田间管理时间,如增加通风、遮阴次数 ⑤其他:_____

8.6 假设你有一次抽奖的机会,现有 A、B 两种抽奖规则,请阅读方案 1—5 中 A、B 收益规则后,选择按照规则 A 还是规则 B 进行抽奖。如方案 1,你选规则 A,不管你摸到红球还是白球,你得到 200 元,如果你选规则 B,那么你摸到红球得 150 元,摸到白球得 250 元。

	规则 A		规则 B	
	红球	白球	红球	白球
方案 1	200	200	150	250
	我的选择:A □		B □	
方案 2	200	200	100	300
	我的选择:A □		B □	
方案 3	200	200	100	400
	我的选择:A □		B □	
方案 4	200	200	50	450
	我的选择:A □		B □	
方案 5	200	200	0	500
	我的选择:A □		B □	

选择实验设计——农户协调环境治理与农产品质量安全控制的最佳技术管理组合接受意愿

农业源头污染(包括农业面源污染与土壤重金属污染)已经成为当前我

国农产品质量安全事故频发的重要原因,而农业生产过程中不合理的化肥农药施用则是农业源头污染的主要来源。

测土配方施肥技术以土壤测试和肥料田间试验为基础,根据作物需肥规律、土壤供肥性能和肥料效应,在合理施用有机肥料的基础上,提出氮、磷、钾及中、微量元素等肥料的施用数量、施肥时期和施用方法,可以有效提升肥料利用率,不仅可以在降低生产成本的基础上保证作物产量,还有助于缓解农业面源污染与重金属污染提升农产品品质,从而提升种植的经济效益。

病虫害绿色防控是从农业生态系统,主要依靠生物防治、物理防治及耕种方法的防治来控制病虫害,而减少化学防治的使用。消费者对安全农产品具有广泛的需求却由于当前农产品认证管理不完善而无法识别真正的安全产品。研究表明,实施蔬菜质量安全追溯,记录产地环境信息与生产管理信息(包括投入品来源、投入品使用、产品销售等信息)可以有效地增加消费者对产品的信任,提升农产品价格15%以上。基于以上思路,政府准备推广包含了测土配方施肥、病虫害绿色防控、生产档案等在内的一套综合治理技术与管理措施组合,并准备根据实施情况给予不同的补贴(每项技术都有高低两个水平的要求,技术水平的差异意味着生产风险与生产成本的差异,因此政府补贴的金额会存在差异),请根据自身判断从下面的选择项中选择您满意的选项。

1.

	选项 A	选项 B	选项 C
关键环节环境友好型生产技术要求	使用许可范围内的肥料与高效低毒农药	测土配方施肥与病虫害绿色防控	
追溯管理	仅记录产品销售信息	依照生产档案范本要求记录	
技术培训与指导	集中培训	发放技术手册或标准化生产模式图	都不选择
产量风险	减产5%	增产5%	
补贴金额	1400元/(亩/年)	1100元/(亩/年)	
您的选择			

2.

	选项 A	选项 B	选项 C
关键环节环境友好型生产技术	测土配方施肥与病虫害绿色防控	使用许可范围内的肥料与高效低毒农药	都不选择
追溯管理	依照生产档案范本要求记录	仅记录产品销售信息	
技术培训与指导	电话指导	田间指导	
技术风险	减产 5%	增产 5%	
补贴金额	1400 元/（亩/年）	1100 元/（亩/年）	
您的选择			

3.

	选项 A	选项 B	选项 C
关键环节环境友好型生产技术	测土配方施肥与病虫害绿色防控	使用许可范围内的肥料与高效低毒农药	都不选
追溯管理	依照生产档案范本要求记录	仅记录销售信息	
技术培训与指导	发放技术手册或标准化生产模式图	田间指导	
技术风险	减产 5%	增产 5%	
补贴金额	1100 元/（亩/年）	800 元/（亩/年）	
您的选择			

4.

	选项 A	选项 B	选项 C
关键环节环境友好型生产技术	测土配方施肥与病虫害绿色防控	使用许可范围内的肥料与高效低毒农药	
追溯管理	依照生产档案范本要求记录	仅记录销售信息	
技术培训与指导	电话指导	田间指导	都不选
技术风险	增产 5%	减产 5%	
补贴金额	800 元/(亩/年)	1400 元/(亩/年)	
您的选择			

5.

	选项 A	选项 B	选项 C
关键环节环境友好型生产技术	使用许可范围内的肥料与高效低毒农药	测土配方施肥与病虫害绿色防控	
追溯管理	依照生产档案范本要求记录	仅记录销售信息	
技术培训与指导	发放技术手册或标准化生产模式图	集中培训	都不选
技术风险	减产 5%	增产 5%	
补贴金额	500 元/(亩/年)	1100 元/(亩/年)	
您的选择			

6.

	选项 A	选项 B	选项 C
关键环节环境友好型生产技术	使用许可范围内的肥料与高效低毒农药	测土配方施肥与病虫害绿色防控	
追溯管理	仅记录销售信息	依照生产档案范本要求记录	
技术培训与指导	电话指导	发放技术手册或标准化生产模式图	都不选
技术风险	减产 5%	增产 5%	
补贴金额	500 元/(亩/年)	1400 元/(亩/年)	
您的选择			

7.

	选项 A	选项 B	选项 C
关键环节环境友好型生产技术	使用许可范围内的肥料与高效低毒农药	测土配方施肥与病虫害绿色防控	
追溯管理	依照生产档案范本要求记录	仅记录销售信息	
技术培训与指导	田间指导	集中培训	都不选
技术风险	增产 5%	增产 5%	
补贴金额	1100 元/(亩/年)	1400 元/(亩/年)	
您的选择			

8.

	选项 A	选项 B	选项 C
关键环节环境友好型生产技术	使用许可范围内的肥料与高效低毒农药	使用许可范围内的肥料与高效低毒农药	都不选
追溯管理	仅记录销售信息	仅记录销售信息	
技术培训与指导	集中培训	电话指导	
技术风险	减产 5%	减产 5%	
补贴金额	1100 元/(亩/年)	500 元/(亩/年)	
您的选择			

附录2 产业化组织质量安全控制与标准化实施调查问卷

调查地：_____ 省市（县）　　调查日期：　　年　　月　　日

1. 合作社、企业或农场名称为_____，成立于_____年；主要产品：
□水果　□蔬菜　□畜产品　□水产品　□茶叶　□粮经类　□其他_____（请注明）

2. 合作社、企业或农场是否对产品进行简单加工？加工类型为：（可多选）□分级　□整理　□包装　□速冻处理　□其他

3. 贵合作社、企业或农场属于：①省级合作社、企业或农场　②市地级合作社、企业或农场　③县级合作社、企业或农场

4. 合作社、企业或农场共有土地_____亩，已有示范区规模：种植面积_____（亩）；养殖数量（存栏/出栏）：_____头、_____只/年；水产养殖面积_____（亩）。

5. 合作社、企业或农场共有农户_____户，带动农户_____户，辐射带动范围：_____；产品来自入社农户的占_____%，来自其他农户的占_____%；合作社、企业或农场去年产品销售总额达_____元，利润总额达_____元。

5.1 合作社的治理结构：

第一大股东股份比例	前十大股东股份比例	理事会成员股份比例	监事会成员股份比例	理事会成员数	非合作社成员在理事会中的比例	2013年社员大会召开次数	2013年财务信息公开次数	社员退出权（很弱=0；较弱=1；较强=2；很强=3）

5.2 合作社盈余的主要分配方式：
□按交易额（量）分配　□按股分红　□按交易额（量）和按股分配相结合，其中按交易额（量）分配的比例为_____%。

6.合作社、企业或农场的产品销往:□本地区　□外埠,主要销售渠道:(请按比例排序)_____

　　□超市　□加工企业　□农贸批发市场　□集散中心　□学校饭店□出口　□旅游观光采摘　⑦其他(请注明)_____

7.合作社、企业或农场是否拥有自己的农产品品牌? □是,品牌名为_____　□否

8.您的主要客户是否要求您对产品进行过认证? □是　□否

9.合作社、企业或农场是否通过了质量安全管理认证? □是　□否

如果是,通过了以下哪些认证(可多选),

　　□绿色农产品认证,_____年通过认证　□无公害农产品认证,_____年通过认证　□有机农产品认证,_____年通过认证　□ISO系列,_____年通过认证　□GAP,_____年通过认证　□GMP,_____年通过认证　□HACCP,_____年通过认证　□QS,_____年通过认证

10.合作社、企业或农场向社员及其他非社员提供的质量安全标准方面的服务(可多选,请打钩)

	生产标准	技术规范	培训指导	种子化肥等农用物资	收购统销服务	其他(请注明)
社员						
非社员						

11.合作社、企业或农场在生产过程中已实施了哪些标准(可多选)

　　□生产技术栽培标准　□产品标准　□包装和分级标准　□质量安全标准　□环境评价标准　□其他:_____

12.合作社、企业或农场所执行的标准是属于

　　□国家标准　□行业标准　□地方标准　□企业标准　□国际标准□出口国(地区)标准/技术要求

13. 合作社是否采用如保护价收购等方式来激励农户或其他原材料供应者履行质量标准？

对于社员：□是　□否，价格浮动比例_____

对于非社员：□是　□否

14. 合作社、企业或农场是否要求农户做档案记录？□是　□否

①合作社、企业或农场是否会针对质量管理制度进行培训？

□是，次数一般为_____次/年　□否

②合作社、企业或农场是否会对农户档案记录进行检查？

□是，次数一般为_____次/年　□否

③如果发现不规范，是否有经济惩罚措施？□是　□否

④是否会对记录规范的农户进行奖励　□是　□否

15. 合作社、企业或农场发现农产品有质量问题时是否能追溯到农户？

□能　□偶尔能　□不能

16. 合作社、企业或农场是否定期对社员进行标准化建设管理方面的培训？

□是　□否

若选是：①一年间培训的次数一般为_____次，培训的人次为_____人次

②培训的讲师来自（可多选）：□合作社、企业或农场内部的业务能手□合作社、企业或农场专职技术人员　□农技推广人员　□政府部门指派的农业专家　□有合作关系的高校或农业研究机构　□其他：_____

③培训后在农产品质量保障上体现的效果：□非常明显　□较为明显□不明显

④培训的相关费用支出主要由哪方来负担：□合作社、企业或农场□政府部门　□参与培训的农民自己　□下游加工企业和收购企业等□其他：_____

17. 在已经取得产品认证（无公害、绿色、有机）后，你是否打算开展质量管理体系认证（如 ISO、GAP、HACCP、GMP）或已经取得管理体系认证，是否还申请不同于已认证的其他管理体系认证？□是　□否

18. 合作社、企业或农场与农户建立紧密联系能否提高食品质量及安全水平？□能　□否　□不清楚

19.合作社、企业或农场在保证产品质量安全方面的控制点是(请打钩，可多选)：

	种植前地理条件的检验	销售前自检	产品送检	保存生产记录	其他(请注明)
社员					
非社员					

20.合作社、企业或农场实施标准化过程中产生的主要成本是：

□管理人员工资　□保存产品生产作业记录成本　□农户培训费用
□检测费用　□检测设备购置和维护等的费用　□其他：_____

标准体系运行的成本是否与您的先期预期一致？□是　□否

总体来说标准化实施过程中哪几项成本超出了您的预期：_____。合作社、企业或农场实施标准化过程中初始投入成本为_____，去年的标准化运营相关成本为_____。

21.合作社、企业或农场要实施农业标准化是因为(请根据因果的相关性在以下各个因素的重要性量表中打√)

自愿采用农业标准化的原因	非常有关系	比较有关系	一般	不太有关系	毫无关系
生产过程中提高产品质量的需要					
增加社员或非社员对质量的责任感					
为了提高经营利润,在认证产品议价过程中占据有利地位					
为了降低面临的食品安全问题风险					
营销过程中打造产品品牌的需要					
下游农产品收购企业的质量要求					
为了吸引新顾客购买产品					
为了维系老顾客购买产品					
出于其他合作社实行了标准化					
为了开拓海外市场					

续表

自愿采用农业标准化的原因	非常 有关系	比较 有关系	一般	不太 有关系	毫无 关系
政府法律法规要求					
希望在同行中提高产品的竞争力					
因为认证产品价格高					
出于政府倡导或行业协会的推荐,政府对质量安全管理体系的宣传推广与相关行动支持					
标准化可以减少合同争议					
消费者的食品安全意识程度提高,今后标准化认证将是一种趋势					

22.您的下游顾客是否提供产品标准实施方面的帮助？□是 □否
若选是,则是以下面哪种方式(可多选)

	提供种子、 化肥或农药	资金支持	技术支持	产地或 产品认证	专人指导 培训
超市					
加工企业					
经销商					
进口商					

23.合作社、协会实施标准化的主要障碍是什么？请在下表中打√)

实施标准化的障碍	非常 有关系	比较 有关系	一般	不太 有关系	毫无 关系
根据合作社现有管理水平,标准化管理难度太大					
资金不足					
标准文本操作性不强,执行难度大					

续表

实施标准化的障碍	非常有关系	比较有关系	一般	不太有关系	毫无关系
标准化生产的成本高,标准化生产的产品与其他产品相比价格相差不大					
农户标准化意识不强					
农民标准化技术达不到要求					
合作社、协会主导产品规模不够					
认证过程太麻烦					
标准化生产承诺难兑现					
标准化生产的产品没有专门的销售渠道					
地方政府扶持不够					
认证费用高					
监测认证体系不完善					
农产品市场信息服务体系不完善					
农业标准技术推广人员缺乏					
农业标准推广人员技术指导不满足需求					
农业投入品监管薄弱					

24.您是否认为实施农业标准化后可以:

①合作社、协会产品的质量明显提高了

□非常同意　□比较同意　□没感觉　□不怎么同意　□完全不同意

②顾客及下游企业的投诉次数减少了

□非常同意　□比较同意　□没感觉　□不怎么同意　□完全不同意

③合作社产品的市场竞争力增强了

□非常同意　□比较同意　□没感觉　□不怎么同意　□完全不同意

④合作社、协会成员的收入增加了

□增多了　□减少了　□没什么变化

25.合作社、协会有否核算过实施标准的成本和收益,有的话,收益和成本哪个高?

□没有核算过,因为无法量化　□没有核算,反正必须采用,别无选择

□核算过,收益比较高　□核算过,至今还是成本高

26.投入农业标准化的预期成本能否收回?

□已收回　□将来可以收回　□难以收回　□不清楚

27.你认为政府在帮助合作社、协会实施农业标准化的作用

□很大　□较大　□一般　□较小　□无作用

如果有作用,当前政府对合作社、协会的帮助主要体现在(可多选)

□提供技术培训和指导　□提供市场信息等服务　□标准化制定、实施补贴　□市场宣传和消费者教育　□基础设施投入　□其他:_____

28.合作社、协会希望得到实施农业标准化的支持是(可多选)

□政府政策资金支持　□农业标准化技术的简化(如提供标准化模式图或生产操作规程)　□标准化知识培训　□市场准入制度的建立　□其他:_____

29.如果生产的产品被查出不符合安全标准,您认为对合作社、协会带来的损失是:(可多选)□收益　□市场份额　□信誉　□其他

30.本地区是否设农产品质量安全监管员(协管员、信息员)

□是,设置比例为_____%　□否

31.农产品质量安全监管员(协管员、信息员)多长时间他们会到你们单位进行质量安全生产指导?□每天　□一周1—2次　□一周1次　□两周1次　□一月1次　□其他:_____

32.本地区是否设农技推广人员?□是,设置比例为_____%　□否

33.农技推广人员多长时间会到你们单位进行质量安全生产指导?

□每天　□一周1—2次　□一周1次　□两周1次　□一月1次　□其他:_____

34.农技推广人员、质量安全监管员是否制定并向你们发放标准化生产模式图和安全生产操作手册?□是　□否

35.农技推广人员、质量安全监管员是否分行业(主要农产品)指导生产记录档案范本?□是　□否

附录3　消费者对认证猪肉与非认证猪肉 购买行为与支付意愿调查问卷 （以第二期双面信息组为例）

尊敬的女士/先生：

非常感谢您参加由浙江大学中国农村发展研究院食品安全调研团队发起的本次调研。您填写的所有资料,仅供学术研究使用,任何个人信息绝不外流。问卷中问题的答案无对错之分,请您按照实际情况或真实想法填写即可。谢谢!

浙江大学中国农村发展研究院

第一部分:基本信息

1.您的性别［单选题］*

A.女　　　　　　B.男

2.您的年龄［单选题］*

A.18—25 岁　　　B.26—30 岁　　　C.31—35 岁　　　D.36—40 岁

E.41—45 岁　　　F.46—55 岁　　　G.56—65 岁　　　H.65 岁以上

3.您的受教育情况［单选题］*

A.初中及以下　　　　B.高中/中专　　　　C.大专

D.本科　　　　　　　E.研究生及以上

4.您家庭的平均月收入［单选题］*

A.2500 元以下　　　　B.2500—5000 元　　　C.5000—10000 元

D.10000—20000 元　　E.20000 元以上

5.您的家庭月收入与去年同期相比有何变化?［单选题］*

A.下降较多　　　　　B.略有下降　　　　C.基本不变

D.略有上升　　　　　E.上升较多

6.您的家庭常住人口［单选题］*

A.1 人　　　　　　B.2 人　　　　　　C.3 人　　　　　　D.4 人及以上

7.您家里一起吃饭的家庭成员有小于18岁的青少年,大于65岁老人或者孕妇吗?[单选题]*

A.有 B.没有

8.您或您家里吃猪肉的习惯[单选题]*

A.每天 B.一周2—3次

C.每月2—3次 D.每半年2—3次

E.几乎不吃(请跳至第问卷末尾,提交答卷)

9.您在家里负责买菜吗?[单选题]*

A.每次都是 B.经常 C.定期 D.偶尔

E.从来没有(请跳至第问卷末尾,提交答卷)

第二部分:猪肉消费情况

1.请问您家里购买猪肉频率是?[单选题]*

A.每星期买1次或少于1次 B.每星期买2—3次

C.每星期买4—5次 D.每天买

2.相比去年同期,您家的猪肉消费量变化情况是?[单选题]*

A.下降较多 B.略有下降 C.基本不变

D.略有上升 E.上升较多

3.您购买的猪肉一般放多久开始烹饪食用?[单选题]*

A.当天买回马上烧着吃 B.第2天烧着吃

C.3—5天后烧着吃 D.5天以后才烧着吃

4.您平时主要从哪里购买猪肉?[多选题]*

A.附近超市 B.大型超市 C.肉类专卖 D.小区肉铺

E.农贸市场 F.线上网络购买

5.您觉得以下几个方面能判断猪肉的品质吗?[矩阵量表题]*1表示"完全不同意",5表示"非常同意"

	1	2	3	4	5
猪肉部位颜色鲜红或淡红,脂肪部位厚且白					
有鲜香气味,没有血腥味					

续表

	1	2	3	4	5
比较粘手					
指压无弹性					
纹理清晰,有层次感					
烹饪后的口感嫩,肉汁多					
有外包装					

第三部分:认证猪肉与非认证猪肉的购买行为及支付意愿情况

1.您是否相信未经过认证的普通猪肉的质量安全水平?［单选题］*

A.完全不相信　　　　B.基本不相信　　　　C.一般

D.比较相信　　　　E.完全相信

2.您愿意以每斤38元的价格购买非认证的猪后腿肉(普通猪肉)吗?［单选题］*

A.愿意　　　　B.不愿意

3.您愿意以每斤43元的价格购买非认证的猪后腿肉(普通猪肉)吗?［单选题］*

A.愿意　　　　B.不愿意

4.您最多愿意为每斤支付_____元?［填空题］*

5.那您愿意以每斤33元的价格购买非认证的猪后腿肉(普通猪肉)吗?［单选题］*

A.愿意　　　　B.不愿意

6 您最少愿意为每斤支付_____元?［填空题］*

7.您不愿意多付一些价格的原因是什么?［单选题］*

A.受非洲猪瘟影响,选择食用其他肉类

B.新冠疫情下担心猪肉品质

C.价格太贵

D.其他_____ *

下列新闻是来自网络媒体的截图,请您阅读后继续回答(图略)。

8.您觉得上面的新闻报道中问题猪肉及制品对您和家人健康存在影响吗?[单选题] *

A.影响非常大　　　　B.影响比较大　　　　C.影响一般

D.不太影响　　　　　E.完全不影响

9.您是否在新闻曝光后购买过新闻中涉及的品牌猪肉及产品?[单选题] *

A.没有购买过　　　　　　　B.购买过1次

C.购买过2—3次　　　　　　D.买过4次及以上

10.您是否听说过亲朋好友在新闻曝光后购买过新闻中涉及的品牌猪肉及产品?[单选题] *

A.没有购买过　　　　　　　B.购买过1次

C.购买过2—3次　　　　　　D.买过4次及以上

11.当您或亲友购买疑似问题猪肉及产品后,您购买猪肉时会如何?[单选题] *

A.继续按需求购买

B.不会再购买新闻中提及的品牌猪肉产品,但会购买国内其他品牌的猪肉

C.选择购买进口猪肉及制品

D.近期不吃猪肉

12.您平时购买过具有认证标识的猪肉及制品吗?(如绿色认证、有机认证等)?[单选题] *

A. 没有购买过　　　B. 较少购买　　　C. 一般

D. 经常购买　　　　E. 每次都买

请仔细阅读以下情景,做出您的选择:

相较于非认证猪肉,认证猪肉在生猪养殖的每个环节,如品质选育、饲养环境、兽药使用等按照严格的标准执行并进行记录,经由相关第三方机构进行现场检查、产品抽样、环境监测和认证评审,排除了猪瘟病、病死猪及注水猪肉、重金属、抗生素等兽药残留超标等食品质量安全问题,满足消费者对营养、安全、健康等高品质的需求。

一般市场上散装生鲜猪后腿肉(非认证)的均价是每斤(500g)38元,认证猪肉均价为每斤(500g)56元。

13. 您是否相信认证猪肉的质量安全水平?[单选题] *

A. 完全不相信　　　B. 基本不相信　　　C. 一般

D. 比较相信　　　　E. 完全相信

14. 您愿意以每斤56元的价格购买具有认证标识的猪后腿肉吗?[单选题] *

A. 愿意　　　　　B. 不愿意

15. 您愿意以每斤63元的价格购买具有认证标识的猪后腿肉吗?[单选题] *

A. 愿意　　　　　B. 不愿意

16. 您最多愿意为每斤支付_____元?[填空题] *

17. 您愿意以每斤49元的价格购买具有认证标识的猪后腿肉吗?[单选题] *

A. 愿意　　　　　B. 不愿意

18.您不愿意多付一些价格的原因是什么?[单选题] *

A.担心认证标识造假

B.认为认证食品意义不大

C.认证标识使用不规范

D.认证猪肉价格与非认证猪肉相差过大,性价比不高

E.新冠疫情下担心猪肉品质,不愿意购买猪肉

F.其他:＿＿＿＿＿＿＿ *

19.您最少愿意为每斤支付＿＿＿＿元?[填空题] *

附录4 山东省化肥农药施用情况调查问卷

尊敬的受访者:

您好! 非常感谢您参与我们的调查。本次调查由曲阜师范大学食品安全与农业绿色发展研究中心组织,通过在全省调查化肥农药施用相关情况,为政府部门制定支农政策提供依据。我们承诺:问卷匿名填写,调查结果严格保密,所有数据仅用于学术研究。感谢您的支持! 若有任何问题,您可以联系我们。联系人:李凯博士。电话:×××××。

第一部分:基本情况

1.您的基本情况:

姓名	性别	年龄	务农年数	文化程度	是否村干部或党员

2.家庭人口＿＿＿＿(人),务农劳动力＿＿＿＿(人),其中全职务农劳动力＿＿＿＿(人)。

3.您家庭的农业收入＿＿＿＿;家庭年收入＿＿＿＿。(选填)

(1)1万元以下; (2)1万—3万元; (3)3万—5万元; (4)5万—10万元; (5)10万元以上。

4.您家庭拥有耕地种植的主要农作物有(可多选)：

(1)小麦；　(2)玉米；　(3)地瓜；　(4)花生；　(5)蔬菜；　(6)其他。

5.您家总经营耕地面积为_____(亩)，共_____(块)地。土地流转转入_____(亩)；转出_____(亩)。

5.1若流转了土地,土地流转租金_____(元/亩)；流转年限_____(年)；是否签订了书面合同:(1)是；　(2)否。

5.2若转入了土地,土地来源主要是:(1)亲戚好友；　(2)同村的其他村民；　(3)外村的村民；　(4)其他来源。

5.3若转入了土地,您认为转入土地和自家地相比土地质量如何？(1)都很好；　(2)都很一般；　(3)转入的更好；　(4)自家的更好。

5.4所在乡镇是否有专门的土地流转服务中心？(1)是；　(2)否；(3)不清楚。

6.您是否加入了农民专业合作社:(1)是；　(2)否。

6.1若参加了合作社,您从合作社当中获得的主要服务有(可多选)：(1)购买农资；　(2)技术培训；　(3)租赁机械服务；　(4)收购、代销；(5)施肥服务；　(6)测土配方服务；　(7)打药服务；　(8)统防统治；　(9)插秧、耕地服务；　(10)其他。

6.2若没有,离您最近的合作社在哪里:(1)本村；　(2)邻村；　(3)本乡镇；　(4)本乡镇以外；　(5)都没有；　(6)不了解。

7.您是否被认定为种粮大户:(1)是；　(2)否。

8.您是否被申报了家庭农场:(1)是；　(2)否。

9.本地区每天雇工平均成本大约为:_____(元/人)。

10.离您家最近的化肥农药技术示范区/示范田在哪里:(1)本村；(2)邻村；　(3)本乡镇；　(4)本乡镇以外；　(5)都没有；　(6)不了解。

11.您是否参与了土地托管:(1)是；　(2)否。

11.1若您参与了土地托管,托管的方式为:(1)半托管；　(2)全托管；(3)关键环节托管。

11.2若您参与了土地托管,托管主体为:(1)供销社；　(2)合作社；(3)农业企业；　(4)其他。

11.3如果是半托管或者关键环节托管,您在哪个环节参与了土地托管？(可多选)

(1)施肥；　(2)施药；　(3)测土配方；　(4)统防统治；　(5)耕地和收

割；　(6)绿色防控；　(7)都没有。

　　11.4 若您参与了土地托管,生产的监督主体包括? (可多选)(1)本人；
(2)村集体；　(3)没有。

　　12.您所在的乡镇有哪些能够提供社会服务的生产组织? (可多选)
(1)农业供销社；　(2)农业合作社；　(3)农业企业；　(4)其他；　(5)都没有。

　　13.根据自身判断从下面的选择项中选择您满意的选项。

　　13.1 您认为目前您家农产品质量安全情况如何? (1)非常好；　(2)比较
好；　(3)一般；　(4)不太好；　(5)非常差。

　　13.2 您认为本地市场上的农产品质量安全情况如何? (1)非常好；
(2)比较好；　(3)一般；　(4)不太好；　(5)非常差。

　　13.3 您认为外地市场上的农产品质量安全情况如何? (1)非常好；
(2)比较好；　(3)一般；　(4)不太好；　(5)非常差。

　　13.4 您是否了解合格证或者无公害等认证? (1)非常了解；　(2)比较了
解；　(3)一般；　(4)不太了解；　(5)完全不了解。

　　14.您认为减少化肥农药的施用是否重要? (1)非常重要；　(2)不太重
要；　(3)一般；　(4)不太有必要；　(5)没有必要。

　　14.1 您认为减肥减药的好处包括(可多选):(1)降低农药化肥成本；
(2)提升产品安全性；　(3)节约劳动时间；　(4)保护环境；　(5)丰富产品销
售渠道；　(6)其他:_____。

　　14.2 您认为当前减肥减药的困难在于(可多选):(1)影响产量；　(2)增
加劳动投入；　(3)技术难度大；　(4)其他:_____。

第二部分:化肥、农药施用情况

　　15.您家单季施用复合肥_____(斤/亩);氮肥_____(斤/亩);钾肥
和磷肥_____(斤/亩);有机肥_____(斤/亩)。

　　16.您家单季化肥成本_____(元/亩);有机肥成本_____(元/亩)。

　　17.您在购买化肥时主要考虑的因素是(可多选):(1)价格；　(2)品牌；
(3)对环境的危害；　(4)增收效果；　(5)售后服务；　(6)其他:_____。

　　18.您对化肥的了解渠道主要是:_____(请按照重要性选择最重要
三项,并排序)

(1)电视广播等广告；　(2)亲戚朋友介绍；　(3)供销商的宣传；　(4)农业技术人员推荐；　(5)根据个人以往的使用经验；　(6)网络(微信公众号、抖音等网络媒体)；　(7)其他：_____。

19.您在施用化肥时主要依据：_____(请按照重要性选择最重要三项，并排序)

(1)自己以前的经验；　(2)按照包装上的施用说明；　(3)有经验的亲友/老乡的建议或做法；　(4)化肥销售商的建议；　(5)政府农技等有关部门培训；　(6)合作社或合作企业培训或建议；　(7)电视/广播等指导；　(8)网络、手机 app、微信或者抖音等媒体；　(9)其他：_____。

20.以下化肥技术采纳情况：

	了解情况 (填写序号)	采用情况 (填写序号)	采用时间 (填写年份)
	(1)完全不了解； (2)不太了解； (3)一般； (4)比较了解； (5)完全了解	(1)正在采用中； (2)原来采用过，现在不用了； (3)没有采用过	如果有采纳过，请填写采纳起始年份
有机肥			
测土配方			
缓释肥			
秸秆还田			
控肥减害			
其他			

21.根据您的了解，您的邻居采纳了哪些技术(可多选)：(1)有机肥；(2)测土配方；　(3)缓释肥；　(4)秸秆还田；　(5)控肥减害；　(6)机械深施；　(7)水肥一体化；　(8)其他。

22.政府向您推荐/宣传过哪些技术(可多选)：(1)有机肥；　(2)测土配方；　(3)缓释肥；　(4)秸秆还田；　(5)控肥减害；　(6)机械深施；　(7)水肥一体化；　(8)其他：_____。

23.您单季打杀虫剂_____(次)；打除草剂_____(次)；单季农药成本_____(元/亩)。

24.您一般在哪里购买农药(可多选):(1)供销社等国营销售点;　(2)农药厂家直销点;　(3)连锁农资店;　(4)有营业执照的私营农药经销点;(5)村里流动商贩的农药等;　(6)不固定,自己随便购买;　(7)其他。

25.您在购买农药时主要考虑的因素是(可多选):(1)价格;　(2)品牌;(3)对环境的危害;　(4)使用方便;　(5)药效;　(6)安全;　(7)售后服务;(8)其他:_____。

26.您对农药的了解渠道主要是:_____(请按照重要性选择最重要三项,并排序)

(1)电视广播等广告;　(2)相关书籍;　(3)亲戚朋友介绍;　(4)供销商的宣传;　(5)专业人员推荐;　(6)根据个人以往经验;　(7)协会或合作社等推荐或统一购买;　(8)网络(微信公众号、抖音等网络媒体)　(9)其他:_____。

27.您施用农药的技术通常是由:_____(请按照重要性选择最重要三项,并排序)

(1)自己以前的经验;　(2)包装上的施用说明;　(3)有经验亲友/老乡的建议或做法;　(4)农药销售商的建议;　(5)政府农技等有关部门培训;(6)农业合作社或合作企业培训或建议;　(7)书本/电视/广播等指导;(8)网络(其他相关 app、微信或者抖音等媒体);　(9)其他(请说明_____)。

28.以下农药技术采纳情况:

	了解情况	采用情况	采用时间
	(1)完全不了解; (2)不太了解; (3)一般; (4)比较了解; (5)完全了解	(1)正在采用中; (2)原来采用过,现在不用了; (3)没有采用过;	如果有采纳过,请填写在哪一年采纳的。
种植显花/诱虫植物			
性诱剂诱捕			
释放赤眼蜂等昆虫			
高效植保机械(高杆喷雾、无人机等)			

续表

	了解情况	采用情况	采用时间
抗药品种			
生物农药			
杀虫灯/电网灭虫器			
其他			

29.您的邻居采纳了哪些技术（可多选）：(1)种植显花/诱虫植物；(2)性诱剂诱捕；　(3)释放赤眼蜂；　(4)高效植保机械（高杆喷雾、无人机等）；　(5)抗药品种；　(6)生物农药；　(7)杀虫灯/电网灭虫器；　(8)其他：_____。

30.政府向您推荐/宣传过哪些技术（可多选）：(1)种植显花/诱虫植物；(2)性诱剂诱捕；　(3)释放赤眼蜂；　(4)高效植保机械（高杆喷雾、无人机等）；　(5)抗药品种；　(6)生物农药；　(7)杀虫灯/电网灭虫器；　(8)其他：_____。

31.您是否将病虫害防治承包给专业化服务组织或者合作社等组织？(1)是；　(2)否。

32.您决定采纳一项新的农业技术或管理措施时,最主要考虑的是哪些因素：_____(限选 5 项,请按照重要性排序)。

(1)资金投入；　(2)是否能提高粮食产量；　(3)是否能提高产品品质；(4)是否能节省劳动投入（省工）；　(5)新技术掌握的难易程度；　(6)是否有农技部门的培训和指导；　(7)他人试验示范的效果如何；　(8)是否有补贴等配套优惠政策；　(9)政府是否推荐/宣传；　(10)周围的人是否采用。

33.就化肥或农药减施增效新技术的推广,您对政府有哪些期待？_____(请选择不超过 3 项,并按照重要性将相应序号排列在后面的横线上)

(1)给予优惠政策；　(2)注重现场技术指导；　(3)通过示范户示范推广；　(4)提供成熟的技术方案；　(5)多宣传多培训农户；　(6)其他：_____。

34.您主要通过网络查询哪方面信息？_____(请按照重要性排序)。

(1)娱乐游戏；　(2)网购生活用品；　(3)网购农资；　(4)了解新闻资讯；　(5)亲朋好友沟通；　(6)农业生产技术；　(7)农产品销售信息；

(8)农业发展政策；　(9)农产品安全信息；　(10)其他：＿＿＿＿＿＿；　(11)不上网。

34.1 若不上网,原因是(可多选):(1)村里无法接入网络；　(2)手机、电脑上网费用太高；　(3)不会用；　(4)用不到；　(5)其他：＿＿＿＿＿＿。

34.2 若上网,您通过手机或者网络获取以上相关信息的主要途径为(可多选):(1)百度等搜索网页；　(2)微信公众号；　(3)微信群、QQ 群；　(4)抖音、快手等；　(5)今日头条　(6)政府及农技部门网站；　(7)"天天学农"等专业技术培训网站；　(8)其他：＿＿＿＿＿＿。

34.3 若上网,您利用手机或者网络查询或者浏览相关信息的频率为:(1)每天查询/浏览；　(2)每周查询/浏览；　(3)每月查询/浏览；　(4)有需要的时候才会查询/浏览。

34.4 如果查询化肥农药信息的话,主要查询哪些信息？(可多选)(1)施肥施药的时间；　(2)病虫害疫情发布；　(3)化肥农药产品种类及效果；(4)化肥农药价格；　(5)化肥农药购买渠道；　(6)其他：＿＿＿＿＿＿。

34.5 如果查询化肥农药信息的话,您利用手机或者网络查询或者浏览相关信息频率为:(1)每天查询/浏览；　(2)每周查询/浏览；　(3)每月查询/浏览；　(4)有需要的时候才会查询/浏览。

35.您是否购买了农业保险:(1)是；　(2)否。

36.您是否参加过化肥农药使用培训:(1)有:共参加过＿＿＿＿＿＿次；(2)否。